SECOND LIVRE

DE

LECTURES FRANÇAISES

A L'USAGE DES ÉCOLES PRIMAIRES

Par S. M.

CINQUIÈME ÉDITION

PARIS	LONS-LE-SAUNIER
C. DELAGRAVE & Cie	J. DECLUME
LIBRAIRES-ÉDITEURS	IMPRIMEUR-ÉDITEUR
Rue Soufflot, n° 15.	Rue Lafayette, n° 5.

1881

SECOND LIVRE

DE

LECTURES FRANÇAISES

A L'USAGE DES ÉCOLES PRIMAIRES

Par S. M.

CINQUIÈME ÉDITION

PARIS
DELAGRAVE & Cie
LIBRAIRES-ÉDITEURS
Rue Soufflot, n° 15.

LONS-LE-SAUNIER
J. DECLUME
IMPRIMEUR-ÉDITEUR
Rue Lafayette, n° 5.

1881

Les Auteurs et les Éditeurs se réservent le droit de propriété.

Lons-le-Saunier, imp. J. Declume.

SECOND LIVRE

DE

LECTURES FRANÇAISES

Conseils pratiques pour la lecture.

On distingue d'abord la lecture *syllabée* et la lecture *courante*. La lecture syllabée est celle des commençants ; elle est ainsi nommée parce qu'elle admet une légère pause après chaque syllabe, une pause un peu plus marquée quand la syllabe termine un mot, et enfin une pause plus sensible à chaque signe de ponctuation.

Nous n'avons pas à nous occuper ici de ce genre de lecture ; nous ferons pourtant observer que, même dans la lecture courante, on doit porter l'attention sur les défauts qui n'auraient pas été victorieusement combattus dans la lecture syllabée. Ainsi, on exigera une prononciation correcte et pure ; on 'ne laissera jamais passer ce ce qui porterait la trace de ce qui s'appelle *bégayer, mâchonner, nasiller, siffler, zézayer*, etc.

La lecture courante n'admet d'autres arrêts que les pauses déterminées par les signes de ponctuation et par le sens. Elle s'appelle *courante* par opposition à la lecture *syllabée* ; mais elle doit être plutôt lente que rapide, ce qui ne l'empêche pas d'être vive et de repousser comme un défaut toute allure traînante. Elle demande une voix naturelle, un son clair, pur, franc de tout accent provincial, une articulation nette et une prononciation en tout conforme au meilleur usage ; elle exclut la précipilation, le brédouillement, toute affectation, toute apparence d'effort.

On lit *recto tono*. La langue française admet cependant quelques nuances délicates, un léger accent tonique sur la dernière syllabe des mots ou sur l'avant-dernière, quand la dernière est muette ; une élévation de ton plus sensible à la fin d'une phrase interrogative, et une petite chute, quand on s'arrête ou qu'on fait une pause notable.

La lecture courante se divise en lecture *simple* ou *grammaticale*, en lecture *accentuée* ou *logique*, et en *déclamation* ou lecture *oratoire*.

La lecture *simple* est celle dont nous venons d'énumérer les principales qualités, ainsi que les défauts contre lesquels le lecteur doit se tenir en garde ; elle est irréprochable quand elle est conforme au meilleur usage et aux règles de la grammaire. C'est pourquoi nous l'appelons lecture *grammaticale*. L'usage règle la prononciation de chaque son, de chaque articulation ; la quantité ou la durée de chaque émission de voix ; l'emploi de l'accent tonique, des liaisons et des pauses.

La lecture *accentuée* est, comme son nom l'indique, une lecture plus accentuée que la lecture grammaticale ; on l'appelle aussi *logique*, parce qu'à la prononciation correcte du mot, elle ajoute une nuance nouvelle inspirée uniquement par le sens ; ainsi, elle admet, dans le ton de la voix, dans les pauses, dans le mouvement de la phrase, dans la suite de la prononciation et même dans l'attitude du corps, certaines modifications en rapport avec les pensées et les sentiments que l'on exprime. On lit, par exemple, avec des différences très sensibles, la description d'une fête, le récit d'un malheur, un dialogue.

Ce genre rend la lecture plus variée, plus expressive, plus saisissante et un peu dramatique ; il est adopté dans les réunions, quand il s'agit de récréer, d'instruire ou de faire l'un et l'autre. Il est donc utile d'y exercer les enfants, surtout ceux des cours supérieurs.

Les défauts auxquels on est le plus exposé sont l'affectation, un ton forcé, l'opposition entre le ton de la voix et le sens de la phrase, la monotonie, les cadences uniformes qui mènent à ce qu'on appelle *chantonner, psalmodier*.

La lecture oratoire suppose que le lecteur est à la place de l'auteur, qu'il parle en son nom, ou bien au nom de celui que l'auteur fait parler ; lire ainsi c'est se montrer profondément pénétré des pensées et des sentiments que l'on exprime ; c'est la lecture accentuée au plus haut degré ; elle exige un ton plus vif, une expression ou un débit qui reproduise toutes les nuances de la pensée par le timbre, l'intonation, le mouvement, les cadences, les flexions, enfin par l'emploi des gestes. — L'exagération, l'emphase, un ton magistral, les manières étudiées, gauches ou raides sont les défauts contre lesquels il faut se tenir en garde ; rien ne doit cesser d'être naturel ni dans la voix ni dans le geste. — On exerce dans ce genre les enfants du cours supérieur, et quelquefois des enfants moins avancés. Chacun a pu constater avec une vraie satisfaction combien ils arrivent facilement à bien déclamer une fable, une narration, un dialogue, soit dans la classe, soit dans une réunion, à l'occasion d'une fête, d'une visite, d'une soirée.

Qu'on n'aille pas s'imaginer qu'une ligne absolue de démarcation sépare entre eux ces différents genres de lecture ; il existe même des genres mixtes et intermédiaires.

Quand le mélange est amené naturellement, il produit une heureuse variété et repose agréablement l'oreille. Ainsi, dans la pratique, on se rapproche tantôt d'un genre, tantôt de l'autre, c'est-à-dire qu'on accentue plus ou moins la lecture, selon la nature générale du sujet et les nuances particulières de certains passages, selon le caractère spécial de l'auditoire et la sensibilité personnelle du lecteur, et enfin selon mille autres circonstances accessoires.

PREMIÈRE PARTIE.

ANECDOTES, TRAITS D'HISTOIRE, FABLES.

1. Dieu révélé par ses œuvres.

Un jeune homme voyageant avec son père lui adressa cette question : « Mon père, on ne voit pas Dieu, com-
« ment donc sait-on qu'il existe ? » Le père garda le silence.

C'était vers le déclin du jour. Nos deux voyageurs s'assirent pour se reposer et bientôt s'endormirent. Lorsqu'ils se réveillèrent, le soleil avait déjà disparu de l'horizon et la nuit était venue avec ses ombres. Ils reprirent leur marche ; mais, dans les ténèbres, ils se trompèrent de chemin et s'égarèrent au milieu d'un bois. Le jeune homme inquiet regardait de tous côtés pour découvrir une issue. Tout à coup, il aperçoit, dans le lointain, une petite lumière dont l'éclat vacillait à travers la nuit; aussitôt ce cri s'échappe de sa poitrine : « Nous sommes sauvés ! »

« — Comment se fait-il, lui dit le père, que la vue de cette lumière te cause tant de joie ? »

« — Eh quoi ! mon père, ne sommes-nous pas sûrs de
« trouver où luit cette lumière une maison habitée, un
« hôte prêt à nous recevoir, un guide qui nous remettra
« dans le bon chemin ! »

« — Mon fils, regarde là-haut : que de flambeaux bien
« plus éclatants et plus merveilleux y brillent ! Si cette
« faible lueur que tu aperçois, te révèle la présence d'un
« homme, si la pensée de le trouver bientôt te cause tant
« de joie, comment pourrais-tu, à la vue de ces myriades
« d'étoiles, qui scintillent sous la voûte du ciel, ne pas re-
« connaître qu'il y a un Être infiniment grand, qui les a se-
« mées, qui les gouverne avec le reste de l'univers, de qui

« nous dépendons absolument, que nous devons servir et
« en qui nous devons mettre notre confiance ? »

— C'est vrai, mon père, vous avez raison.

— Ce que je viens de te dire, Louis Racine (1), un de
nos grands poètes, l'a exprimé par ces beaux vers, que ton
petit frère récitait l'autre jour :

> Oui, c'est un Dieu caché que le Dieu qu'il faut croire ;
> Mais, tout caché qu'il est, pour révéler sa gloire,
> Quels témoins éclatants devant moi rassemblés !

2. Piété de Turenne (né à Sedan en 1611, mort en 1675).

Un des plus illustres capitaines dont s'honore la France, le grand Turenne, savait relever l'éclat de ses faits d'armes par une vie profondément chrétienne. Malgré ses graves occupations de chef d'armée, il trouvait, même sur les champs de bataille, le temps de penser à Dieu et de remplir ses devoirs religieux. On l'a vu plus d'une fois, après avoir donné ses ordres et disposé ses troupes, se retirer dans les bois, et là, loin de la foule et du tumulte, se mettre à genoux pour adorer humblement le Dieu des armées et implorer son secours pour le général et pour les soldats.

3. Saint Loup devant Attila (vers l'an 450).

Après avoir ruiné les villes de Cologne, de Trèves, de Metz, de Reims, de Besançon et les plus fortes places qu'ils avaient rencontrées sur leur passage, les Huns, sous la conduite du terrible Attila, leur chef, menaçaient Troyes du même sort. Déjà ces barbares approchaient de la ville quand son évêque, saint Loup, entreprit de la sauver en allant au-devant de ce redoutable conquérant, dont la vue seule frappait d'épouvante.

Attila était d'une taille moyenne, il avait la poitrine large, la tête grosse, le nez plat, les yeux petits mais étincelants, les cheveux négligés, le teint extraordinairement

---

(1) Louis Racine, né à Paris en 1692, mort en 1763.

brun ; ajoutez à cela une démarche fière et des mouvements convulsifs dont il était sans cesse agité, et vous comprendrez pourquoi son aspect inspirait la terreur et justifiait le nom de *fléau de Dieu* qu'il se plaisait à prendre.

L'évêque, calme au milieu de l'effroi général, aborde ce barbare et lui demande ce qu'il prétend. « Ignores-tu qui « je suis ? repartit Attila. Tu vois en moi le fléau du Dieu « vengeur. — Et moi, répliqua le saint, je suis un *loup* « dépouillé de sa férocité naturelle, et commis à la garde « du troupeau du Dieu de miséricorde. Epargnes-en les « faibles brebis et ne frappe que le pasteur. » Cette assurance et ce généreux dévouement plurent au Hun farouche. Il sentit que le Dieu, dont il se disait le vengeur, pouvait seul inspirer tant de courage et de fermeté. Sa férocité s'adoucit et Troyes fut sauvée. Les habitants exaltant la charité du saint évêque à qui ils étaient redevables de leur salut, confessaient qu'un tel pasteur est le don le plus précieux que Dieu puisse faire à un peuple.

4. Jésus-Christ commande au vent et à la mer.

I.

Jésus venait de commencer la dernière année de sa vie publique ; depuis plusieurs semaines, il n'avait pas quitté les environs de Capharnaüm et les bords du lac de Génésareth. Il prêchait chaque jour et confirmait la vérité de sa parole par un grand nombre de miracles. Aussi, la foule qui se pressait autour de lui, devenait-elle de plus en plus nombreuse et assidue. Ce jour-là, il avait exposé la parabole de la semence, celle de l'ivraie et plusieurs autres.

On sait que l'usage des figures, des comparaisons et des paraboles est familier aux peuples d'Orient. Le divin Maître se conformait aux habitudes et au langage du peuple juif.

L'explication de ces paraboles dura jusqu'au soir, et la foule ne paraissait pas vouloir se retirer. Jésus alors se leva, s'approcha du lac et dit à ses disciples de passer sur l'autre bord. Aussitôt les disciples congédièrent la foule et entrèrent avec Jésus dans une barque afin de passer sur le côté oriental du lac de Génésareth.

Jésus était épuisé de fatigue, car il avait prêché et travaillé toute la journée. Il avait bien voulu s'assujettir aux lois communes de la nature humaine, c'est pourquoi il éprouvait, comme chacun de nous, le besoin de repos et de sommeil, après une journée bien remplie.

II.

Entré dans la barque, il s'assit sur la poupe et ne tarda pas à s'endormir. Le lac de Génésareth n'est pas suffisamment abrité par les montagnes, aussi arrive-t-il souvent que les vents y soufflent avec une violence extrême et inattendue. Ainsi, à peine était-on engagé sur le lac que soudain il s'éleva une violente tempête ; un tourbillon impétueux fondit sur cette petite mer, au point que les eaux, soulevées par le vent, entraient dans la barque et arrivaient à la couvrir de leurs vagues.

Au milieu de ce bruit, de cette agitation et du trouble universel, Jésus, la tête posée sur un oreiller, dormait paisiblement à l'arrière de l'embarcation. Le danger devenait imminent, les disciples eux-mêmes sentaient chanceler la confiance en leur Maître et se croyaient perdus. Ils s'approchent alors de Jésus et le réveillent en s'écriant: *Seigneur, sauvez-nous, nous périssons !* La frayeur empêche de raisonner, voilà pourquoi les disciples ont pu croire que Jésus, pendant son sommeil, cessait de veiller sur eux.

Jésus réveillé commence par reprocher avec douceur à ses disciples leur manque de confiance : *Pourquoi craignez-vous,* dit-il, *hommes de peu de foi !* puis se levant, avec cette majesté paisible et sereine qui, dans de telles circonstances, montrait en lui le maître des éléments, il adresse sa parole et ses ordres aux vents et à la mer : *Silence,* dit-il, *cessez de gronder !* Au même instant, le vent s'arrête, les flots s'affaissent, la surface de la mer devient unie, tout se tait comme par enchantement et il se fait un grand calme.

Un tel prodige ne pouvait manquer de produire sur les témoins une véritable stupéfaction ; dans leur admiration mêlée d'une sorte de frayeur respectueuse, ils se disaient les uns aux autres : *Que pensez-vous ? Quel est celui-ci ? vous avez vu comme les vents et la mer lui obéissent !*

III.

Les Pères de l'Eglise aiment, dans leurs écrits, à rappeler le miracle de la tempête apaisée ; ils y voient une image frappante de l'Église et de l'âme fidèle et ils y trouvent une source d'enseignements pratiques.

L'Église, semblable à l'arche de Noé, est la barque qui conduit les saints à travers les tempêtes, les orages, les obstacles et les écueils de ce monde, au port de la bienheureuse éternité. Cette barque n'est jamais entièrement tranquille, elle est continuellement battue par les vagues et les vents ; elle est en butte aux persécutions des impies et du démon qui les inspire ; mais la barque, quoique toujours secouée, ne fait jamais naufrage ; elle continue sa marche à travers les siècles, elle dépose sans cesse, dans le port du salut, ceux qui se laissent conduire par son pilote, Jésus-Christ, et par son vicaire visible sur cette terre, notre Saint-Père le Pape.

L'âme fidèle est aussi comparée à une nacelle qui vogue sur la mer orageuse de ce monde. Que de fois les efforts du démon, les séductions du monde et les passions du cœur ont failli submerger cette pauvre nacelle ! Que de fois on la croirait désemparée, devenue le jouet des flots et condamnée à sombrer sous la vague qui surgit ! Le pilote semble endormi ; âme fidèle, ne perds jamais confiance, ne manque jamais de crier : *Seigneur, sauvez-nous, nous périssons !* Quand ce cri part vraiment du cœur, il est le cri du salut ; car le Seigneur écoute toujours ceux qui l'invoquent et il ne délaisse jamais ceux qui mettent en lui leur confiance.

5. Puissance du nom de Jésus.

I.

A la première prédication de Pierre, le jour de la Pentecôte, trois mille personnes se convertirent et se joignirent aux disciples. Depuis cette époque mémorable, le nombre des fidèles s'accrut de jour en jour ; car les apôtres ne cessèrent plus d'opérer des prodiges et des miracles au nom de Jésus. Parmi ces miracles, il en est un qui eut un plus grand retentissement et amena des conversions plus nombreuses.

Voici dans quelles circonstances il fut opéré. Un jour, Pierre et Jean montaient au temple pour la prière de la neuvième heure (1) ; or, un homme boiteux de naissance était porté et déposé chaque jour à la porte du temple, appellée la *Belle-Porte*, afin qu'il demandât l'aumône à ceux qui entraient.

Quand Pierre et Jean furent sur le point de franchir le seuil, cet homme les pria de lui donner une aumône. Pierre s'arrêta avec Jean, jeta les yeux sur ce pauvre et lui dit : *Regarde-nous.* — Celui-ci les regarda avec empressement, s'attendant à recevoir quelque chose. Alors, Pierre lui dit : *Je n'ai ni or ni argent, mais ce que j'ai, je te le donne : Au nom de Jésus-Christ de Nazareth, lève-toi et marche !* En même temps, Pierre le prit par la main droite, comme pour l'aider à se lever. Aussitôt le boiteux sentit ses jambes et ses pieds s'affermir, et au lieu de se lever simplement, il bondit puis se tint droit et se mit à marcher. Il entra ensuite dans le temple avec les deux apôtres, allant, sautant et louant Dieu.

II.

Le peuple, attiré par ce spectacle, reconnut, en celui qu'il voyait ainsi marcher et louer Dieu, le boiteux qui avait coutume de demander l'aumône, assis à la *Belle-Porte* du temple. Le bruit de ce miracle se répandit rapidement dans l'enceinte et dans le parvis du temple. Tous accoururent à la galerie dite de Salomon et ils furent comme hors d'eux-mêmes en voyant ce qui venait d'arriver à ce mendiant.

(1) Des prières publiques étaient récitées au temple à la troisième, à la sixième et à la neuvième heure, c'est-à-dire d'après notre manière de compter, à neuf heures, à midi et à trois heures. Ces trois moments de la journée sont restés mémorables parmi les chrétiens : c'est à la troisième heure que le Saint-Esprit descendit sur les apôtres ; c'est à la sixième heure que le Sauveur fut mis en croix, et c'est à la neuvième heure qu'il rendit le dernier soupir.

Alors Pierre, s'adressant à la multitude qui l'entourait :
« Israélites, dit-il, pourquoi vous étonnez-vous de ceci ? et
« pourquoi nous regardez-vous, comme si c'était par notre
« puissance et par notre vertu que nous eussions fait mar-
« cher ce boiteux ? Le Dieu d'Abraham, le Dieu d'Isaac et
« le Dieu de Jacob, le Dieu de nos pères a glorifié son
« Fils Jésus, que vous avez livré et que vous avez dé-
« savoué devant Pilate, qui était d'avis qu'on le renvoyât
« absous. Vous avez renoncé le Saint et le Juste ; vous
« avez demandé la délivrance d'un meurtrier ; vous avez
« mis à mort l'Auteur de la vie, mais Dieu l'a ressuscité
« et nous en sommes les témoins. Or, c'est la foi en son
« Nom, c'est la puissance de ce Nom qui a donné des
« forces à cet homme que vous voyez et que vous con-
« naissez. C'est la foi en Jésus qui a opéré devant vous
« tous le miracle d'une parfaite guérison. »

La grâce qui accompagnait les paroles de Pierre, excita dans l'âme de ses auditeurs de vifs sentiments de repentir et de pénitence.

Les deux apôtres continuèrent à parler au peuple jusqu'à ce que les prêtres, le capitaine des gardes du temple et les Saducéens survinrent, les arrêtèrent et les mirent en prison. Cependant ce miracle produisit son effet : cinq mille hommes d'entre ceux qui en avaient été témoins ou qui avaient entendu les discours des apôtres, se convertirent et crurent en Jésus.

6. Conversion de saint Paul.

I.

Saint Paul, connu avant sa conversion sous le nom de Saul, était né (1) à Tarse en Cilicie, et avait été élevé à Jérusalem, à l'école d'un des maîtres les plus célèbres, nommé Gamaliel. Animé d'un faux zèle pour la loi de Moïse, il portait aux chrétiens une haine implacable. Il prit rang parmi les persécuteurs actifs de l'Eglise naissante ; il

(1) L'an 2 après Jésus-Christ. — La Cilicie était une province de l'Asie Mineure.

mettait en prison, faisait fouetter dans les synagogues ceux qui croyaient en Jésus-Christ, et, lorsque, moins de deux ans après la mort du Sauveur, on répandit le sang du premier martyr saint Etienne, il était présent ; il coopérait à cette mort en l'approuvant et en gardant les vêtements de ceux qui le lapidaient.

Ne respirant désormais que sang et carnage contre les disciples du Christ, il vint, quelques mois après, trouver le grand prêtre et lui demander des lettres pour les synagogues de Damas, afin que, s'il y trouvait quelques personnes de cette nouvelle religion, hommes ou femmes, il les amenât prisonniers à Jérusalem. Après le martyre de saint Etienne, un bon nombre de fidèles s'étaient réfugiés à Damas, et le roi de cette ville, Arétas, avait accordé aux Juifs qui l'habitaient de dépendre directement des chefs de leurs synagogues.

II.

Lorsque Saul était en chemin et qu'il approchait de Damas, il fut tout à coup, vers l'heure de midi, environné d'une lumière éblouissante qui venait du ciel. Il tomba par terre et entendit en même temps une voix qui lui disait : *Saul, Saul, pourquoi me persécutez-vous ?* — Saul répondit : *Qui êtes-vous, Seigneur ?* Et le Seigneur lui dit : *Je suis Jésus que vous persécutez ; il vous est dur de regimber contre l'aiguillon* (1). Saul tout tremblant et effrayé, dit : *Seigneur, que voulez-vous que je fasse* (2) ? Le Seigneur lui répondit : *Levez-vous et entrez dans la ville ; là on vous dira ce qu'il faut que vous fassiez* (3).

Ceux qui accompagnaient Saul, étaient tout hors d'eux-

(1) Ce qui veut dire que c'est une chose malheureuse de résister à la voix de Dieu et de la conscience.

(2) Ces paroles sont celles d'un cœur entièrement converti et qui s'abandonne pleinement à la volonté de Dieu.

(3) Saint Augustin fait observer à ce propos que, même dans les circonstances extraordinaires et dans les vocations miraculeuses, Dieu ne s'écarte pas entièrement de la loi commune et générale, d'après laquelle les grâces et l'enseignement de l'Eglise sont communiqués par le ministère des hommes qui en ont reçu la mission.

mêmes ; car ils entendaient bien le son confus d'une voix, mais ils ne voyaient personne et ne distinguaient point ce que la voix disait.

Enfin Saul se releva et ouvrit les yeux, mais il se trouva complètement aveugle, le grand éclat de la lumière miraculeuse lui avait fait perdre la vue. Ses gens le prirent donc par la main et le conduisirent à Damas (1), où il fut trois jours sans voir et sans manger ni boire.

III.

Or, il y avait à Damas un disciple nommé Ananie, religieux observateur de la loi, à la vertu duquel tous les Juifs de la ville rendaient témoignage. Le Seigneur lui dit dans une vision : *Ananie ?* Il répondit : *Me voici, Seigneur. Levez-vous,* ajouta le Seigneur, *allez dans la rue Droite, et cherchez-y dans la maison de Juda un nommé Saul de Tarse ; ne craignez pas d'aller le trouver, car il est en prière.* Dans ce même moment, Saul voyait en esprit l'homme appelé Ananie qui entrait et lui imposait les mains pour lui rendre la vue. Ananie répondit au Seigneur : « J'ai entendu dire à plusieurs combien cet homme a « fait de maux à vos Saints dans Jérusalem ; même il « est venu ici avec plein pouvoir des princes des prêtres « d'emmener prisonniers tous ceux qui invoquent votre « Nom. » Le Seigneur reprit : « Allez sans rien craindre, « car cet homme est un vase d'élection, un instrument « que j'ai choisi pour porter mon Nom devant les Gentils, « devant les rois et devant les enfants d'Israël. Je lui « montrerai combien il faudra qu'il souffre pour mon « Nom. »

Ananie s'en alla donc et, étant entré dans la maison, il imposa les mains à Saul et lui dit : « Saul, mon frère, le « Seigneur Jésus, qui vous est apparu dans le chemin par « où vous veniez, m'a envoyé afin que vous recouvriez la « vue et que vous soyez rempli du Saint-Esprit. » Au même instant, il tomba des yeux de Saul comme des

---

(1) Ville de Syrie à 206 kilomètres nord-nord-est de Jérusalem.

écailles et il recouvra la vue. Ananie dit ensuite : « Le
« Dieu de nos pères vous a prédestiné pour connaître sa
« volonté, pour voir le Juste (1) et pour l'entendre parler
« lui-même ; car vous lui rendrez témoignage devant
« tous les hommes, de ce que vous avez vu et entendu.
« Et maintenant pourquoi différer ? Levez-vous, recevez
« le baptême et lavez-vous de vos péchés en invoquant le
« nom du Seigneur. » Aussitôt Saul se leva et fut baptisé.
Ensuite ayant pris de la nourriture, il recouvra ses forces.
Il demeura quelques jours avec les disciples qui étaient à
Damas et commença aussitôt à prêcher dans les synagogues et à enseigner que Jésus est vraiment le Christ, le Fils
de Dieu. Tous ceux qui l'entendaient, en étaient dans
l'étonnement et disaient : « N'est-ce pas là celui qui per-
« sécutait à outrance dans Jérusalem ceux qui invoquaient
« ce Nom et qui est venu ici à dessein de les emmener
« prisonniers aux princes des prêtres ? » Mais Saul se
fortifiait de plus en plus et confondait, par la force de sa
parole, les Juifs qui étaient à Damas. Ceux-ci, pour se venger, tinrent conseil et résolurent de le tuer. Mais Saul eut
avis des embûches qu'on lui dressait. Comme les portes
de la ville étaient gardées nuit et jour, les disciples le
descendirent la nuit dans une corbeille le long de la muraille.

7. Persécution de Néron (64-68).

L'empereur Néron fut le premier qui employa le pouvoir souverain contre les chrétiens. Ce prince cruel, irrité
de ce que plusieurs personnes, même de son palais, abandonnaient le culte des idoles, publia un édit pour défendre d'embrasser la religion chrétienne : ce fut à l'occasion de l'incendie qui consuma presque toute la ville de Rome.
On crut que c'était Néron lui-même qui y avait fait mettre
le feu, pour la rebâtir ensuite avec plus de magnificence.
Dans la vue d'apaiser les bruits fâcheux qui couraient

---

(1) C'est un des noms que l'Ecriture sainte donne au Messie.

contre lui, et de donner un objet à la haine publique, il jeta l'odieux de sa conduite sur les chrétiens, et commença à les persécuter de la manière la plus barbare.

On en prit un grand nombre et on les fit mourir, disent les auteurs païens, comme convaincus, non d'avoir commis le crime qu'on leur imputait, mais d'être odieux au genre humain à cause de la religion nouvelle qu'ils professaient. Néron ne se contenta pas, à leur égard, des supplices ordinaires : quelques-uns furent enveloppés de peaux de bêtes sauvages et exposés à des chiens pour en être dévorés ; d'autres, après avoir été revêtus de tuniques trempées dans la poix, étaient attachés à des poteaux ; on y mettait le feu, et ils servaient ainsi de torches pour éclairer pendant la nuit. L'empereur en fit un spectacle dans ses jardins, où lui-même conduisait ses chariots à la lueur de ces horribles flambeaux.

Le peuple romain, qui d'ailleurs haïssait les chrétiens, en avait néanmoins compassion, et voyait avec peine qu'on les immolât à la cruauté du tyran. Ce fut pendant cette persécution que saint Pierre et saint Paul terminèrent leur vie par le martyre. Ces saints Apôtres furent gardés pendant neuf mois dans une prison située au pied du Capitole ; deux de leurs gardes étonnés des miracles qu'ils leur voyaient faire, se convertirent ; saint Pierre les baptisa avec quarante-sept autres personnes qui se trouvaient alors dans la prison.

Les fidèles de Rome ménagèrent à saint Pierre le moyen de s'évader et le pressèrent d'en profiter, pour conserver des jours si précieux à l'Eglise. Le saint apôtre céda enfin à leurs instances ; mais, lorsqu'il fut arrivé à la porte de la ville, Jésus-Christ lui apparut, et lui dit qu'il allait à Rome pour y être crucifié de nouveau. Saint Pierre pénétra le sens de ces paroles et comprit que c'était dans la personne de son vicaire que Jésus-Christ devait être crucifié une seconde fois. Il retourna à la prison et fut en effet condamné au supplice de la croix ; mais il demanda à être attaché la tête en bas, se jugeant indigne de mourir de la même manière que son divin Maître. Saint Paul qui était citoyen romain, eut la tête tranchée. On rapporte qu'en allant au supplice, il convertit trois soldats qui souffrirent le martyre peu de temps après.

Ce fut la première persécution générale que l'Église a soufferte de la part des empereurs romains ; il lui est glorieux d'avoir eu pour ennemi un prince qui l'était de toute vertu.

Le plus méchant des hommes était digne d'être le premier persécuteur des chrétiens.

LHOMOND.

8. Interrogatoire et martyre de ste Cécile.

Sainte Cécile, romaine d'origine et issue d'une famille noble, était chrétienne, quoique ses parents fussent païens. Elle passa les années de sa jeunesse dans la prière, la méditation de la loi de Dieu et la pratique de la pénitence et des bonnes œuvres.

Le livre des Évangiles, caché sous ses vêtements, reposait continuellement sur sa poitrine. Brûlant d'un saint amour pour Notre-Seigneur Jésus-Christ, elle avait juré de n'avoir d'autre époux que lui.

La persécution contre les chrétiens ayant éclaté de nouveau, Cécile comprit qu'elle ne serait pas épargnée et qu'il fallait se préparer au combat. Elle donna le reste de ses biens aux pauvres, redoubla de zèle pour la gloire du nom de Jésus-Christ et ne s'appliqua plus qu'à le servir et à le faire connaître.

Elle reçut bientôt l'ordre de comparaître devant le préfet de Rome, Almachius. Cécile se rendit à son tribunal, parée comme les dames romaines aux jours de fête.

« Quel est ton nom? lui demande Almachius.

— Devant les hommes je m'appelle Cécile, répond la vierge ; mais ma gloire est d'être chrétienne.

— Quelle est ta condition ?

— Je suis citoyenne de Rome, de race noble et patricienne.

— Je le sais, mais c'est sur ta religion que je t'interroge.

— Ton interrogation n'était donc pas exacte, puisqu'elle exigeait deux réponses. »

Almachius déconcerté : « Et d'où te vient cette fière assurance ?

— D'une conscience pure et d'une foi invincible au Christ, Fils de Dieu.

— Ne sais-tu pas, femme orgueilleuse, que nos divins empereurs m'ont donné sur toi le pouvoir de vie et de mort ? Ignores-tu qu'ils ont défendu de confesser le nom du Christ ?

— Autre chose est l'orgueil, autre chose la fermeté, reprend Cécile. Tes empereurs sont dans l'erreur aussi bien que toi. Leur loi prouve notre innocence : si le nom de chrétien était un crime, il faudrait nous le faire avouer dans les supplices. Si tu ne craignais d'entendre la vérité, je te montrerais que tu viens de dire une insigne fausseté.

— Voyons, dit le préfet étonné.

— Tu as dit que tes princes t'avaient donné le pouvoir de vie et de mort : tu as menti en disant cela.

— J'ai menti en disant cela.... continue Almachius avec stupéfaction.

— Oui, répond Cécile. Tu n'as que le seul pouvoir de mort ; tu peux tuer, mais peux-tu donner ou rendre la vie ? Dis donc que les empereurs t'ont fait un ministre de mort, mais rien de plus.

— Malheureuse ! s'écrie Almachius, contenant avec peine sa fureur ; laisse là tes vaines chimères. Tu es dans l'erreur et ton exemple séduit les autres. Pourquoi préférer souffrir, quand tu peux jouir des richesses et des plaisirs ?

— Tu parles comme un homme peu sage, dit la vierge avec une sévère majesté ; tu ignores ce qu'est Jésus-Christ. Pour nous, enfants de la lumière, nous le connaissons. Nous nous préparons par le travail au repos à venir. Nous vivons, il est vrai, dans les privations et la pénitence ; mais nous voyons déjà le jour où nous pourrons recueillir le fruit de nos sacrifices. Souffrir et mourir pour Jésus-Christ nous est un gain. Nous nous réjouirons bientôt, tandis que ces aveugles qui triomphent maintenant dans la joie, pleureront éternellement.

— Ainsi, réplique le préfet, nous et nos invincibles empereurs, nous n'aurons pour partage qu'un deuil éternel ?

— Et qui êtes-vous donc, toi et tes princes ? s'écrie Cécile. N'êtes-vous point des hommes et ne devez-vous point mourir ? Dieu vous jugera aussi bien que vos sujets, et vous lui rendrez un compte terrible de votre puissance.

— Assez de discours, dit le préfet hors de lui-même ; et, lui montrant les statues de Jupiter, de Mars et de Romulus : « Sacrifie aux dieux ou tu vas mourir ! »

— Aux dieux ! dit gravement Cécile. Tes yeux te trompent, Almachius, où vois-tu des dieux ? Pour moi, je ne vois que des statues fabriquées par la main des hommes, et qu'on achète avec un peu d'or. Il n'y a qu'un seul Dieu de qui dépendent toutes choses, et c'est ce Dieu que les chrétiens adorent. Oui, Almachius, je déclare hardiment que le langage des païens est faux et absurde ; je ne crains rien, le Christ est dans mon cœur et il me fera triompher de tout l'univers.

Exaspéré par un langage si hardi, Almachius ordonne qu'on conduise la jeune chrétienne dans sa demeure, et des bourreaux suivent, chargés de faire étouffer l'héroïne dans la vapeur brûlante de la salle des bains. Il craignait qu'en ordonnant une exécution publique, il ne fît éclater quelque soulèvement parmi le peuple, qui vénérait Cécile comme la mère des pauvres.

La vierge fut enfermée dans cette salle que l'on voit encore aujourd'hui à Rome, sous l'autel de la basilique de sainte Cécile. Pendant tout un jour et toute une nuit, les bourreaux activèrent vainement le feu de la chaudière. Comme les jeunes Hébreux de la fournaise ardente de Babylone, Cécile, miraculeusement préservée, chantait les louanges du Seigneur et ressentait les douceurs d'une rosée céleste.

Almachius apprit avec terreur ce prodige. Éperdu, il envoya un licteur, avec ordre d'arrêter d'inutiles efforts, en tranchant la tête à cette femme, que la chaleur des bains n'avait pu faire mourir.

Le bourreau la frappa trois fois, mais sa main mal assurée ne put lui donner la mort, et il s'enfuit, laissant Cécile étendue sanglante sur le pavé de la salle.

La sainte martyre vécut encore trois jours et acheva sa vie dans une lente agonie. Entourée des pauvres qui la regardaient comme leur mère, elle ne cessa de leur prêcher Jésus-Christ de sa voix mourante. Le pape saint Urbain reçut ses derniers soupirs.

D'après Anatole DE SÉGUR.

9. Martyre de saint Cyrille.

Dès le troisième siècle, la Cappadoce était remplie de chrétiens ; il y en avait surtout un grand nombre à Césarée. Un enfant de cette ville, nommé Cyrille, avait été élevé en secret dans les principes de la vraie religion ; mais son père, qui était très attaché aux pratiques superstitieuses du paganisme, ayant su que son fils était chrétien, entra dans une violente colère contre lui. Après l'avoir vainement sollicité d'adorer les idoles, il le maltraita rudement, et le chassa impitoyablement de sa maison. Cyrille préféra la faveur de Dieu à celle de son père ; et, plutôt que de se rendre coupable d'apostasie, il s'éloigna du toit sous lequel s'étaient écoulées les premières années de sa vie. Cependant le gouverneur, qui résidait à Césarée, ayant été instruit de ce qui venait de se passer, crut devoir faire venir auprès de lui le jeune Cyrille pour l'interroger ; il le fit chercher, et on le lui amena. Dès que l'enfant fut en présence du gouverneur, celui-ci commença par le caresser et lui témoigner le plus vif intérêt. Il lui représenta qu'il avait tort de contrarier son père ; qu'il lui devait respect et obéissance ; que ce père, du reste, était bon, et très disposé, sans doute, à lui pardonner sa faute, pourvu qu'à l'avenir il fût plus sage, et ne s'obstinât plus à professer une religion absurde.

Dieu, qui délie la langue des muets, quand il le veut, et qui donne aux plus faibles d'entre ses créatures la force et

l'éloquence nécessaires pour lui rendre témoignage, et publier sa gloire, fit parler la sagesse par la bouche de Cyrille. « Je me réjouis, répondit cet aimable et coura-
« geux enfant, des reproches que vous me faites. Je serai
« admis auprès de Dieu, et je m'y trouverai infiniment
« mieux qu'avec mon père. Je serai volontiers pauvre sur
« la terre, afin de posséder des richesses éternelles dans
« un autre monde. Je ne crains point la mort, parce qu'elle
« me procure une vie meilleure que celle-ci. »

Comme il parlait ainsi, ou plutôt comme Dieu parlait ainsi par sa bouche, le gouverneur, étonné de trouver tant de fermeté chez un enfant qui ne devait lui opposer que faiblesse et timidité, le fit lier, et commanda qu'on le conduisît au supplice, comme coupable d'être chrétien. Pourtant il recommanda en secret qu'on se bornât, quant à présent, à faire peur à Cyrille. On alluma donc devant lui un grand feu, et on l'avertit qu'on allait le jeter dedans. Les traits du jeune confesseur de Jésus-Christ, ne subirent aucune altération. D'un œil calme il considéra les apprêts de la mort. On le ramena vers le gouverneur, auquel il fut rendu compte de tout ce qui venait de se passer. « Mon
« fils, lui dit le gouverneur, vous avez vu le feu et le glaive
« qui doivent vous donner la mort ? Soyez raisonnable
« enfin, et ne courez pas à une perte inévitable. »

Alors Cyrille reprit : « Vous m'avez fait un tort réel,
« lorsque vous m'avez rappelé. Je ne crains rien, ni le feu,
« ni le glaive. Je brûle de mourir pour un Dieu qui est
« mort lui-même pour moi. Hâtez le moment du bonheur
« auquel j'aspire. Ne pleurez pas sur moi, dit-il ensuite
« aux assistants, qui avaient compassion de sa jeunesse et
« de son sort ; réjouissez-vous, au contraire, parce que je
« vais prendre possession du royaume céleste. »

A peine Cyrille eut-il achevé de parler, que le gouverneur, irrité de trouver tant d'héroïsme dans un si jeune enfant, ordonna qu'il fût mis à mort. Le glaive s'appesantit sur le cou de Cyrille, et son âme innocente s'envola vers les régions de l'éternel repos.

Ce saint enfant, éclairé par la foi, avait compris cette

parole du Sauveur : *Celui qui aime son père ou sa mère plus que moi, n'est pas digne de moi.*

10. Les Quarante Martyrs de Sébaste.

De tous les chrétiens qui ont versé leur sang pour Jésus-Christ, il n'en est pas qui aient plus de droits à notre admiration que ces illustres jeunes gens, connus dans l'histoire sous le nom de *Quarante Martyrs*. Ils furent mis à mort dans la ville de Sébaste, en Arménie, par ordre de l'empereur Licinius, en 313. Ils étaient soldats dans la fameuse légion Fulminante. Brillants de jeunesse, pleins de franchise et de bravoure, ils possédaient les plus beaux états de service, lorsqu'Agricola, gouverneur de la province, publia un édit de l'empereur, qui enjoignait à tous les gens de guerre de sacrifier aux idoles. Les *Quarante* déclarèrent qu'ils ne sacrifieraient pas. Le juge les somma de paraître devant lui, et leur lut les ordres impériaux ; puis, on leur présenta de l'encens, pour qu'ils l'offrissent aux dieux. Ils refusèrent d'obéir, parce qu'ils étaient chrétiens et qu'ils ne reconnaissaient qu'un seul Dieu, pour lequel ils étaient prêts à donner leur vie, s'il le fallait. Alors le juge dit qu'il allait leur faire appliquer la loi, et il leva la séance. Les *Quarante* furent donc conduits en prison, d'où on ne les tira que pour les mener à la mort. Le supplice était d'un genre tout nouveau.

On était en hiver, et, dans cette saison, l'Arménie, contrée montagneuse, est excessivement froide. Les rivières s'y transforment en champs de glace sous l'âpre souffle des vents du nord. Les condamnés devaient être exposés une nuit entière, dépouillés de leurs vêtements, sur un étang glacé, qui était près de Sébaste. Afin de les tenter, on mit à une faible distance un bain chaud, destiné à recevoir et à réconforter ceux qui apostasieraient dans l'épreuve.

A leur arrivée sur l'étang, les *Quarante* furent dépouillés de leurs habits, ou plutôt ils s'en dépouillèrent eux-mêmes, impatients qu'ils étaient d'obtenir la couronne du martyre, et de montrer aux païens ce que la religion chrétienne peut inspirer de courage et de constance. Ces intrépides confesseurs s'encourageaient les uns les autres à persévérer, se disant qu'une seule nuit de tourments leur assurerait une éternité de bonheur. Ils firent en chœur cette prière : « Seigneur, nous sommes entrés quarante dans la « lice, faites que pas un de nous ne succombe ; faites « que les quarante soient victorieux. »

Cependant, leurs membres nus grelottaient sous l'âpreté du froid, leurs pieds s'attachaient à la couche de glace, et les gardes rangés autour d'eux leur criaient : *Obéissez aux ordres de l'empereur, et venez vous réchauffer à la tiède atmosphère du bain.* Il s'en trouva un, dans l'héroïque phalange, qui eut la faiblesse et le malheur de succomber à la tentation ; il abandonna le poste d'honneur et courut se jeter dans le bain, où il expira à l'instant même !

En ce moment, un des gardes vit descendre du ciel un esprit céleste tenant dans ses mains des couronnes qu'il alla déposer sur le front des martyrs. Les trente-neuf avaient reçu l'insigne de la victoire et cependant l'ange tenait encore une couronne qu'il semblait réserver pour un quarantième vainqueur.

Frappé de ce spectacle et touché de la grâce, ce garde se déclara chrétien et alla prendre la place du malheureux apostat pour obtenir la couronne qu'il n'avait pas eu le courage de mériter.

Ce fait si merveilleux remplit de joie les trente-neuf martyrs ; tandis que la consternation s'empara des païens témoins de cette scène émouvante.

Dès que le jour parut, les *Quarante* furent emmenés, les uns morts, les autres mourants, et tous furent jetés au feu, à l'exception d'un seul, Méliton, qui semblait encore plein de vie. On donna à celui-ci un sursis, dans l'espoir qu'il finirait par sacrifier aux idoles. Mais, outre qu'il était inébranlable dans la foi, sa mère, une pauvre femme du peuple, avertie de ce qui se passait, accourut, et, d'aussi loin qu'elle aperçut son fils : « Va, va, mon enfant, lui cria-t-elle, « va achever cet heureux voyage avec tes camarades ; « hâte-toi, afin que tu ne sois pas au ciel le dernier. »

Et cette mère chrétienne ne versait pas une larme. Au contraire, elle paraissait radieuse de bonheur, en voyant que son fils partageait ses sentiments. On le conduisit au bûcher et sa mère ne le quitta pas qu'il n'eût expiré. Au moment suprême, elle l'excitait encore de la voix et du geste ; elle lui montrait du doigt le chemin de l'immortalité. On voyait, à son attitude, qu'elle était fière d'avoir un tel fils.

Après que les corps des saints martyrs eurent été brûlés, on jeta la cendre dans le fleuve. On fit disparaître toutes les traces de leur dépouille mortelle ; mais ce qu'on ne put faire disparaître, c'est l'exemple qu'ils ont donné, exemple qui sera l'éternelle édification des bons chrétiens, et l'éternelle condamnation des chrétiens lâches ou indifférents.

11. Constance-Chlore (1).

Constance-Chlore mérita également les éloges des chrétiens et des païens : plein de bonté et de clémence, il fit consister sa gloire à rendre ses sujets heureux et à s'en faire aimer ; il estimait le christianisme, parce qu'il aimait la vertu.

On rapporte de lui un trait remarquable qui ne lui fait pas moins d'honneur qu'à la religion chrétienne.

Il avait un grand nombre de chrétiens dans son palais, même parmi les officiers attachés à sa personne. Lorsque l'édit de Dioclétien parut contre les chrétiens, Constance-Chlore, n'étant encore que César, les assembla, leur notifia les ordres de l'empereur, et leur déclara qu'il fallait sacrifier aux idoles, ou renoncer aux charges qu'ils possédaient. Cette proposition de la part d'un prince qui jusqu'alors avait été favorable à la religion, fut un coup de foudre pour les chrétiens. Ils en furent consternés ; mais tous n'en furent point abattus ; la plupart protestèrent qu'ils aimaient mieux sacrifier leurs biens et leur vie même que de perdre la foi. Quelques-uns plus faibles, agirent comme

(1) César dans les Gaules. Il était né vers 250, et mourut en 306.

font souvent ces courtisans qui n'ont d'autre Dieu que leur fortune et d'autre religion que celle du souverain ; ils consentirent à offrir de l'encens aux idoles pour conserver la faveur du prince et les places dont il les avait honorés. Après cette épreuve, Constance déclara ses véritables sentiments : il combla d'éloges la généreuse fermeté des premiers et blâma avec de vifs reproches, la lâche et criminelle complaisance des autres. Comment, leur dit-il, garderez-vous à l'empereur une fidélité inviolable, vous qui vous montrez traîtres et perfides à l'égard de Dieu ! Ensuite, il les chassa de son palais comme indignes d'être à son service. Mais, pour ceux qu'il avait trouvés prêts à renoncer à tout, plutôt qu'à leur foi, il les regarda comme ses plus fidèles serviteurs ; il les conserva dans leurs charges, et les honora toujours de son affection et de sa confiance. Il disait qu'un prince devait préférer de pareils serviteurs à tous les trésors de son empire.

Lhomond.

12. Blasphème puni.

Sennachérib, roi d'Assyrie (712-707 avant Jésus-Christ), ayant formé le projet de s'emparer de Jérusalem, essaya d'intimider, par la menace, le roi Ezéchias, afin de l'engager à se soumettre. Il lui écrivit, en conséquence, des lettres pleines de blasphèmes contre Dieu, dans lesquelles il disait : « Prenez garde de vous laisser séduire par votre
« Dieu, en qui vous mettez votre confiance, et ne dites
« pas : Jérusalem ne sera point livrée entre les mains du
« roi d'Assyrie ; car vous avez appris vous-même ce que
« les rois des Assyriens ont fait à toutes les nations, et de
« quelle manière ils les ont ruinées ; serez-vous donc le
« seul qui pourrez vous en sauver ? Les dieux des nations
« ont-ils délivré les peuples que nos pères ont ravagés ? »
Ezéchias, ayant reçu la lettre de Sennachérib de la main des ambassadeurs, la lut, vint dans le temple, étendit la lettre devant le Seigneur, et fit sa prière devant lui en ces termes : « Seigneur des armées, Dieu d'Israël, qui êtes assis

« sur les chérubins, c'est vous seul qui êtes le Dieu de tous
« les rois du monde ; c'est vous qui avez fait le ciel et la
« terre. Prêtez l'oreille et écoutez ; ouvrez les yeux, Sei-
« gneur, et considérez : écoutez toutes les paroles de Sen-
« nachérib, qui a envoyé ses ambassadeurs pour blasphé-
« mer devant nous le Dieu vivant. Il est vrai, Seigneur,
« que les rois des Assyriens ont détruit les nations, qu'ils
« ont ravagé toutes leurs terres, et qu'ils ont jeté leurs
« dieux dans le feu et les ont exterminés, parce que ce
« n'étaient pas des dieux, mais des images de bois et de
« pierre faites par la main des hommes. Sauvez-nous donc
« maintenant, Seigneur notre Dieu, des mains de ce roi,
« afin que tous les royaumes de la terre sachent que c'est
« vous seul qui êtes le Seigneur Dieu. »

Alors Isaïe, fils d'Amos, envoya dire à Ezéchias : « Voici
« ce que dit le Seigneur, le Dieu d'Israël : J'ai entendu la
« prière que vous m'avez faite touchant Sennachérib, roi
« des Assyriens. Voici ce que le Seigneur lui dit : Qui
« penses-tu avoir insulté ? Contre qui crois-tu avoir blas-
« phémé ? Contre qui as-tu haussé la voix et élevé tes
« yeux insolents ? C'est contre le Saint d'Israël. Tu as
« blasphémé le Seigneur par tes serviteurs ; tu m'as atta-
« qué par ton insolence, et le bruit de ton orgueil est
« monté jusqu'à mes oreilles. Je te mettrai donc un cercle
« au nez et un mors à la bouche, et je te ferai retourner
« par le même chemin par lequel tu es venu. » Cette même
nuit, l'ange du Seigneur vint dans le camp des Assyriens
et y tua cent quatre-vingt-cinq mille hommes. Sennachérib, roi des Assyriens, s'étant levé au point du jour, vit
tous ces corps morts, et il s'en retourna aussitôt. Il se retira
dans son pays et se rendit à Ninive. Un jour qu'il adorait
Nesroch, son dieu, dans son temple, deux de ses fils, Adra-
mélech et Sarazar, le tuèrent à coups d'épée. Ils s'enfui-
rent en Arménie, et Assar-Addon, un autre de ses fils,
régna en sa place.

13. Tempérance et dextérité du jeune Cyrus
(586 av. J.-C.)

Le jeune Cyrus, fils de Cambyse, roi de Perse, avait douze ans lorsque sa mère Mandane le mena en Médie, chez le roi Astyage, son grand-père, à qui tout le bien qu'il avait entendu dire du jeune prince, avait donné une grande envie de le voir. Cyrus trouva, dans cette cour, des mœurs bien différentes de celles de son pays. Le faste, le luxe, la magnificence y régnaient partout : les Mèdes affectaient de vivre dans la mollesse, de se vêtir de pourpre, de porter des colliers et des bracelets, au lieu que les Perses étaient vêtus fort simplement. Cyrus ne fut point ébloui de tout cet éclat, et, sans rien critiquer ni condamner, il sut se maintenir dans les principes qu'il avait reçus dès son enfance. Il charmait son grand-père par des saillies pleines d'esprit et de vivacité, et gagnait tous les cœurs par des manières nobles et engageantes.

Astyage, voulant faire perdre à son petit-fils l'envie de retourner dans son pays, fit préparer un repas somptueux dans lequel tout fut prodigué, soit pour la quantité, soit pour la qualité et la délicatesse des mets. Cyrus regardait avec des yeux assez indifférents tout ce fastueux appareil. Et comme Astyage en paraissait surpris : « Les Perses, « dit-il, au lieu de tant de détours et de circuits pour « apaiser la faim, prennent un chemin bien plus court « pour arriver au même but : un peu de pain et de cres-« son les y conduisent. » Son grand-père lui ayant permis de disposer à son gré de tous les mets qu'on avait servis, il les distribua sur le champ aux officiers du roi qui se trouvèrent présents : à l'un, parce qu'il lui apprenait à monter à cheval ; à l'autre, parce qu'il servait bien Astyage ; à un troisième, parce qu'il prenait grand soin de sa mère. Sacas, échanson d'Astyage, fut le seul à qui il ne donna rien. Cet officier, outre la charge d'échanson, avait celle d'introduire chez le roi ceux qui devaient être admis à son audience ; et, comme il ne lui était pas possible d'accorder cette faveur à Cyrus aussi souvent qu'il la demandait, il eut le malheur de déplaire à ce jeune prince, qui lui en marqua son ressentiment dans cette occasion. Comme Astyage témoignait quelque peine de ce que Cyrus avait fait cet affront à un officier pour qui il avait une considération particulière, et qui la méritait par l'adresse merveilleuse avec laquelle il lui servait à boire : « Ne faut-il que cela, mon père, lui dit le jeune prince, « pour mériter vos bonnes grâces ? Je les aurai bien- « tôt gagnées, car je me fais fort de vous servir mieux que « lui. »

Aussitôt on équipe le petit Cyrus en échanson. Il s'avance gravement, d'un air sérieux, la serviette sur l'épaule, et, tenant la coupe délicatement de trois doigts, il la présente au roi avec une dextérité et une grâce qui charmèrent Astyage et Mandane. Quand cela fut fait, il se jeta au cou de son grand-père, et, en le baisant, il s'écria, plein de joie : *O Sacas ! pauvre Sacas ! te voilà perdu, j'aurai la charge.* Astyage lui témoigna beaucoup d'amitié : « Je suis très content, mon fils, lui dit-il ; on ne peut « pas mieux servir, vous avez cependant oublié une céré- « monie qui est essentielle, c'est de faire l'essai. » En effet, l'échanson avait coutume de verser de la liqueur dans sa main gauche et d'en goûter avant de présenter la coupe au prince. « Ce n'est pas du tout par oubli, reprit « Cyrus, que j'en ai usé ainsi. — Et pourquoi donc ? dit « Astyage. — C'est que j'ai appréhendé que cette liqueur « ne fût du poison. — Du poison ! Et comment cela ? — « Oui, mon père ; car il n'y a pas longtemps que, dans « un repas que vous donniez aux grands seigneurs de « votre cour, je m'aperçus qu'après qu'on eut un peu bu « de cette liqueur, la tête tourna à tous les convives. On « criait, on chantait, on parlait à tort et à travers. Vous « paraissiez avoir oublié, vous que vous étiez roi, et eux « qu'ils étaient vos sujets: Enfin, quand vous vouliez mar- « cher, vous ne pouviez pas vous soutenir. — Comment ! « reprit Astyage, n'arrive-t-il pas la même chose à votre « père ? — Jamais, répondit Cyrus. — Eh ! quoi donc ? —

« Quand il a bu, il cesse d'avoir soif et voilà tout ce qui lui
« arrive. »

Cyrus passa plusieurs années à la cour d'Astyage, se faisant aimer et estimer de tous ; car il était doux, affable, officieux, bienfaisant. Il revint ensuite en Perse, auprès de Cambyse, son père.

14. Le Sacrilège puni.

Balthazar (554-538 av. J.-C.) donna un jour un grand festin à tous les seigneurs de sa cour. A la fin du repas, il se fit apporter les vases d'or et d'argent que Nabuchodonosor avait enlevés du temple de Jérusalem ; il but dans ces vases et y fit boire non seulement ses officiers, mais encore ses femmes. Au même instant, une main apparut sur la muraille traçant des caractères qui paraissaient de feu. On essaya de les lire, mais personne ne le put. Enfin, on se souvint de Daniel, et on le fit venir. A l'aspect de ces signes effrayants, Daniel, saisi de l'esprit de Dieu, s'écria :
« O roi, le Tout-Puissant avait donné à Nabuchodonosor,
« votre aïeul, le royaume, la puissance et la gloire ; et, à
« cause de cette grande puissance que Dieu lui avait ac-
« cordée, toutes les nations tremblaient devant lui : il dé-
« truisait qui il lui plaisait ; il élevait les uns et abaissait
« les autres selon sa volonté. Mais, parce que son cœur
« s'enfla d'orgueil, il fut chassé du trône et réduit à la
« condition des bêtes, jusqu'à ce qu'il reconnût que tout
« pouvoir vient du Très-Haut. Cependant, vous qui êtes
« son fils, vous n'avez point profité de cet exemple : vous
« n'avez point humilié votre cœur ; mais vous vous êtes
« élevé contre le souverain maître du ciel, et vous n'a-
« vez point rendu gloire à Celui qui tient dans sa main
« votre vie. C'est pourquoi Dieu a fait écrire ces mots sur
« la muraille : *Mane, Thecel, Pharès*. Et voici ce qu'ils
« signifient : *Mane*, Dieu a compté les jours de votre
« règne, et il en a marqué la fin ; *Thecel*, vous avez été
« pesé et trouvé trop léger ; *Pharès*, votre royaume
« va être divisé, et il sera donné aux Mèdes et aux
« Perses. »

Cette nuit-là même, la prédiction de Daniel s'accomplit. Les Mèdes et les Perses ayant détourné par des travaux immenses le cours de l'Euphrate, entrèrent dans Babylone par le lit de ce fleuve. La ville fut prise et saccagée, Balthazar fut tué, et Darius le Mède, âgé de soixante-deux ans, resta maître du royaume des Babyloniens.

15. Modération de Philippe de Macédoine.
(360-352 avant Jésus-Christ.)

Le père d'Alexandre le Grand, Philippe de Macédoine, a sans doute été éclipsé par son fils, le vainqueur de la Perse et de l'Inde, par ce conquérant qui, selon la parole même de nos livres saints, *touchait à peine la terre de ses pieds*. Néanmoins on trouve dans la vie de Philippe des traits de caractère qui rendent ce prince recommandable, et dont la lecture peut fournir d'utiles leçons. Voici le portrait que trace de ce monarque un de nos écrivains modernes qui a bien connu l'antiquité :

« Sa colère s'allume et s'éteint dans un moment ; sans
« fiel comme sans rancune, il est au-dessus de l'offense
« comme de l'éloge ; les orateurs l'accablent d'injures à la
« tribune, et ses sujets lui disent parfois des vérités cho-
« quantes. Il répond qu'il a des obligations aux premiers
« parce qu'ils le corrigent de ses faiblesses, aux seconds
« parce qu'ils l'instruisent de ses devoirs. »

Un jour, une femme du peuple se présente, et le prie de terminer son affaire. « Je n'en ai pas le temps. — Pourquoi donc restez-vous sur le trône ? » Ce mot l'arrête, et sur-le-champ il se fait apporter les pièces du procès qui était en souffrance et le termine.

Une autre fois, il s'endort pendant la plaidoirie, et n'en condamne pas moins une des parties à payer une certaine somme. « J'en appelle ! s'écrie-t-elle aussitôt. — A qui donc ? — Au roi plus attentif. » A l'instant il revoit l'affaire, reconnaît son erreur, et paie lui-même l'amende.

Les courtisans voulaient qu'il sévît contre Nicanor, qui ne cessait de blâmer son administration et sa conduite ; il

leur répondit : « Cet homme n'est pas le plus méchant des
« Macédoniens ; c'est peut-être moi qui ai tort de l'avoir
« négligé. » Il prit des informations ; il sut que Nicanor
était aigri par le besoin et vint à son secours. Comme Nicanor ne parlait plus de son bienfaiteur qu'avec éloge, Philippe dit aux délateurs : « Vous voyez bien qu'il dépend
« d'un roi d'exciter ou d'arrêter les plaintes de ses sujets. »

Histoire ancienne.

16. Fermeté de saint Louis (1226-1270).

Saint Louis, étant arrivé en vue de Damiette, en Egypte, adressa ces paroles aux seigneurs assemblés autour de lui :
« Mes amis, nous serons invincibles, si la charité nous
« rend inséparables ; attaquons hardiment, quelque grande
« que soit la résistance des ennemis ; ne considérez point
« ma personne ; je ne suis qu'un homme, dont Dieu, quand
« il lui plaira, emportera la vie d'un souffle, comme celle
« d'un autre. Jusqu'à présent, tous les événements nous
« ont été favorables. Si nous succombons, nous mourrons
« martyrs ; si nous sommes vainqueurs, Dieu en sera glo-
« rifié. Combattons pour lui, et il triomphera, non pour
« notre gloire, mais pour la sienne. »

Dans les suites malheureuses de cette expédition, le saint roi ne montra pas moins de fermeté et de grandeur d'âme : prisonnier des Sarrasins, après avoir fait des prodiges de valeur, il ne se laissa point abattre par le malheur ; il se montra constamment, au milieu des barbares, roi et chrétien ; il n'interrompit jamais ses exercices religieux, et continua à mener une vie aussi austère qu'auparavant. Son inaltérable patience à souffrir les incommodités et les insultes, son égalité de caractère et sa fermeté à refuser, pour sa délivrance, ce qu'on lui demandait de contraire à sa dignité et à ses devoirs de chrétiens, toutes ces vertus, qui jusqu'alors avaient été inconnues aux Musulmans, les jetaient dans l'admiration. Aussi lui dirent-ils un jour :
« Tu es notre prisonnier et notre esclave, et tu nous
« traites toi-même comme si nous étions tes prisonniers. »

Il répondit aux envoyés du sultan, qui lui faisait demander pour sa rançon dix millions et la ville de Damiette : « Dites « à votre maître qu'un roi de France ne se rachète jamais « avec de l'argent : je donnerai les dix millions pour la « rançon de mes gens, et la ville de Damiette pour la « mienne. »

Comme les Sarrasins lui proposaient, pour garantir l'exécution du traité, une formule de serment contraire au respect que l'on doit à la religion chrétienne, il la rejeta et répondit à ses parents et à ses amis, qui l'engageaient à céder : « Dieu m'est témoin que je vous aime comme je le « dois, et que je ne hais point ma vie ; mais j'aime encore « mieux Jésus-Christ et sa croix ; c'est pourquoi je ne « puis consentir à offenser mon Dieu, en faisant ce qu'on « me propose. » Il résista avec un courage et une patience admirables aux menaces dont l'accablaient les Sarrasins, qui, non contents de lever sur lui leurs cimeterres, le menaçaient encore des plus cruels supplices et même de celui de la croix. « Vous pouvez disposer de mon corps, leur « dit-il, Dieu vous en a rendus maîtres, mais mon âme est « entre ses mains, vous ne pouvez rien sur elle. » Tant de vertus ne restèrent pas sans récompense : le pieux roi fut rendu à la liberté, et la France put revoir celui qu'elle vénérait comme un père.

17. Saint Jean de Dieu (né en Portugal l'an 1495, mort en 1550.)

Un des établissements qui font le plus d'honneur à la Religion, c'est celui que forma saint Jean de Dieu en fondant l'ordre de la Charité. Cet homme admirable, voyant que les pauvres malades étaient souvent abandonnés, prit la généreuse résolution de se dévouer entièrement à leur service. Il commença par vendre du bois au marché, et employa à l'entretien des indigents l'argent qui lui en revenait. Il loua ensuite une maison pour y retirer les pauvres malades, et pourvut à tous leurs besoins avec autant de zèle et d'activité qu'un père en pourrait mettre pour soigner ses enfants. Il passait les jours auprès des malades, et employait les nuits à en transporter de nouveaux dans son hôpital. L'exemple du saint excita la charité de plusieurs personnes vertueuses, dont il reçut bientôt des secours qui le mirent en état de donner plus d'étendue à l'asile qu'il avait ouvert aux malheureux. Mais, tandis qu'il se réjouissait de ces heureux accroissements, il eut la douleur de voir tout à coup le feu prendre à son hôpital. A cette vue, il sentit dans son cœur un redoublement de tendresse pour ses chers malades, et, alarmé du danger qu'ils couraient, il résolut de s'exposer à tout pour les sauver. En vain lui représente-t-on qu'en voulant les préserver de l'incendie, il en sera lui-même victime. « Si je n'ai pas, dit-il, le bonheur de les délivrer, j'aurai « du moins le mérite de l'avoir tenté ; et, si je meurs, je « mourrai martyr de la charité. Peut-on souhaiter une « plus belle mort ? » Après avoir dit ces mots, il s'élance vers le lieu de l'incendie ; il pénètre, malgré le feu, dans le logement qu'occupaient les malades ; il les met sur ses épaules les uns après les autres, et les emporte à travers les flammes. La divine Providence récompensa visiblement sa charité par une protection particulière ; car ni lui ni les malades ne furent endommagés par le feu. En excitant sa reconnaissance envers le Seigneur, cette faveur singulière redoubla sa tendresse pour les pauvres. Tout le reste de sa vie ne fut employé qu'à les soulager. Il a laissé, après sa mort, un ordre religieux destiné à continuer l'œuvre si chère à son cœur.

18. Comme vous traitez le prochain, vous serez traités vous-mêmes.

Un roi avait des serviteurs auxquels il voulut faire rendre compte. Comme il commençait à le faire, on lui en présenta un qui lui devait dix mille talents ; mais ce serviteur n'ayant pas le moyen de les lui rendre, son maître commanda qu'on le vendît, lui, sa femme et ses enfants, et tout ce qu'il avait pour acquitter cette dette. Alors le ser-

viteur insolvable se jeta aux pieds de son maître et lui dit :
Seigneur, ayez un peu de patience et je vous rendrai tout.
Le roi, touché de compassion, le laissa aller et lui remit
sa dette. Mais lui ne fut pas plus tôt sorti, que, trouvant un
de ses compagnons qui lui devait cent deniers, il le prit à
la gorge et l'étouffa presque en lui disant : Rends-moi ce
que tu me dois. Et son compagnon, se jetant à ses pieds,
le conjura en lui disant : Ayez un peu de patience, et je
vous rendrai tout. Mais il ne voulut pas l'écouter, et il le
fit mettre en prison pour l'y tenir jusqu'à ce que ce malheureux eût acquitté toute sa dette. Les autres serviteurs,
ses compagnons, voyant ce qui se passait, en furent extrêmement affligés, et vinrent avertir leur maître de tout ce
qui était arrivé. Celui-ci ayant fait venir le coupable,
lui dit : Méchant serviteur, je vous avais remis tout ce
que vous me deviez, parce que vous m'en aviez prié ;
ne fallait-il donc pas que vous eussiez aussi pitié de votre
compagnon comme j'ai eu pitié de vous ! Et son maître,
tout en colère, le livra aux mains des bourreaux pour
être tourmenté jusqu'à ce qu'il eût payé tout ce qu'il lui
devait.   (Tiré de l'Évangile.)

19. Trait d'amour fraternel et de piété filiale (1).

Un voyageur venait de mourir dans une petite auberge
du Berry. Il laissait deux jeunes enfants, qui paraissaient
plongés dans la plus profonde douleur. Après avoir accompagné leur père à sa dernière demeure, et vu se refermer
sur lui la tombe qui les en séparait pour jamais, ses deux
fils revinrent lentement dans la petite chambre qu'il avait
occupée, et se mirent à pleurer amèrement ; ils se trouvaient seuls et sans appui.

Bientôt l'aubergiste ajouta encore à leur accablement ; il
vint lui-même trouver les deux enfants, pour réclamer le
prix du logement.

(1) Ce trait est tiré de la vie de Sedaine, né à Paris en 1719
et mort en 1797.

L'aîné, qui pouvait avoir treize ans au plus, leva la tête, et, s'essuyant les yeux :

Apportez-nous votre mémoire, monsieur, dit-il avec fermeté, et vous serez payé.

Cette assurance parut déconcerter un peu l'aubergiste. Il se retira sans ajouter un seul mot.

Cependant sa visite avait donné de l'inquiétude aux enfants. Absorbés jusqu'alors dans la douleur par la perte qu'ils venaient de faire, ils n'avaient pas encore songé à l'avenir. Quelle fut leur terreur, lorsqu'en fouillant dans la valise de leur père, ils s'aperçurent qu'il ne leur laissait pas même un écu ! L'aubergiste s'en était bien douté.

Cependant l'aîné des deux frères conserva son sang-froid. Il vendit tous les effets de son père et même ses propres vêtements, paya les dettes et assura à son jeune frère une place à la voiture de Paris, pour qu'il pût aller rejoindre la mère. Ensuite, il compta l'argent qui lui restait ; il n'avait plus que dix-huit francs. C'est avec cette somme qu'il entreprit le voyage.

Comme il n'aurait pas pu payer pour lui-même une place dans la voiture, il courait à côté, et, content de voir son frère à l'abri de la fatigue, il oubliait la sienne.

Cependant on se trouvait en automne, et les matinées étaient froides. L'enfant, assis sur l'impériale de la voiture, et bien légèrement vêtu, tremblait et grelottait de tous ses membres ; son frère se dépouilla de sa veste pour l'en revêtir.

Ce trait d'amitié fraternelle toucha le conducteur, qui jusqu'alors avait vu avec assez d'indifférence cet enfant s'exténuer à suivre le pas des chevaux. Il le prit sur son siège à côté de lui, et l'amena ainsi à Paris, où ce petit ne serait arrivé qu'avec les plus grandes difficultés. Les deux enfants purent donc embrasser et consoler leur mère.

Mais, pour être réunis, leur situation n'en était pas plus heureuse. Le père avait été le seul soutien de la famille, la misère ne tarda pas à se faire sentir. Un matin, la mère vint s'asseoir en pleurant au pied du lit des deux enfants : depuis deux jours, il n'y avait plus d'argent dans la maison.

— Ma mère, dit l'aîné en se levant, ne pleurez pas ; je suis grand et fort, je travaillerai.

La mère l'embrassa en pleurant ; mais cette fois c'était autant de tendresse que de douleur. Puis il sortit.

Il alla vers un grand bâtiment que l'on construisait à peu de distance, et s'approchant du *maître compagnon*, il lui demanda de vouloir bien l'employer comme ouvrier.

— Mais, mon petit, lui dit le compagnon avec surprise, tu n'es pas vêtu comme un maçon. Tu ne sais pas le métier.

— Si je ne sais pas bien encore, reprit l'enfant, je l'apprendrai. J'ai besoin de travailler. Ma mère et mon petit frère n'ont pas de pain.

Le compagnon le regarda avec intérêt. — Ma foi, petit, cela ne dépend pas de moi. Va voir monsieur l'architecte là-bas, le gros homme en habit noir.

La simplicité et la fermeté des paroles de l'enfant touchèrent l'architecte ; il donna ordre au *compagnon* de l'employer selon ses forces. L'enfant s'acquitta de sa tâche avec intelligence, il eut bientôt gagné l'affection des ouvriers, qui se firent un plaisir de lui enseigner leur état. Il y fit des progrès si rapides, que bientôt il fut cité comme un des meilleurs tailleurs de pierre que l'on pût trouver.

Alors, avec le gain de ses journées, il trouva moyen de nourrir sa mère et son petit frère, et en même temps d'acquérir les connaissances nécessaires à son état. Il apprit le dessin, la géométrie, et, de simple ouvrier, devint sculpteur et architecte. Il put se procurer ainsi une honnête aisance, et sa mère, à laquelle il fit une pension, se retira dans un couvent à Montbard, où elle vécut pieusement en bénissant son fils.

20. Vengeance chrétienne.

Pendant les jours de la terreur, M. Aurain, curé de Figeac, donna un exemple bien touchant de la plus héroïque charité. Il était à l'autel, il venait de prononcer les paroles de la consécration, la foule recueillie adorait en silence, lorsque le signal d'alarme retentit tout à coup ; les femmes s'effraient, les hommes se lèvent ; un enfant se précipite dans l'église en criant : Les jacobins sont arrivés, ils me suivent de près. Le prêtre venait de déposer les ornements sacrés. Deux dragons paraissent à la grande porte de l'église ; le curé les voit, et, descendant rapidement les degrés de l'autel, il s'échappe par la sacristie. Dans le cimetière, il rencontre deux autres soldats qui veulent le saisir. Il les évite, franchit un mur et gagne la campagne. Arrivé sur le bord d'une petite rivière, il n'hésite pas, il s'y jette et la traverse à la nage. Parvenu au bord opposé, il se tourne et voit les deux soldats toujours acharnés à le poursuivre ; un d'eux se jette dans la rivière pour la traverser. A cette vue, M. Aurain reprend sa course et gravit un coteau ; il gagne de vitesse, et se trouve hors d'atteinte de ceux qui avaient juré sa mort.

Tout à coup il entend des cris de détresse ; il se retourne et revient sur ses pas. Du haut du coteau, il voit un des soldats se débattre dans les eaux et sur le point d'être englouti. Le prêtre, qui avait enseigné la charité, prêché le pardon et recommandé de rendre le bien pour le mal, ne fut pas sourd à la voix d'un ennemi qui l'appelait à son secours. Avec la même vitesse qu'il avait mise à se sauver, il descend la colline ; parvenu au bord de la rivière, il s'y jette aussitôt ; il plonge et replonge pour saisir le malheureux qui se noie. Enfin, il reparaît sur l'eau et ramène sur le rivage le soldat à demi mort et sans connaissance ; il le réchauffe, lui prodigue ses soins et le rend à la vie. Cet homme ayant repris ses sens, reconnaît le curé de Figeac. Eh quoi ! s'écrie-t-il, c'est vous qui m'avez sauvé, vous que je poursuivais, vous dont j'avais juré la mort ! On nous a donc trompés ! On nous répète sans cesse que les prêtres ne respirent que vengeance. — Mon ami, répond le curé, vous voyez si on vous a dit vrai ; en vous sauvant, je n'ai fait que mon devoir ; tout prêtre, tout chrétien doit faire ce que j'ai fait. J'ai été heureux, voilà tout ; j'en remercie le Ciel. Remerciez-le aussi et ne persécutez plus ceux qui servent Dieu et qui croient en lui.

21. Les deux Chemins.

Un voyageur se trouva un jour dans un grand embarras. Deux chemins se présentèrent à lui, sans que rien lui indiquât lequel il devait prendre. L'un de ces chemins paraissait facile et gracieux. C'était un tapis de verdure bordé d'arbres qui formaient un agréable ombrage : des prairies émaillées de fleurs, des champs couverts de moissons, des coteaux couronnés de vignes offraient une perspective charmante. L'autre chemin, au contraire, n'avait rien que de rebutant : sombre, tortueux, embarrassé de ronces et d'épines, rempli de fange et rompu en beaucoup d'endroits ; c'en était assez de le voir pour répugner à s'y engager.

Notre voyageur, après avoir délibéré quelque temps, se décida pour la route qui lui promettait un voyage agréable. Il était près d'y entrer lorsqu'un inconnu s'avança vers lui en lui criant : Gardez-vous bien de prendre ce chemin, vous vous égareriez infailliblement dans ses détours et vous tomberiez entre les mains des brigands dont il est infesté. L'autre vous épouvante ; il est vrai qu'il est rude et difficile, mais il vous conduira sûrement et sans aucun risque au terme que vous vous proposez.

Que fera notre voyageur ? Doit-il croire cet inconnu sur sa parole et contre toutes les apparences ? N'a-t-il pas lieu de craindre qu'il ne veuille le tromper, ou qu'il ne soit trompé lui-même ? Dans cette situation embarrassante, voici comme il raisonna. Le rapport de cet homme est vrai ou faux : s'il est faux, et que je prenne le mauvais chemin qu'il m'indique, peut-être, après m'être fatigué dans une route désagréable et incommode, serai-je obligé de revenir sur mes pas. Je ne risque rien de plus. Mais, si son rapport est vrai, en prenant l'autre chemin, je cours évidemment à ma perte. Le parti le plus sûr est donc de suivre l'avis de cet homme. Ce raisonnement le décida. Il s'engagea dans le chemin dont les abords étaient si effrayants, et il eut lieu de s'en féliciter.

Deux chemins se présentent pareillement à l'homme

pendant le pèlerinage qu'il fait sur la terre : celui de la vertu et celui du vice. Le premier semble hérissé d'épines, le second paraît jonché de fleurs. Un jeune homme, sollicité par ses passions naissantes, est naturellement porté à préférer celui qui lui promet le plus d'agréments ; mais, au moment où il est près de s'y engager, la Religion lui fait entendre sa voix et lui dit : Ce chemin qui vous enchante aboutit à un précipice affreux où vous périrez infailliblement ; l'autre, au contraire, dont la vue vous effraie, conduit à un séjour délicieux, où vous jouirez d'un bonheur parfait.

Que doit faire ce jeune homme ? Imiter le voyageur de notre parabole et raisonner ainsi : Ou la Religion me trompe, ou elle ne me trompe pas. Si elle me trompe, je me gênerai, en suivant le chemin de la vertu, je me contraindrai, je me priverai, pendant la courte durée de cette vie, de bien des plaisirs que j'aurais pu goûter : voilà tout ce que je risque. Mais, si la religion ne me trompe pas, je vais moi-même, en suivant le chemin du vice, me précipiter dans un abîme qui m'engloutira sans retour. Alors même que je pourrais douter légitimement que ce que la Religion me révèle soit vrai, le parti le plus sûr pour moi serait toujours de marcher dans le sentier de la vertu.

Voilà ce que tout jeune homme prudent doit conclure, même dans le cas d'un doute bien fondé. A plus forte raison devons-nous tirer la même conclusion, nous qui savons, avec toute la certitude possible, que tout ce que la Religion nous enseigne est la vérité même.

22. Effet de l'Éducation.

Lycurgue (1) regardait l'éducation des enfants comme le plus beau et le plus important ouvrage du législateur. Pour montrer à ses concitoyens, par un exemple frappant, l'influence que l'éducation bien ou mal dirigée peut avoir sur la conduite des hommes, il fit élever, chacun à part, deux

(1) Lycurgue gouvernait Sparte vers 898 avant J.-C.

petits chiens de même race. On gardait l'un à la maison et on lui donnait à manger des viandes délicates ou d'autres morceaux friands ; quant à l'autre, on l'exerçait à la chasse à travers les bois et les champs, par les montagnes et les vallées.

Cependant ces deux chiens, en suivant deux genres de vie si contraires, étaient devenus gros et forts. Lycurgue les fit amener sur la place publique en présence du peuple rassemblé, et parla en ces termes à la multitude : « Spar-
« tiates, les animaux agissent suivant les habitudes qu'on
« leur fait contracter. Vous allez en juger par vous-mêmes.
« Voici deux chiens de même race, mais élevés tout diffé-
« remment : l'un a été exercé à la course, à la lutte et
« aux privations ; tandis que l'autre n'a fait que manger,
« se promener çà et là et dormir à son gré. »

Cela dit, Lycurgue demande qu'on amène des chèvres sauvages et qu'on apporte des viandes bien apprêtées ; puis il fait signe aux gardiens de lâcher les chiens. Celui qu'on avait élevé délicatement se jette aussitôt sur les viandes préparées et s'en repaît ; tandis que l'autre se précipite sur les chèvres, les terrasse et les déchire. Lycurgue reprend alors la parole et ajoute : « Spartiates, ce que vous venez
« de voir nous apprend que c'est d'après vos institutions et
« le soin que vous prendrez de les faire observer à vos en-
« fants que vous serez portés au travail ou au plaisir, que
« vous serez forts et courageux, ou lâches et faibles. Et
« croyez-moi, le travail conduit à la liberté et à la gloire,
« tandis que le plaisir amène sûrement la servitude et le
« mépris. »

29. Il faut de bonne heure combattre ses défauts et contracter de bonnes habitudes.

Le petit Léon, voyant son père planter un tronc de pommier sauvage, lui dit :

« Que voulez-vous faire, papa, de ce morceau de bois noueux, qui n'est bon à rien ?

— Ne juge pas si promptement, répondit son père ; connais-tu bien cette tige que tu appelles un morceau de bois noueux ?

— Sans doute, dit l'enfant.

— Tu vois bien cette tige en ce moment, mais tu ne sais pas ce qu'elle peut devenir un jour. Ce morceau de bois, de si vilaine apparence, peut devenir un grand et bel arbre ; il peut, en quelques années, porter des fleurs et des fruits. »

A quelque temps de là, Léon vit de nouveau son père occupé à soigner le petit arbre ; il lui donnait un étai pour le consolider.

« Pourquoi faites-vous cela ? demanda l'enfant ; vous gênez la croissance de cet arbre.

— Je l'étaie ainsi, répondit le père, afin qu'il ne soit pas endommagé par le vent, et qu'il puisse croître droit et sans défaut. »

Ensuite le père enleva les petits rameaux qui avaient poussé le long de la tige ; il creusa un peu la terre autour de la racine ; et, tout autour du jeune plant, il fixa des épines sèches, afin de le protéger contre la dent des animaux.

Au commencement du printemps suivant, le père ramena son fils au pied du petit arbre. Il tenait dans sa main un scion pris sur un autre pommier. Alors, prenant la serpette, il coupa la tête du sauvageon.

« Ah ! s'écria l'enfant en la voyant tomber, vous venez de perdre le fruit de toutes vos peines ! »

Le père souriait en silence. Il inséra, à l'extrémité de la tige, la petite branche qu'il avait apportée, et lia le tout avec beaucoup de soin, puis il dit : « Si ce sauvageon était resté dans la forêt, il serait devenu un arbre tortu et noueux, et il n'aurait jamais porté que des fruits aigres et malsains. Mais j'ai eu soin de sa croissance, et, avant que le printemps fût plus avancé, j'ai voulu y greffer un germe choisi qui, après s'être développé, pût produire d'excellents fruits. »

Bientôt, en effet, ce germe se développa, étendit ses

rameaux, et présenta un bel aspect ; il poussa ensuite des boutons, se couvrit de fleurs, et, en automne, ses branches ployaient sous le poids de ses pommes rouges.

« Que penses-tu maintenant, dit le père à son fils, de cet arbre et de mon travail ?

— Ah ! répondit Léon, c'est maintenant un bel arbre qui vous dédommage bien de toutes vos peines.

— Eh bien, mon fils, vois, en cet arbre, l'image de l'enfant : sans les soins de l'éducation, il resterait ignorant, grossier, et deviendrait vicieux ; mais, par suite d'une bonne éducation, il donne de précieux fruits de travail, d'honneur et de vertu.

D'après P. Delavenne.

24. Bon emploi du temps.

Philopœmen (1), le plus grand capitaine de son siècle, n'était jamais oisif ; il exerçait toujours son corps ou son esprit. Lorsqu'il était en voyage ou qu'il se promenait seul, son esprit, ses yeux, tout en lui était occupé. Tantôt il s'examinait lui-même, tantôt il considérait les différents objets qui l'environnaient. En contemplant la situation de lieux, il se demandait ce qu'il ferait si, étant à la tête des troupes de sa patrie, l'ennemi venait tout à coup à sortir d'une embuscade pour le surprendre et l'attaquer. Quelle position prendrais-je, se disait-il ? Quel ordre donnerais-je à mon armée ? Devrais-je résister ou fuir ? Il prévoyait tout, il combinait tout. Par cet exercice continuel, il acquit une si grande expérience dans la tactique, qu'il fut le plus habile général de son temps.

25. Comment on vainc la paresse.

Buffon (né à Montbard en 1707, mort en 1788), l'un de nos meilleurs écrivains, raconte ainsi lui-même comment il

---

(1) Philopœmen naquit en 253 av. J.-C. et mourut de la ciguë en 183.

était parvenu, avec l'aide de son domestique, appelé Joseph, à contracter l'habitude de se lever d'assez bon matin pour travailler : « Dans ma jeunesse, j'aimais beaucoup
« à dormir et ma paresse me dérobait la moitié de mon
« temps. Mon pauvre Joseph faisait tout ce qu'il pouvait
« pour la vaincre, sans pouvoir réussir. Je lui promis un
« écu toutes les fois qu'il me forcerait à me lever à six
« heures. Il ne manqua pas, le jour suivant, de venir me
« tourmenter à l'heure indiquée ; mais je lui répondis fort
« brusquement. Le jour d'après, il vint encore ; cette fois-
« ci je lui fis de grandes menaces qui l'effrayèrent. Ami
« Joseph, lui dis-je dans l'après-midi, j'ai perdu mon
« temps, et tu n'as rien gagné. Tu n'entends pas bien ton
« affaire : ne pense qu'à ma promesse, et ne fais désor-
« mais aucun cas de mes menaces. Il vint donc le lende-
« main ; d'abord je le priai, je le suppliai, puis je me
« fâchai ; mais il n'y fit aucune attention, et me força de
« me lever. Ma mauvaise humeur ne durait guère plus
« d'une heure après le moment du réveil ; il en était
« récompensé alors par mes remercîments et par ce qui
« était promis. Je dois au pauvre Joseph dix ou onze vo-
« lumes au moins de mes ouvrages. »

26. Correction des paresseux.

Autrefois, en Hollande, quand il était constaté qu'un homme capable de travailler et de gagner sa vie faisait le métier de mendiant, on le saisissait, on le descendait dans un puits profond où se trouvait une pompe, et on ouvrait un robinet dont l'eau coulait dans le puits. Alors, sous peine d'être bientôt noyé, le paresseux était obligé de pomper sans relâche. Pendant qu'il luttait contre l'eau, qui montait insensiblement, de graves citoyens faisaient des paris sur les bords du puits : l'un gageait que cet homme était un fainéant et que bientôt il serait enseveli sous l'eau ; l'autre soutenait, au contraire, qu'il se tirerait de ce mauvais pas. Enfin, après qu'il avait passé ainsi quelques heures dans un rude travail et de cruelles angoisses, on le retirait plus mort que vif et on le mettait en liberté.

27. Comment on se corrige de ses défauts.

Démosthène (1) avait trouvé dans ses dispositions naturelles, des obstacles qui semblaient le rendre pour toujours incapable de parler en public. Il avait un défaut de langue qui l'empêchait de prononcer plusieurs mots de suite, sa voix était désagréable et sa poitrine extrêmement faible. Mais, bien loin de se laisser rebuter par ces difficultés, il ne songea qu'aux moyens de les vaincre, quelque peine qu'il dût lui en coûter.

Pour corriger son bégaiement, former sa voix et fortifier sa poitrine, il déclamait des vers, prononçait des harangues avec de petits cailloux dans la bouche, au bruit des vagues de la mer ou en gravissant des pentes escarpées. Il resta trois mois dans un souterrain occupé sans cesse à régler ses tons et ses gestes.

Ses efforts furent couronnés d'un succès complet. Il se corrigea si bien de ses défauts, qu'il devint le plus grand orateur de la Grèce.

28. Le plan de la journée.

Chaque matin, quand sonne l'heure du réveil, nous voyons s'ouvrir devant nous une journée qu'il dépend de nous de rendre bonne ou mauvaise, méritoire ou déméritoire.

Enfant, après avoir sanctifié, par la prière, les prémices de la journée, demande-toi, en présence de *Celui* qui nous jugera tous : *Quels devoirs ai-je à remplir aujourd'hui ? Qu'est-ce que Dieu attend de moi ?*

Une fois que tu auras déterminé l'emploi de chaque partie de la journée, mets-toi au travail de bon cœur et agis comme tu voudrais l'avoir fait à l'heure du trépas.

Le soir, que le sommeil n'appesantisse pas tes paupières avant que tu aies examiné chacun des actes de ta journée.

(1) Démosthène né en 385 avant J.-C., mort en 322.

Dis-toi : *Par où ai-je péché ? — Qu'ai-je fait et que je n'aurais pas dû faire ? — Qu'ai-je omis et que j'aurais dû faire ? — En quoi ai-je manqué ?*

Si tu as péché en quelque chose, demandes-en pardon à Dieu. Remercie-le du bien que tu as fait et prie qu'il t'accorde la grâce de mieux faire encore à l'avenir.

29. Le meilleur est le pire.

Un certain jour de marché, Xanthus, qui avait dessein de régaler quelques-uns de ses amis, commanda à Esope (1) d'acheter ce qu'il y a de meilleur, et rien autre chose. — Je t'apprendrai, dit en lui-même le Phrygien, à spécifier ce que tu souhaites, sans t'en remettre à la discrétion d'un esclave. Il n'acheta donc que des langues, qu'il fit accommoder à toutes les sauces : l'entrée, le second plat, l'entremets, tout ne fut que des langues. Les conviés louèrent d'abord le choix de ces mets ; à la fin ils s'en dégoûtèrent. — « Ne t'ai-je pas commandé, dit Xanthus, d'acheter ce qu'il y a de meilleur ? — Eh ! qu'y a-t-il de meilleur que la langue ? reprit Esope. C'est le lien de la vie civile, la clef des sciences, l'organe de la vérité et de la raison. Par elle on bâtit les villes et on les police, on instruit, on persuade, on règne dans les assemblées, on s'acquitte du premier de tous les devoirs, qui est de louer les dieux.

— Eh bien, dit Xanthus, qui pensait mettre son esclave dans l'embarras, achète demain ce qu'il y a de plus mauvais ; ces mêmes personnes viendront chez moi, et je veux diversifier. »

Le lendemain Esope ne fit encore servir que le même mets, disant que la langue est la pire des choses qui soit au monde.

C'est la mère de tous les débats, la nourrice des procès, la source des divisions et des guerres. Si l'on dit qu'elle est l'organe de la vérité, c'est aussi celui de l'erreur, et,

(1) Esope, fabuliste grec, vivait dans le VIe siècle avant J.-C.

qui pis est, de la calomnie. Par elle, on détruit les villes, on enseigne de méchantes choses. Si d'un côté elle loue les dieux, de l'autre, elle profère des blasphèmes contre leur puissance.

Quelqu'un de la compagnie dit à Xanthus que véritablement ce valet lui était fort nécessaire ; car il savait le mieux du monde exercer la patience d'un philosophe.

La Fontaine.

30. Empire sur soi-même.

Un gentilhomme avait quelque grief contre saint François de Sales (1). Résolu de s'en venger, il va sous les fenêtres du saint, amenant avec lui ses valets, poussant sa meute de chiens : les chiens aboient et les valets profèrent des injures. Ainsi assailli dans sa maison, saint François reste calme et tranquille, comme s'il n'avait rien entendu.

Le gentilhomme exaspéré ouvre la porte, pénètre dans la maison, monte à la chambre du saint et l'accable d'injures. Le saint garde le silence. Le gentilhomme le frappe. Le saint se tait encore. En présence d'une telle force morale, le gentilhomme se sent impuissant et sort.

Des amis accourent autour de saint François : « Pourquoi, lui dit-on, avez-vous gardé le silence ? Que n'avez-vous donné une leçon à ce forcené ! — C'est un pacte que nous avons fait, ma langue et moi, dit le saint. Nous nous sommes promis que tant que mon cœur serait ému, ma langue demeurerait silencieuse. »

On se repent rarement de s'être tu. Il faut être patient pour devenir maître de soi et des autres.

31. Courage et désintéressement.

Dans un débordement de l'Adige (2), le pont de Vérone fut emporté par les eaux. Il ne restait plus qu'une seule

(1) Saint François de Sales né en Savoie en 1567, mort en 1622.
(2) L'*Adige* est un fleuve de l'Italie.

arcade, celle du milieu, sur laquelle était une maison où se trouvait une famille entière.

Depuis le rivage, on voyait les malheureuses victimes tendre les mains, appeler du secours; mais personne n'osait tenter de les sauver, l'entreprise paraissait trop dangereuse.

Cependant le torrent détruisait à vue d'œil les piliers de l'arcade, tout allait bientôt s'effondrer et disparaître sous les flots. Le péril de la malheureuse famille était extrême. Soudain, on entend une voix : « Cent louis à celui qui sauve ces malheureux ! » Ces mots n'ont d'autre écho dans la multitude que le silence !

Sur ces entrefaites passe un brave et robuste campagnard auquel on fait connaître cette triste situation. Sans mot dire, il se jette dans une barque ; l'espoir de sauver des malheureux le mettant au-dessus du danger, il gagne le milieu du fleuve et arrive auprès du pilier qui bientôt allait céder à la violence des eaux. Quel grand et touchant spectacle! des cris de joie s'élèvent de toutes parts parmi la foule des spectateurs. Les applaudissements redoublent lorsque le brave batelier, heureux et fier, regagne le rivage avec les victimes qu'il a arrachées à la mort.

On le félicite, on accourt pour lui offrir la récompense promise ; mais il répond : « Je ne vends point ma vie ; « mon travail suffit pour me nourrir et mes enfants ; don- « nez cet argent à cette pauvre famille, qui en a plus be- « soin que moi. »

32. Probité.

I. Un jour, à la gare du chemin de fer de Lyon, un riche voyageur s'entend appeler au moment de monter dans le train. Il se retourne et voit devant lui le petit marchand auquel il venait d'acheter un journal. « Monsieur, lui dit le marchand, vous venez de me donner une pièce de vingt francs au lieu d'un sou. — Tu aurais pu garder cette pièce, répondit le voyageur, je n'y aurais jamais pensé. — Et moi, Monsieur, reprit le marchand, j'y aurais songé toujours. »

C'est sa conscience qui lui aurait reproché sans cesse de retenir un bien qui ne lui aurait pas appartenu.

II. Dans sa jeunesse, saint Eloi (1), qui fut depuis évêque de Noyon, exerçait la profession d'orfèvre. Comme il était en grande réputation d'habileté, le roi Clotaire II le chargea de faire un fauteuil d'or enrichi de pierreries, et lui fit donner pour cet ouvrage une grande quantité d'or, que le saint ne voulut recevoir qu'après l'avoir fait peser. Eloi se mit à l'œuvre, et travailla sur le modèle qu'on lui avait donné. Quand il eut terminé, il se présenta devant le roi ; mais au lieu d'un fauteuil, il lui en rendit deux. A la vue du premier fauteuil, Clotaire admira le talent de l'ouvrier ; mais, en voyant le second, il fut surpris et charmé de sa délicatesse. Il avait même de la peine à croire que ce qui avait été fourni à Eloi, eût pu suffire pour les deux fauteuils ; il fallut, pour l'en convaincre, peser l'ouvrage, qui se trouva du même poids que la quantité d'or qu'on avait donnée pour le faire. Clotaire vit bien qu'il pouvait accorder toute sa confiance à un homme d'une si grande probité ; aussi, saint Eloi parvint-il en peu de temps aux premières dignités du royaume.

Le meilleur garant que l'on puisse avoir de la probité des hommes, c'est la religion.

33. Amour pour les pauvres.

Saint Eloi avait un tel amour pour les pauvres, qu'il passait pour en être le père commun ; on regardait sa maison comme l'hôpital général de Paris, et tout son bien comme leur patrimoine. Il se défit de toute somptuosité, vendit tout ce qu'il avait de plus précieux pour les assister. Il préféra toujours la compagnie des pauvres à celle des riches ; il ne sortait point qu'il n'en fût environné, et se pourvoyait alors d'une bourse bien garnie. Il ménageait tout pour eux. Sa table était très frugale ; il mangeait peu,

(1) Saint Eloi naquit en 588. Il fonda un grand nombre d'écoles et de monastères.

et souvent ne vivait que de pain et d'eau, pour laisser aux pauvres de plus amples provisions. Souvent il envoyait dans les rues et sur les chemins, et jusque dans les villages, chercher les indigents et les faisait amener dans sa maison, sans compter les services qu'il rendait régulièrement aux malades et aux pauvres des hôpitaux. Il les faisait tous manger avec lui, et les servait de ses propres mains. Tant de charité était l'expression de sa foi : il voyait, il honorait, il servait Jésus-Christ dans la personne des pauvres.

34. Grandeur d'âme de Fabricius (282 av. J.-C.).

Celui qui de bonne heure contracte l'habitude de commander à ses passions et de soumettre son corps, acquiert peu à peu la fermeté, le courage et les vertus des hommes de caractère. Esclave volontaire de l'honneur et du devoir, il n'est pas plus séduit par l'appât des richesses qu'il n'est ébranlé à la vue du danger.

Fabricius, général romain, est un bel exemple de cette fermeté et de cette constante fidélité au devoir. Pendant que les Romains étaient en guerre avec Pyrrhus, roi d'Epire, Fabricius, alors consul (280 av. J.-C), fut envoyé pour négocier l'échange des prisonniers. Pyrrhus essaya de le gagner en lui offrant de grosses sommes d'argent ; mais Fabricius les refusa absolument.

Le lendemain, Pyrrhus, qui savait que le consul romain n'avait jamais vu d'éléphant, voulut lui faire peur, en faisant paraître devant lui un de ces énormes animaux. Il ordonna au gardien de ses éléphants de lui amener le plus gros, de le tenir caché derrière une tapisserie et de tirer le rideau à un signal donné.

Voilà qu'au milieu de la conversation le monstrueux animal apparaît tout à coup, lève sa trompe sur la tête de Fabricius en poussant un cri. Fabricius, sans s'émouvoir, se tourne vers Pyrrhus et lui dit tranquillement : « *Votre or ne me tenta pas hier, votre éléphant ne me fait pas peur aujourd'hui.* »

L'année suivante, Fabricius étant chargé du commandement de l'armée qui combattait Pyrrhus, vit arriver dans son camp un inconnu qui lui remit une lettre, où le médecin du roi d'Epire s'offrait à empoisonner ce prince, si les Romains lui promettaient la récompense du service qu'il leur rendrait en terminant à leur avantage cette terrible guerre.

Fabricius, se rappelant les droits sacrés des ennemis, eut horreur d'une telle proposition, et, bien loin de vouloir en profiter, il se hâta d'informer Pyrrhus de se mettre en garde contre la noire perfidie de son médecin.

35. Habiles leçons.

Dans les Indes, régnait un jeune prince très puissant et très fier ; son orgueil menaçait de devenir funeste à ses sujets et à lui-même. On essaya de lui représenter que l'affection de ceux auxquels il commande, fait toute la puissance du souverain, mais ce fut en vain. Ces sages remontrances ne servirent qu'à irriter le prince contre ceux qui se permettaient de le conseiller, et il les fit périr dans les tourments.

Un bramine ou philosophe entreprit néanmoins de lui faire comprendre la vérité, sans toutefois s'exposer au même péril. Il inventa le jeu des échecs, où le roi, quoique la plus importante de toutes les pièces, est impuissant pour attaquer et même pour se défendre sans le secours de ses sujets.

Le monarque, qui avait naturellement beaucoup d'esprit, comprit cet apologue en action et il s'appliqua à lui-même cette leçon utile.

En changeant de conduite, il prévint les malheurs qui le menaçaient.

Ce n'est pas tout. Voulant témoigner sa reconnaissance au bramine, il lui laissa le choix de la récompense.

Celui-ci lui demanda un grain de blé pour la première case de l'échiquier, deux pour la seconde, quatre pour la troisième, huit pour la quatrième, et ainsi de suite jusqu'à la dernière.

— Ce n'est rien, en vérité, pensa le prince. Il accorda les grains de blé sur-le-champ, sans examen. Or, il se trouva, le calcul fait, que tous les trésors et les vastes empires du prince ne suffiraient point pour remplir l'engagement qu'il venait de contracter.

Notre philosophe saisit cette occasion pour lui représenter combien il importe, à ceux qui sont en charge, de se tenir en garde contre ceux qui les entourent et combien ils doivent craindre que l'on n'abuse de leurs meilleures intentions.

Voilà deux bonnes leçons : la première montre que les hommes, quelle que soit leur position, ont besoin les uns des autres ; la seconde fait ressortir l'imprudence et le danger des jugements précipités.

36. La reconnaissance.

En 1683, Louis XIV avait chargé Duquesne de bombarder Alger, pour punir cette ville de ses infidélités et de son insolence. Le désespoir où étaient les corsaires de ne pouvoir éloigner de leurs côtes la flotte qui les foudroyait, leur suggère la cruelle pensée d'attacher à la bouche de leurs canons des esclaves français, dont les membres épars, jetés sur les vaisseaux, iraient répandre l'horreur parmi les assaillants. Un capitaine algérien, qui avait été pris dans ses courses et très bien traité par les Français pendant tout le temps qu'il avait été leur prisonnier, reconnaît parmi ceux qui vont subir le sort affreux que la rage de leurs ennemis leur prépare, un officier nommé Choiseul, qui a été pour lui plein d'égards et d'attention. Aussitôt, il prie, il sollicite, il presse, pour obtenir la conservation de cet homme généreux. Tout est inutile : on va mettre le feu au canon où Choiseul est attaché. L'Algérien se jette alors sur lui, l'embrasse étroitement, et, adressant la parole au canonnier : « Tire, lui dit-il ; puisque je ne « puis sauver mon bienfaiteur, j'aurai du moins la conso- « lation de mourir avec lui. » Le dey, sous les yeux duquel a scène se passait, en fut si frappé qu'il accorda, les larmes aux yeux, ce qu'il avait refusé avec tant de férocité

37. Reconnaissance des animaux.

A un spectacle donné dans la Rome païenne, on força des criminels à se battre contre des bêtes féroces. Parmi les plus terribles de ces animaux, on remarquait un lion dont la taille extraordinaire, les rugissements affreux, la crinière flottante, les yeux étincelants, inspiraient en même temps l'admiration et la terreur. Un malheureux s'avance dans la carrière ; l'animal furieux court au-devant de sa victime. Tout à coup il s'arrête, et, quittant sa fierté naturelle, il s'approche de lui avec un air de douceur, remuant sa queue comme les chiens qui flattent leurs maîtres, et lui lèche affectueusement les mains et les jambes. L'homme caressé par cette bête farouche revient peu à peu de sa frayeur ; il reprend ses esprits, considère attentivement le lion, et, le reconnaissant, il le caresse, à son tour, avec des transports de joie auxquels l'animal répond à sa manière. Un événement si extraordinaire remplit toute l'assemblée de surprise et d'admiration : on applaudit, on bat des mains, et l'empereur Caligula lui-même, qui était présent, se fait amener l'homme épargné par le lion, et lui demande qui il est, et par quel charme il a pu désarmer ce terrible animal.

« Je suis esclave, répondit-il, mon nom est Androclès.
« Dans le temps où mon maître était proconsul d'Afrique,
« me voyant traité par lui avec rigueur et inhumanité, je
« pris la fuite ; et, comme tout le pays lui obéissait, pour
« me dérober à ses recherches, je m'enfonçai dans les dé-
« serts de la Libye. Au milieu des sables, dans la plus
« grande chaleur du midi, j'aperçus un antre où j'allai me
« mettre à l'abri des ardeurs du soleil.

« A peine m'y étais-je réfugié, que je vis entrer ce
« même lion, dont la douceur à mon égard vous étonne ;
« il poussait des cris plaintifs qui me firent juger qu'il était
« blessé. Cet antre était sa demeure : je m'y cachai dans
« l'endroit le plus obscur, tremblant et croyant être au
« dernier moment de ma vie. Il me découvrit, et vint à

« moi, non pas menaçant, mais comme implorant mon se-
« cours, et levant son pied malade pour me le montrer.
« Il lui était entré sous le pied une très-grosse épine, que
« j'arrachai; et, m'enhardissant par la patience avec laquelle
« il souffrait l'opération, je pressai les chairs pour en faire
« sortir le pus. J'essuyai la plaie, je la nettoyai le mieux
« qu'il me fut possible, et la mis en état de se cicatriser.
« Le lion soulagé se coucha, laissant son pied entre mes
« mains, et dormit paisiblement. Pendant trois ans, je
« vécus avec lui, dans le même antre et de la même nour-
« riture. Il allait à la chasse, et m'apportait régulièrement
« quelques quartiers de bêtes qu'il avait prises ou tuées.
« J'exposais cette viande au soleil, n'ayant pas de feu pour
« la faire cuire. Enfin, je me lassai d'une vie si sauvage ;
« et, pendant que le lion était sorti pour la chasse, je m'é-
« loignai de l'antre. Mais, à peine avais-je fait trois jour-
« nées de chemin, que je fus reconnu par des soldats, qui
« m'arrêtèrent, et l'on me transporta d'Afrique à Rome
« pour être livré à mon maître. Condamné par lui à périr,
« j'attendais la mort sur l'arène. Je comprends que le lion
« a été pris peu de temps après notre séparation, et que,
« me trouvant, il m'a payé le salaire de l'utile opération
« par laquelle je l'avais autrefois guéri. »

Ce récit courut, en un instant, toute l'assemblée, qui, par ses cris redoublés, obtint la vie et la liberté d'Andro- clès. De plus, on lui fit présent du lion, et depuis, on le voyait dans les rues de Rome tenant son libérateur attaché par un simple cordon. Le peuple enchanté le couvrait de fleurs et le comblait de largesses en s'écriant: *Voilà l'hom- me qui a guéri le lion, et voilà le lion qui a donné l'hospi- talité à l'homme !*

Quelle honte pour les hommes d'être quelquefois moins reconnaissants que les animaux !

38. Respect de la loi.

Agésilas, roi de Lacédémone, avait pour les lois rigides de son pays, le respect le plus religieux ; il observait surtout, avec le dernier scrupule, celles qui commandaient la tempérance. Il ne se traitait pas mieux que ceux avec lesquels il vivait ; il évitait de se rassasier et fuyait l'ivresse, ce vice hideux qui dégrade l'homme ; il maîtrisait, pour ainsi dire, le sommeil, et ne s'y livrait qu'autant de temps que les affaires le lui permettaient ; il se prémunissait médiocrement contre le froid et le chaud, de manière que, dans les quatre saisons, il ne portait sur lui qu'un seul vêtement. Lorsqu'il était sous les tentes avec les soldats, il n'avait pas de meilleur lit qu'eux. Déjà vieux, il paraissait souvent en public, le matin, sans chaussure ni tunique, et couvert seulement d'un manteau fort usé. Quelqu'un lui représentant que c'était une imprudence d'agir ainsi à son âge : « Les jeunes gens, répondit-il, imiteront plus volontiers « l'exemple que leur donne un roi dans sa vieillesse. »

39. Fidélité à la religion.

Le roi Antiochus voulut forcer les Juifs d'abandonner les lois de Dieu et celles de leurs pays, et il exerça de grandes cruautés contre ceux qui résistèrent à ses ordres impies. Ce fut alors qu'Eléazar reçut la couronne du martyre. Ce vieillard, d'un visage vénérable, fut pressé de manger de la chair de pourceau, que la loi défendait aux Juifs ; et on voulut l'y contraindre en lui ouvrant la bouche par force. Mais il préféra une mort pleine de gloire à une vie criminelle ; il alla volontairement et de lui-même au supplice. Regardant comme très peu de chose ce qu'il lui faudrait souffrir en cette rencontre, il demeura ferme dans la patience et résolut de ne rien faire contre la loi pour l'amour de la vie.

Ceux qui étaient présents, touchés d'une fausse compassion à cause de l'ancienne amitié qu'ils avaient pour lui, le prirent à part et le supplièrent de trouver bon qu'on lui apportât des viandes dont il lui était permis de manger, afin qu'on pût feindre qu'il avait mangé des viandes du sacrifice, selon le commandement du roi, et qu'on le sauvât ainsi de la mort. Mais, pour lui, il considéra ce que de-

mandaient de lui son âge, ses cheveux blancs, qui attestaient une vieillesse vénérable, la distinction d'une vieentière, écoulée dès l'enfance dans l'innocence et la fidélité à la loi, et il répondit aussitôt, qu'il aimait mieux mourir que de faire ce qu'on lui proposait. « Feindre n'est pas digne
« de l'âge où je suis, leur dit-il. Plusieurs jeunes gens,
« s'imaginant qu'Éléazar, à l'âge de quatre-vingt-dix ans,
« aurait passé de la vie des Juifs à celle des païens, seraient
« eux-mêmes trompés par cette ruse, qui me conserverait
« un faible reste de cette vie corruptible ; j'attirerais ainsi
« une tache honteuse sur moi, et l'exécration des hommes
« sur ma vieillesse. Et quand j'échapperais maintenant au
« supplice des hommes, je ne pourrais fuir la main du
« Tout-Puissant ni pendant ma vie ni après ma mort. Au
« lieu que, mourant courageusement, je paraîtrai digne
« de ma vieillesse, et je laisserai aux jeunes gens un
« exemple de fermeté, en souffrant avec constance et avec
« joie une mort honorable pour le culte de nos saintes lois. »
Il parlait encore quand le bourreau reçut l'ordre de le traîner au supplice.

Ceux qui le conduisaient, et qui auparavant avaient été doux envers lui, furent remplis de fureur à cause des discours qu'ils attribuaient à l'orgueil. Sur le point d'expirer par suite des coups dont on l'accablait, il poussa un grand soupir et dit : « Seigneur, qui avez une science infaillible,
« vous savez qu'ayant pu éviter le supplice, je souffre dans
« mon corps de cruelles douleurs, mais que dans l'âme je
« sens de la joie de les souffrir pour ne pas violer
« vos commandements » Il mourut ainsi, laissant non seulement aux jeunes gens, mais aussi à toute la nation, un grand exemple de vertu et de fermeté.

40. L'ivrogne.

Selon une légende arabe, le démon se présenta un jour à un homme sous une forme effrayante et lui dit : Tu vas mourir. Cependant je puis te faire grâce, mais seulement à une de ces trois conditions : ou tue ton père, ou frappe ta sœur, ou bois du vin.

Que faire ? se dit cet homme. Donner la mort à celui de qui je tiens la vie ! ce n'est pas possible. Maltraiter ma sœur, qui ne m'a fait que du bien ! ce serait horrible. Je boirai donc du vin.

Il but du vin, et, s'étant enivré, il maltraita sa sœur et tua son père.

C'est ainsi que le trouble causé à la raison par les excès d'intempérance conduit aux crimes dont on avait le plus d'horreur.

41. L'ourse et l'ourson.

Une ourse avait un petit ours qui venait de naître. Il était horriblement laid. On ne reconnaissait en lui aucune figure d'animal : c'était une masse informe et hideuse. L'ourse, toute honteuse d'avoir un tel fils, va trouver sa voisine la corneille, qui faisait un grand bruit par son caquet, sous un arbre. Que ferai-je, lui dit-elle, ma bonne commère, de ce petit monstre ? —j'ai envie de l'étrangler. Gardez-vous-en bien, dit la causeuse ; j'ai vu d'autres ourses dans le même embarras que vous. Allez : léchez doucement votre fils ; il sera bientôt joli, mignon, et propre à vous faire honneur. La mère crut facilement ce qu'on lui disait en faveur de son fils. Elle eut la patience de le lécher longtemps. Enfin il commença à devenir moins difforme, et elle alla remercier la corneille en ces termes : Si vous n'eussiez modéré mon impatience, j'aurais cruellement déchiré mon fils, qui fait maintenant tout le plaisir de ma vie.

Oh ! que l'impatience empêche de biens, et cause de maux !
Fénelon.

42. L'abeille et la mouche.

Un jour, une abeille aperçut une mouche auprès de sa ruche. Que viens-tu faire ici ? lui dit-elle d'un ton furieux.

Vraiment, c'est bien à toi, vil animal, à te mêler avec les reines de l'air ! — Tu as raison, répondit froidement la mouche : on a toujours tort de s'approcher d'une nation aussi fougueuse que la vôtre. — Rien n'est plus sage que nous, dit l'abeille : nous seules avons des lois et une république bien policée ; nous ne broutons que des fleurs odoriférantes ; nous ne faisons que du miel délicieux, qui égale le nectar. Ote-toi de ma présence, vilaine mouche importune, qui ne fais que bourdonner, et chercher ta vie sur des ordures. — Nous vivons comme nous pouvons, répondit la mouche : la pauvreté n'est pas un vice ; mais la colère en est un grand. Vous faites du miel qui est doux, mais votre cœur est toujours amer ; vous êtes sages dans vos lois, mais emportées dans votre conduite. Votre colère, qui pique vos ennemis, vous donne la mort ; et votre folle cruauté vous fait plus de mal qu'à personne.

Il vaut mieux avoir des qualités moins éclatantes, avec plus de modération.

FÉNELON.

43. Les deux renards.

Deux renards entrèrent la nuit par surprise dans un poulailler ; ils étranglèrent le coq, les poules et les poulets ; après ce carnage, ils apaisèrent leur faim. L'un, qui était jeune et ardent, voulait tout dévorer ; l'autre, qui était vieux et avare, voulait garder quelques provisions pour l'avenir. Le vieux disait : Mon enfant, l'expérience m'a rendu sage ; j'ai vu bien des choses depuis que je suis au monde. Ne mangeons pas tout notre bien en un seul jour. Nous avons fait fortune ; c'est un trésor que nous avons trouvé, il faut le ménager. Le jeune répondit : Je veux tout manger pendant que j'y suis, et me rassasier pour huit jours ; car pour ce qui est de revenir ici, chansons ! il n'y fera pas bon demain ; le maître, pour venger la mort de ses poules, nous assommerait. Après cette conversation, chacun prend son parti. Le jeune mange tant, qu'il se crève, et peut à peine aller mourir dans son terrier. Le vieux, qui croyait qu'il était plus sage de modérer ses appétits et de vivre d'économie, veut le lendemain retourner à saproie, et est assommé par le maître.

Ainsi, chaque âge a ses défauts : les jeunes gens sont fougueux et insatiables dans leurs plaisirs ; les vieux sont incorrigibles dans leur avarice.

Fénelon.

44. Le dragon et les renards.

Un dragon gardait un trésor dans une profonde caverne; il veillait jour et nuit pour le conserver. Deux renards, grands fourbes et grands voleurs de leur métier, s'insinuèrent auprès de lui par leurs flatteries. Ils devinrent ses confidents. Les gens les plus complaisants et les plus empressés ne sont pas les plus sûrs. Ils le traitaient de grand personnage, admiraient toutes ses fantaisies, étaient toujours de son avis, et se moquaient entre eux de leur dupe. Enfin il s'endormit un jour au milieu d'eux ; ils l'étranglèrent, et s'emparèrent du trésor. Il fallut le partager entre eux : c'était une affaire bien difficile, car deux scélérats ne s'accordent que pour faire le mal. L'un d'eux se mit à moraliser : A quoi, disait-il, nous servira tout cet argent ? un peu de chasse nous vaudrait mieux ; on ne mange point du métal ; les pistoles sont de mauvaise digestion. Les hommes sont des fous d'aimer tant ces fausses richesses : ne soyons pas aussi insensés qu'eux. L'autre fit semblant d'être touché de ces réflexions, et assura qu'il voulait vivre en philosophe, comme Bias portant tout son bien sur lui. Chacun fit semblant de quitter le trésor ; mais ils se dressèrent des embûches et s'entre-déchirèrent. L'un d'eux en mourant dit à l'autre, qui était aussi blessé que lui : Que voulais-tu faire de cet argent ? — La même chose que tu voulais en faire, répondit-il. Un homme passant apprit leur aventure, et les trouva bien fous. — Vous ne l'êtes pas moins que nous, lui dit un des renards. Vous ne sauriez, non plus que nous, vous nourrir d'argent, et vous vous tuez pour en avoir.

Fénelon.

45. Le Coq et le Renard.

Certain coq, perché sur les branches d'un arbre, faisait entendre si loin son chant, qu'un renard qui cherchait à faire curée, l'entendit, et vint de ce côté. L'habitant des terriers vit bientôt qu'il ne pourrait atteindre le coq ; il usa donc de ruse pour l'attirer à lui. Du pied de l'arbre, il lui tint à peu près ce langage : « Cousin, lui dit-il, que « j'ai de plaisir à te voir ! Pourtant il manque quelque « chose à mon bonheur tant que je ne t'ai pas embrassé. « Descends donc, que je te presse contre mon cœur ! » — « Cousin, répliqua le coq, je suis bien sensible à ton « amitié ; mais je crains qu'en descendant je ne vienne à « tomber sous les griffes de quelque ennemi. — O mon « trésor ! reprend le renard, crainte imaginaire que tout « cela : ne sais-tu pas que la paix est faite parmi les ani- « maux et que désormais nous vivrons en frères ? »
Pendant ce temps, le coq avait allongé le cou, comme s'il eût vu quelque chose dans le lointain. « Cousin, lui dit le renard, que regardes-tu ? — Il me semble, répond le coq, que je vois venir une meute de chiens. — Dans ce cas, dit le renard, ton humble serviteur ! il faut que je m'en aille. — Mais non, lui dit le coq, ne t'en va pas. Je descends à l'instant. En temps de paix universelle, tu n'as rien à craindre. — Non, non ! dit le renard, mais il y a cent à parier contre un qu'ils n'ont pas entendu procla- mer la paix. » — Et le renard s'enfuit.

Ne vous laissez pas prendre aux paroles emmiellées d'un fripon.

FÉNELON.

46. Les trois amis.

Ne te fie à un ami qu'après l'avoir éprouvé, car il s'en

trouve plus à la table du festin qu'à l'entrée de la prison.

Un homme avait trois amis : deux d'entre eux lui étaient très chers, tandis qu'il était indifférent à l'égard du troisième, qui, pourtant, lui était bien attaché.

Un jour, gravement accusé, quoique innocent, il fut appelé en justice. « Qui de vous, dit-il en s'adressant à ses amis, veut venir avec moi et témoigner en ma faveur ? car une grave accusation pèse sur moi, et le juge est irrité. »

Le premier s'excusa, disant que des affaires l'en empêchaient ; le second le suivit jusqu'à la porte du palais de justice, et, sous quelque prétexte, s'en retourna. Quant au troisième, sur lequel il avait compté le moins, il l'accompagna, parla en sa faveur et fit si bien que l'accusé fut acquitté.

L'homme a trois amis en ce monde : l'*argent*, ses *parents* et ses *bonnes œuvres*. Lorsque Dieu l'appelle à son tribunal, l'argent, qu'il aime tant, le délaisse d'abord ; les parents et les amis l'accompagnent jusqu'au tombeau et s'en reviennent ; tandis que les bonnes œuvres, qu'il a souvent négligées, le suivent jusqu'au tribunal du souverain Juge, et là parlent en sa faveur, et lui obtiennent miséricorde et récompense.

47. Le Cheval et le Chameau.

« Père des animaux et des hommes, dit un jour le cheval, on prétend que je suis une des plus belles créatures dont ta parole ait doté le monde, et mon amour-propre me porte à le croire. Cependant ne pourrais-tu pas encore ajouter à mes perfections ?

— Et qu'imagines-tu pour cela, dit le créateur, qui sourit avec bonté ? Parle, j'écoute la leçon.

— Peut-être, continua le cheval, ma course serait-elle encore plus rapide, si mes jambes étaient plus hautes et plus minces ; un long cou, comme celui du cygne, ajouterait à ma grâce ; une poitrine plus large augmenterait ma force ; et, puisque tu m'as destiné à porter l'homme, ton favori, pourquoi ne naîtrais-je point avec une selle naturelle sur le dos ?

— Bien, attends un moment. »

Alors le souverain maître prit un front sévère, et prononça la parole qui crée. La vie coula dans la poussière, la matière organisée se dressa, et devant le trône divin, on vit tout à coup apparaître le hideux chameau.

Le cheval vit, tressaillit et recula, plein d'horreur et d'effroi.

« Voilà, dit la voix du ciel, des jambes plus hautes et plus minces ; voilà un long cou, comme celui du cygne ; voilà une plus large poitrine ; voilà une selle naturelle. Veux-tu, ô cheval, que je te transforme ainsi ? »

Le cheval frémit de nouveau.

« Va, poursuivit le divin créateur, je veux bien que cette fois la leçon ne soit pas suivie du châtiment. Mais, afin que tu te souviennes et que tu te repentes de ta folle présomption, je veux que ma nouvelle créature continue à vivre. »

Et il jeta sur le chameau un regard conservateur.

De là vient, dit-on, que le cheval n'a jamais pu voir un chameau sans tressaillir.

Apprenez à vous contenter du sort que vous a fait la Providence.

48. Le Singe et le Renard.

« Il n'est pas d'animal si habile que je ne puisse l'imiter et le contrefaire, disait avec jactance le singe, en s'adressant au renard.

— C'est vrai, dit le renard ; mais il n'y a pas un animal assez vil pour chercher à t'imiter. »

Ecoliers qui ne cherchez qu'à contrefaire vos camarades et les personnes qui vous entourent, retenez bien ce que dit le renard.

LESSING.

49. Le Loup à l'agonie.

Un loup, prêt à rendre les derniers soupirs, jetait un regard scrutateur sur sa vie passée.

« Je suis sans doute un pécheur, disait-il ; cependant, sans me flatter, je crois qu'il en existe de plus grands que moi. J'ai fait du mal ; mais j'ai fait aussi du bien. Un jour, il m'en souvient, un agneau écarté de son troupeau vint, en bêlant, se jeter auprès de moi ; je pouvais l'étrangler, rien n'était plus facile ; je n'y touchai pas. Vers le même temps, j'eus la patience d'écouter les railleries et les propos outrageants d'une brebis, avec une longanimité d'autant plus digne d'admiration, que je n'avais rien à craindre : aucun chien ne la gardait. »

« Et moi, je puis attester tous ces faits, dit en l'interrompant l'ami renard qui le disposait à la mort : toutes les circonstances en sont encore présentes à ma mémoire. C'était dans le temps où tu manquas d'être étranglé si misérablement par cet os que la grue voulut bien tirer de ton gosier. »

Les repentirs tardifs sont rarement sincères.

Lessing.

50. Le Chat et les Lapins.

Un chat qui faisait le modeste, était entré dans une garenne peuplée de lapins. Aussitôt toute la république alarmée ne songea qu'à s'enfoncer dans ses trous. Comme le nouveau venu était au guet auprès d'un terrier, les députés de la nation lapine, qui avaient vu ses terribles griffes, comparurent dans l'endroit le plus étroit de l'entrée du terrier pour lui demander ce qu'il prétendait. Il protesta d'une voix douce qu'il voulait seulement étudier les mœurs de la nation ; qu'en qualité de philosophe il allait dans tous les pays pour s'informer des coutumes de chaque espèce d'animaux. Les députés, simples et crédules, retournèrent dire à leurs frères que cet étranger, si vénérable par son maintien modeste et par sa majestueuse fourrure, était un philosophe, sobre, désintéressé, pacifique, qui voulait seulement rechercher la sagesse de pays en pays ; qu'il venait de beaucoup d'autres lieux, où il avait vu de grandes merveilles; qu'il y aurait bien du plaisir à l'entendre et qu'il n'avait garde de croquer les lapins, puisqu'il croyait, en bon *brahmane*, à la métempsycose et ne mangeait d'aucun aliment qui eût vie. Ce beau discours toucha l'assemblée. En vain un vieux lapin, qui était le docteur de la troupe, représenta combien ce grave philosophe lui était suspect ; malgré lui, on va saluer le brahmin, qui étrangla du premier saut sept ou huit de ces pauvres gens. Les autres regagnèrent leurs trous bien effrayés et bien honteux de leur faute. Alors dom Mitis revint à l'entrée du terrier, protestant d'un ton plein de cordialité qu'il n'avait fait ce meurtre que malgré lui, pour son pressant besoin ; que désormais, il vivrait d'autres animaux et ferait avec eux une alliance éternelle. Aussitôt les lapins entrèrent en négociation avec lui sans se mettre néanmoins à la portée de sa griffe. La négociation dure ; on l'amuse. Cependant un lapin des plus agiles sort par les derrières du terrier et va avertir un berger voisin qui aimait à prendre dans un lacs de ces lapins nourris de genièvre. Le berger irrité contre ce chat exterminateur d'un peuple si utile, accourt au terrier, avec un arc et des flèches ; il aperçoit le chat qui n'était attentif qu'à sa proie ; il le perce d'une de ses flèches, et le chat expirant dit ces dernières paroles :

Quand on a une fois trompé, on ne peut plus être cru de personne ; on est haï, craint, détesté, et on est enfin attrapé par ses propres finesses. FÉNELON.

51. Le cheval de Georges.

Georges était gentil, intelligent ; malheureusement il avait un grand défaut : celui de négliger son travail et de ne faire que ce qui lui causait du plaisir.

Or, un jour, son père lui donna une fable à apprendre ; quand vint l'heure de la réciter, Georges avoua qu'il ne l'avait pas même regardée. Comme il avait dit la vérité, son père ne le gronda pas ; il parut tout oublier, et, prenant un ton enjoué, il lui dit : « Ce matin j'ai rencontré, dans la grande avenue qui conduit aux champs, un jeune homme monté sur un beau cheval. Arrivé devant un tout petit ruisseau, l'animal s'est arrêté et s'est obstiné à ne pas le passer. Le jeune homme qui montait la bête n'a pas eu l'énergie de résister ; il a lâché la bride et le cheval a rebroussé chemin, ce qui a bien fait rire tous ceux qui étaient présents. »

Je crois bien ! reprit Georges en riant, un homme qui se laisse conduire par une bête ! Si j'avais été à sa place, j'aurais piqué des deux et je lui aurais fait faire ma volonté. Oh ! papa, quand je serai grand, tu m'achèteras un cheval, je saurai bien le conduire.

Mais le père sourit et lui répondit : « Mon enfant, ce que je viens de te dire est une fable dont voici le sens : Le cavalier c'est l'âme, le cheval le corps... — Ah ! je comprends, interrompit Georges en rougissant, il faut que l'âme conduise le corps et ne cède pas à ses caprices. » Et Georges baissa la tête ; mais, la relevant aussitôt et prenant la main de son père : « O papa ! pardonne-moi, j'ai eu tort. Ce matin c'est le cheval qui m'a dominé, mais pour qu'on ne se rie pas de moi, je vais lui faire franchir ma paresse. »

Le père en l'embrassant lui dit : « N'oublie pas, mon fils, que la raison est la bride du corps et que la volonté est le fouet qui sert à le faire obéir.

Dès lors l'enfant se corrigea, et lorsqu'un de ses défauts le reprenait, il s'écriait : Holà ! monsieur mon cheval, il faut obéir, autrement, gare les éperons !

52. L'assemblée des animaux pour choisir un roi.

Le lion étant mort, tous les animaux accoururent dans son antre, pour consoler la lionne, sa veuve, qui faisait retentir de ses cris les montagnes et les forêts. Après lui avoir fait leurs compliments, ils commencèrent l'élection d'un roi : la couronne du défunt était au milieu de l'assemblée. Le lionceau était trop jeune et trop faible pour obtenir la royauté sur tant de fiers animaux. Laissez-moi croître, disait-il ; je saurai bien régner et me faire craindre à mon tour. En attendant, je veux étudier l'histoire des belles actions de mon père, pour égaler un jour sa gloire. Pour moi, dit le léopard, je prétends être couronné ; car je ressemble plus au lion que tous les autres prétendants. Et moi, dit l'ours, je soutiens qu'on m'avait fait une injustice, quand on me préféra le lion : je suis fort, courageux, carnassier, tout autant que lui ; et j'ai un avantage singulier, qui est de grimper sur les arbres. Je vous laisse à juger, messieurs, dit l'éléphant, si quelqu'un peut me disputer la gloire d'être le plus grand, le plus fort et le plus brave de tous les animaux. Je suis le plus noble et le plus beau, dit le cheval. Et moi le plus fin, dit le renard. Et moi le plus léger à la course, dit le cerf. Où trouverez-vous, dit le singe, un roi plus agréable et plus ingénieux que moi ? Je divertirai chaque jour mes sujets. Je ressemble même à l'homme, qui est le véritable roi de la nature. Le perroquet harangua ainsi : Puisque tu te vantes de ressembler à l'homme, je puis m'en vanter aussi. Tu ne lui ressembles que par ton laid visage et par quelques grimaces ridicules : pour moi, je lui ressemble par ma voix, qui est la marque de la raison et le plus bel ornement de l'homme. Tais-toi, maudit causeur, lui répondit le singe : tu parles, mais non pas comme l'homme ; tu dis toujours la même chose, sans entendre ce que tu dis. L'assemblée se moqua de ces deux mauvais copistes de l'homme, et on donna la couronne à l'éléphant, parce qu'il a la force et la sagesse, sans avoir ni la cruauté des bêtes furieuses, ni la sotte vanité de tant d'autres qui veulent toujours paraître ce qu'elles ne sont pas. FÉNELON.

53. Le Lièvre qui fait le brave.

Un lièvre, qui était honteux d'être poltron, cherchait quelque occasion de s'aguerrir. Il allait quelquefois par un trou d'une haie dans les choux du jardin d'un paysan, pour s'accoutumer au bruit du village. Souvent même il passait près de quelques mâtins, qui se contentaient d'aboyer après lui. Au retour de ces grandes expéditions, il se croyait plus redoutable qu'Alcide après tous ses travaux. On dit même qu'il ne rentrait dans son gîte qu'avec des feuilles de laurier, et faisait l'ovation. Il vantait ses prouesses à ses compères les lièvres voisins. Il représentait les dangers qu'il avait courus, les alarmes qu'il avait données aux ennemis, les ruses de guerre qu'il avait faites en expérimenté capitaine, et surtout son intrépidité héroïque. Chaque matin, il remerciait Mars et Bellone de lui avoir donné des talents et un courage pour dompter toutes les nations à longues oreilles. Jean lapin, discourant un jour avec lui, lui dit d'un ton moqueur : Mon ami, je te voudrais voir avec cette belle fierté au milieu d'une meute de chiens courants. Hercule fuirait bien vite, et ferait une laide contenance. Moi, répondit notre preux chevalier, je ne reculerais pas, quand toute la gent chienne viendrait m'attaquer. A peine eut-il parlé, qu'il entendit un petit tournebroche d'un fermier voisin, qui glapissait dans les buissons assez loin de lui. Aussitôt il tremble, il frissonne, il a la fièvre ; ses yeux se troublent comme ceux de Pâris quand il vit Ménélas qui venait ardemment contre lui. Il se précipite d'un rocher escarpé dans une profonde vallée, où il pensa se noyer dans un ruisseau. Jean lapin, le voyant faire le saut, s'écria de son terrier : Le voilà ce foudre de guerre ! le voilà cet Hercule qui doit purger la terre de tous les monstres dont elle est pleine.

FÉNELON.

54. Mieux que ça.

L'empereur Joseph II n'aimait ni la représentation ni l'appareil, témoin le fait qui va être raconté : Un jour, que, revêtu d'une simple redingote boutonnée, il était allé dans une calèche à deux places qu'il conduisait lui-même, faire une promenade matinale aux environs de Vienne, il fut surpris par la pluie, au moment où il reprenait le chemin de la ville.

Il en était encore assez éloigné, lorsqu'un piéton, qui regagnait aussi la capitale, fait signe au conducteur d'arrêter, ce que Joseph II fait aussitôt. — « Monsieur, lui dit le militaire (car c'était un sergent), y aurait-il de l'indiscrétion à vous demander une place à côté de vous ? Cela ne vous gênerait pas beaucoup, puisque vous êtes seul dans votre calèche, et ménagerait mon uniforme, que je mets aujourd'hui pour la première fois. — Ménageons votre uniforme, mon brave, lui dit Joseph, et mettez-vous là. D'où venez-vous? — Ah! dit le sergent, je viens de chez un garde-chasse, de mes amis, où j'ai fait un fier déjeuner. — Qu'avez-vous donc mangé de si bon ? — Devinez. — Que sais-je, moi, une soupe à la bière. — Ah bien oui, une soupe, mieux que ça ! — De la choucroute ? — Mieux que ça ! — Une langue de veau ? — Mieux que ça, vous dit-on. — Oh! ma foi, je ne puis plus deviner, dit Joseph. — Un faisan ! mon digne homme, un faisan tiré sur les plaisirs de Sa Majesté, dit le camarade, en lui frappant sur la cuisse. — Tiré sur les plaisirs de Sa Majesté, il n'en devait être que meilleur ? — Je vous en réponds. »

Comme on approchait de la ville et que la pluie tombait toujours, Joseph demanda à son compagnon dans quel quartier il logeait et où il voulait qu'on le descendît. « Monsieur, c'est trop de bonté, je craindrais d'abuser de votre complaisance. — Non, non, dit Joseph, votre rue ? » — Le sergent indiquant sa demeure, demanda à connaître celui dont il recevait tant d'honnêtetés. — A votre tour, dit Joseph, devinez. — Monsieur est militaire, sans doute ? —

Comme dit Monsieur. — Lieutenant ? — Ah bien oui, lieutenant, mieux que ça. — Capitaine ? — Mieux que ça. — Colonel, peut-être ? — Mieux que ça, vous dit-on. — Comment diable ! dit l'autre en se recognant aussitôt dans la calèche, seriez-vous feld-maréchal ? — Mieux que ça. — Ah ! mon Dieu, c'est l'empereur ! — Lui-même, » dit Joseph se déboutonnant pour montrer ses décorations. Il n'y avait pas moyen de tomber à genoux dans la voiture ; l'invalide se confond en excuses et supplie l'empereur d'arrêter pour qu'il puisse descendre. « Non pas, dit l'empereur, après avoir mangé mon faisan, vous seriez trop heureux de vous débarrasser de moi aussi promptement, j'entends que vous ne me quittiez qu'à votre porte, » et il l'y descendit.

55. Rollin (né à Paris en 1661, mort en 1741).

Dans le populeux quartier des Blancs-Manteaux de la ville de Paris, existait, vers l'an 1671, une petite boutique de coutelier assez mal achalandée. Le maître en était mort depuis quelque temps, et sa veuve avait bien de la peine à continuer son commerce, à guider ses ouvriers et à faire honneur à ses affaires. Elle avait deux fils, jeunes encore, mais qui promettaient de l'aider un jour. L'aîné, Pierre, était déjà un bon ouvrier ; le plus jeune, Charles, à peine âgé de dix ans, n'était encore qu'apprenti ; cependant il montrait de l'application et ne manquait pas d'intelligence. Peu favorisée par la fortune, mais heureuse par ses enfants, la pauvre mère espérait des jours meilleurs.

Or, il arriva qu'un bénédictin du Blanc-Manteau prit en affection le petit Charles. Il l'avait vu plusieurs fois sur le seuil de la boutique aux heures des repas, et sa physionomie intéressante et spirituelle lui avait plu. Il demanda à la coutelière de permettre que son fils vînt lui servir la messe ; la veuve y consentit avec plaisir.

Voilà donc le petit Charles devenu enfant de chœur. Il eut bientôt appris les devoirs de sa nouvelle profession. A l'heure marquée, il allait revêtir à l'église la robe blanche et la ceinture rouge. Puis, la cérémonie achevée, il devait rentrer à l'atelier pour reprendre les travaux de son apprentissage.

Mais sa mère crut bientôt s'apercevoir que ces nouvelles occupations, loin de rendre son fils meilleur, lui faisaient contracter des habitudes d'oisiveté et de dissipation, et elle résolut de lui défendre ces sorties. Comme elle en parlait au père Anselme, celui-ci l'engagea à attendre encore, ajoutant que l'enfant était doux et docile et que quelques avertissements suffiraient peut-être pour le ramener à son devoir.

La mère de Charles consentit à tout, et celui-ci put continuer son office d'enfant de chœur. Cependant sans sortir de la maison du Père, il disparaissait toujours après la messe, sans que l'on sût ce qu'il devenait.

Un jour donc que le père Anselme l'avait cherché partout, de la cave au grenier, et qu'il était assis dans son fauteuil, il entendit un léger bruit de papier dans la petite chambre qui lui servait de bibliothèque. Il se leva sur la pointe du pied, ouvrit lentement la porte... Rien ! La petite chambre était vide.

— Est-ce qu'il y aurait des souris ! pensa le Père. Sur quoi, il parcourut avec un sentiment d'effroi les rayons de la bibliothèque où reposaient des livres d'histoire rares et précieux. Au milieu de cette contemplation silencieuse, il entendit encore le même bruit de froissement de papier. On eût dit que l'on tournait rapidement les pages d'un livre.

— C'est étrange! pensa le vieux Bénédictin. Ce bruit vient du petit cabinet noir!

Il traversa la chambre lentement et avec le plus de précaution possible, mit la main sur le bouton de la porte qui fermait une espèce de petit récoin pratiqué dans l'épaisseur du mur sous l'escalier dérobé, et l'ouvrit sans bruit....

Alors, à sa grande surprise, il vit, blotti dans cette espèce d'armoire étroite et basse, un enfant qui avait appliqué à une fente de la boiserie un livre enlevé sans doute de la bibliothèque. A la faveur de ce rayon de lumière qui tombait sur la page, l'enfant courbé en deux sur le précieux volume, lisait avec tant d'attention qu'il n'entendit pas la porte s'ouvrir. Le père Anselme resta stupéfait d'étonnement et d'admiration.

— Charles! dit-il brusquement, que faites-vous là?

A ces mots l'enfant fut saisi d'une crainte subite et il serait même tombé à la renverse, s'il y avait eu de la place dans l'espèce d'armoire où il se trouvait enfermé.

Je... je..., balbutia-t-il, sans pouvoir reprendre ses esprits.

— Sortez de là, continua le vieux Bénédictin.

Charles obéit sans répondre, et se tint debout, tout honteux et les yeux baissés.

— Vous lisiez, à ce que je vois, continua le père Anselme, en lui prenant l'ouvrage des mains, un livre de ma bibliothèque. Pourquoi ne m'en avoir pas demandé la permission..? Répondez-moi.

— Parce que j'ai craint... que vous ne me la refusiez.

— Et alors vous avez mieux aimé faire une faute, car vous avez abusé de ma confiance. Et votre mère qui est inquiète de vous!... Vous n'avez pas songé à la peine que vous lui causiez ?

Charles ne répondit rien ; mais de grosses larmes tombaient de ses yeux.

— Et encore comme vous voilà fait ! Couvert de poussière et tout en désordre ! Avoir été se fourrer dans ce trou pour s'abîmer les yeux à lire dans l'obscurité ! Malheureux enfant, m'avez-vous fait courir !

Charles sanglotait et ne put répondre.

— Allons, allons, dit le bon vieillard, qui commençait à s'attendrir, ne pleurez pas comme cela; tout s'arrangera. Retournez chez votre mère, et dites-lui que j'irai la voir demain.

Le père Anselme tint parole. Il alla trouver le lendemain la coutelière, et lui apprit le secret des absences de son fils. « On n'a jamais vu, disait-il encore tout émerveillé, un semblable amour de la lecture. Il faut tirer parti de cela, Madame, et cet enfant pourra devenir un grand homme. »

Cette idée ne souriait que trop à la tendresse maternelle de la veuve.

— Mais comment voulez-vous que je fasse ? répondit-elle au Bénédictin. Je n'ai pas de fortune et je ne puis faire les frais de son éducation. Il faut qu'il apprenne un état qui le fasse vivre et me fasse vivre moi-même sur mes vieux jours.

— Je tâcherai de remédier à tout cela, dit le bon religieux. Et il partit sans indiquer à la veuve quel était son secret.

Quelque temps après, il revint ; tout était décidé, et, grâce à ses soins, le jeune Charles Rollin, fils du coutelier, avait obtenu une bourse du gouvernement au collège des *Dix-Huit*.

Dès ce moment, le sort du jeune Rollin fut décidé. Il commença ses études avec une ardeur et une joie inexprimables. Nous n'entrerons pas ici dans le détail de ses succès. Nous ne retracerons même pas les différentes phases de sa carrière universitaire, où, tour à tour professeur de seconde à vingt-deux ans, puis professeur de rhétorique, puis recteur de l'Université de Paris et principal du collège de Beauvais, il se fit une si belle réputation de science et de vertu. Quant à ses ouvrages, ils sont entre les mains de tout le monde. Le *Traité des Etudes*, l'*Histoire ancienne* et l'*Histoire romaine* jouissent encore d'une immense popularité qui dispense de tout éloge. Si la science historique, qui a fait aujourd'hui tant de progrès, permet de distinguer des erreurs et des faiblesses dans ses ouvrages, il suffit, pour justifier l'admiration publique, de répéter ce qu'en a dit l'auteur du *Génie du Christianisme* : « Rollin est le Fénélon de l'histoire. Il a répandu sur les crimes des hommes le calme d'une conscience sans reproche et l'onctueuse charité d'un apôtre de Jésus-Christ. » Et Montesquieu, qui appelle Rollin l'*Abeille de la France* : « En lisant ses ouvrages, dit-il, on sent une secrète satisfaction d'entendre parler la vertu. » Nous ajouterons seulement que Rollin avait soixante-sept ans lorsqu'il commença à écrire l'histoire.

Il mourut dans sa quatre-vingt-unième année sans avoir achevé l'*Histoire romaine*.

56. Turenne (né à Sedan en 1611, fut tué en 1675).

Turenne était modéré, prudent ; il cherchait moins à détruire les armées ennemies qu'à les rendre inutiles. Souvent il contraignit, par l'habileté de ses manœuvres, des forces plus considérables à reculer devant les siennes. Chacun de ses pas était calculé ; ses troupes ne faisaient pas un mouvement qui n'eût son but. S'il lui eût échappé une faute, ses adversaires n'auraient pas osé se mettre en devoir d'en profiter, dans la crainte de donner dans un piège. Il savait forcer l'ennemi à combattre, et le réduire à ne pas combattre : quand il présentait la bataille, on craignait de l'accepter ; quand il refusait d'en venir aux mains, on s'inquiétait encore davantage ; car on était persuadé que s'il ne voulait pas tirer l'épée, c'est qu'il avait trouvé un moyen de vaincre sans la sortir du fourreau ; et les ennemis de la France ne le redoutaient tant, que pour avoir éprouvé de toutes façons combien il était redoutable. Il rendit de grands services à la France ; il le fit toujours à la tête d'armées peu nombreuses ; mais il paraît que ce petit nombre de soldats s'accommodait à sa manière de voir et à ses talents. Selon lui, *une armée qui passait cinquante mille hommes était incommode au général qui la commandait et aux soldats qui la composaient.*

Turenne était le père de ses soldats, il se montrait toujours avare de leur sang, et on le vit plus d'une fois prodiguer son bien pour leur épargner les misères de leur condition : dans une occasion, il vendit sa vaisselle pour vêtir les troupes dont le commandement lui était confié. On le voyait toujours, dans son camp, l'argent à la main. Lorsqu'il avait épuisé sa bourse, il empruntait du premier officier qu'il rencontrait et le renvoyait à son intendant pour être payé. Celui-ci, qui soupçonnait qu'on exigeait quelquefois plus qu'on n'avait prêté à son maître, lui insinua de donner à l'avenir des billets de ce qu'il em-

pruntait. « Non, non, dit le héros, donnez tout ce qu'on
« vous demandera ; il n'est pas possible qu'un officier
« vous demande une somme qu'il n'a point prêtée, à
« moins qu'il ne soit dans un extrême besoin ; et dans ce
« cas, il est juste de l'assister. » Un officier était au désespoir d'avoir perdu dans un combat deux chevaux, que la
situation de ses affaires ne lui permettait pas de remplacer.
Turenne lui en donna deux des siens, en lui recommandant
fortement de n'en parler à personne. « D'autres, lui dit-il,
« viendraient m'en demander, et je ne suis pas en état
« d'en donner à tout le monde. » Il voulait ainsi cacher
le mérite d'une bonne action sous un air d'économie.
C'est bien son patrimoine, et son patrimoine seul, qui
fournissait à ses libéralités ; jamais personne ne montra
plus de désintéressement et plus d'honneur à la tête des
armées. Un officier général lui proposa un gain de 400,000
livres, dont la cour ne pouvait rien savoir. « Je vous suis
« fort obligé, répondit-il ; mais comme j'ai souvent trouvé
« de ces occasions sans en avoir profité, je ne crois pas
« devoir changer de conduite à mon âge. » A peu près
dans le même temps, une ville fort considérable lui offrit
cent mille écus pour qu'il ne passât point sur son territoire. « Comme votre ville, dit-il aux députés, n'est point
« sur la route où j'ai résolu de faire marcher l'armée ; je
« ne puis pas, en conscience, prendre l'argent que vous
« m'offrez. »

Rien n'égalait sa modestie : à la manière dont il parlait
de ses victoires, on aurait dit que c'était lui qui y avait eu
la moindre part. Après la bataille des Dunes, il écrivit
simplement à sa femme : « Les ennemis sont venus à nous ;
« ils ont été battus. Dieu en soit loué ! J'ai un peu fatigué
« toute la journée ; je vous donne le bonsoir et je vais me
« coucher. » A la suite d'une autre action, on s'assembla
autour de lui pour le féliciter d'une victoire qui était véritablement le fruit de ses savantes manœuvres. « Avec des
« gens comme vous, Messieurs, » répondit-il aux officiers
qui l'environnaient, « on doit attaquer hardiment, parce
« qu'on est sûr de vaincre. » Il savait cependant jusqu'où

devait aller sa modestie ; la noblesse de son cœur ne permit pas qu'elle servît à élever des trophées à ceux qui voulaient en abuser. Mazarin ayant témoigné le désir qu'il lui attribuât, par une lettre, la gloire de la victoire des Dunes et la prise de Dunkerque, Turenne refusa en répondant *qu'il lui était impossible d'autoriser une fausseté par sa signature.*

Turenne reçut des témoignages publics de l'estime de ceux à qui il fit la guerre. L'électeur de Brandebourg, qu'il venait de vaincre, ayant appris qu'un scélérat était passé dans son camp à dessein de l'empoisonner, lui en donna avis. Turenne se contenta de chasser ce malheureux.

A l'époque de la paix des Pyrénées, à laquelle les victoires de Turenne n'avaient pas peu contribué, ce général reçut du roi d'Espagne un compliment indirect, le plus flatteur qu'on se puisse figurer. Ce monarque ayant eu une entrevue avec le roi de France, dans l'île des Faisans, les deux princes se présentèrent mutuellement les personnes considérables de leur cour. Turenne, toujours modeste, ne se montrait pas, et restait confondu dans la foule. Philippe demanda à le voir ; il le regarda avec attention, et se tournant vers Anne d'Autriche, sa sœur : « Voilà, « lui dit-il, un homme qui m'a fait passer de bien mauvaises nuits. »

Turenne était adoré de ses soldats, et leur inspirait la plus grande confiance. Un jour il s'approcha, sans être vu, d'une tente où plusieurs jeunes soldats mangeaient ensemble et se plaignaient de la pénible et inutile marche qu'ils venaient de faire. « Vous ne connaissez pas notre « père ! leur dit un vieux grenadier tout criblé de coups ; « il ne vous aurait pas exposés à tant de fatigues, s'il « n'avait de grandes vues que nous ne saurions pénétrer « encore. » Cet amour se montra tout entier à la mort du maréchal. Les soldats s'arrachaient les cheveux, se frappaient la poitrine, et demandaient à marcher à l'ennemi pour le venger. Il semblait alors au moment de remporter une nouvelle victoire, lorsqu'il fut tué d'un coup de canon, en allant choisir un lieu pour établir une batterie. Le boulet qui le tua, emporta le bras du lieutenant général d'artillerie, Saint-Hilaire. Son fils pleurait auprès de lui. « Ce « n'est pas moi, lui dit Saint-Hilaire, c'est ce grand homme « qu'il faut pleurer. » Paroles comparables à tout ce que l'histoire a consacré de plus héroïque.

Turenne et Condé furent rivaux de gloire sans être ennemis. Le prince disait : « Si j'avais à me changer, je vou- « drais me changer en Turenne ; et c'est le seul homme « qui puisse me faire souhaiter ce changement-là.

57. Desaix (né au village d'Ayat en Auvergne en 1768, mort en 1800).

Desaix (Louis-Charles) manifesta, dès ses plus tendres années, les inclinations les plus nobles. Ses parents et ses camarades de collège l'avaient surnommé *le Sage*. Il préféra la carrière des armes à toutes les autres, parce que c'était celle qui lui offrait, avec la certitude d'être utile à son pays, l'espoir d'arriver à la gloire.

Il parvint rapidement aux grades élevés.

A Lauterbourg, deux balles lui ayant traversé les joues, il ne voulut pas être pansé qu'il n'eût rallié lui-même toute sa troupe ; ni la douleur qu'il éprouvait, ni le sang qui inondait ses lèvres ne l'empêchèrent de donner des ordres et de vaincre.

Devant Strasbourg, ses troupes plient et vont fuir, il s'élance au milieu et les arrête. « Général, lui crie-t-on de toutes parts, n'avez-vous pas ordonné la retraite ? — *Oui*, s'écrie Desaix, *mais c'est celle de l'ennemi.* » A ces belles paroles, l'ardeur des soldats se rallume ; l'ennemi est enfoncé et mis en fuite.

On avait confié à Desaix la défense du fort de Kehl, place à peine protégée par de mauvaises palissades qu'avaient construites nos soldats. Contre des attaques toujours plus furieuses, Desaix se défendit plusieurs mois. Enfin la place n'était plus tenable : il fallut abandonner ce théâtre de la plus glorieuse résistance qu'on eût vue depuis des siècles. Desaix arrache le premier un des palis et le charge sur ses épaules ; chaque soldat français en fait autant ; en quatre heures, il ne resta plus aucun vestige de tout ce que les Français avaient établi pour leur défense : « Nous n'avons point évacué le fort de Kehl, dit Desaix ; nous l'avons emporté. »

Son humanité et sa bonté étaient égales à sa bravoure. Au passage du Rhin, blessé d'un coup de feu à la cuisse par un jeune Allemand, il le fait prisonnier de sa main, lui rend ensuite la liberté et le renvoie dans son pays. Quelques jours après, il traversait un village avec sa division ; à l'aspect de ces troupes, dont on ne connaissait pas le chef, les habitants fuyaient épouvantés. Tout à coup, au milieu du désordre, une voix s'écrie : « C'est le général Desaix ; rentrons dans nos demeures ; avec lui nous n'avons rien à craindre. » Et celui qui venait de rassurer ainsi ses compatriotes, se précipite vers le général, lui baise les mains et les mouille de ses larmes : c'était le jeune Allemand qui lui devait sa liberté.

Desaix suivit Bonaparte en Orient. Il conquit toute la haute Egypte par des prodiges d'habileté et de valeur, et la gouverna avec autant de bonté que de sagesse. Les habitants du pays, heureux de lui obéir, l'avaient surnommé le *Sultan juste*. Jamais chef d'armée ne fut plus chéri de ses soldats et ne sut leur inspirer plus de confiance et d'enthousiasme. Il s'attachait surtout à les rendre, comme lui, humains, généreux, désintéressés ; et, comme lui, ils n'avaient en vue que la gloire de la France.

Cependant Bonaparte, de retour en France, et devenu chef de l'Etat sous le nom de premier consul, venait d'entrer en Italie à la tête d'une armée Desaix arrivant d'Egypte et à peine débarqué, courut le trouver à son quartier général : « Ordonnez-moi, lui dit-il, de vous suivre « comme général ou comme soldat, peu m'importe ; un « jour passé sans servir la France est un jour retranché de ma vie. »

Le premier consul lui fit le meilleur accueil et lui donna le commandement de deux divisions.

Alors se livra la fameuse bataille de Marengo, qui décida du sort de l'Europe. Bonaparte n'avait que vingt-deux mille hommes contre quarante mille Autrichiens. Desaix avec son corps d'armée se trouvait à dix lieues du champ de bataille. Heureusement, il entendit la canonnade, et marcha rapidement vers le lieu du combat.

Là se livrait une lutte inégale et terrible. Bonaparte, ayant formé en carré sa garde consulaire, semblait ne plus combattre que pour se défendre. Desaix arrive auprès du premier consul. A cette vue, nos troupes harassées sentent leurs forces renaître, leur espoir se ranime, leur courage est doublé. Bonaparte, reprenant l'offensive, lance Desaix et ses deux divisions contre les Autrichiens. Sous le feu même de l'artillerie ennemie, Desaix forme ses troupes en colonne serrée, tourne habilement à droite et se précipite sur les Autrichiens avec l'impétuosité de la foudre. Les bataillons et les escadrons de l'ennemi, rompus et renversés, tombent les uns sur les autres ; nos soldats reprennent de toutes parts l'avantage, la bataille est gagnée.

Le général en chef autrichien, Mélas, qui voit que ses troupes vont être entièrement exterminées, demande au premier consul un armistice ; Bonaparte l'accorde, en se faisant céder sur-le-champ toutes les places importantes que les Autrichiens possédaient encore en Italie, et la France va recueillir les fruits d'une des plus éclatantes victoires qui aient jamais couronné ses armes.

Mais ce triomphe lui coûta cher. Au milieu des félicitations et des cris de joie qui éclataient autour de lui, Desaix fut frappé du dernier coup de l'ennemi : un éclat d'obus l'atteignit au cœur. Il expira en prononçant ces paroles que recueillirent ses frères d'armes : « Allez dire au pre-
« mier consul que je meurs avec le regret de n'avoir pas
« fait assez pour mon pays. »

Son corps fut embaumé et porté sur les bras de ses soldats au sommet du grand Saint-Bernard ; là il repose dans un mausolée modeste que personne ne visite sans éprouver un sentiment d'attendrissement et de respect.

58. Drouot (né à Nancy en 1774, mort en 1847).

Drouot naquit à Nancy, le 11 janvier 1774, de parents pauvres, qui vivaient honnêtement dans cette ville du rude métier de la boulangerie. Dieu leur avait donné douze enfants ; Antoine Drouot était le troisième des douze. Issu de parents chrétiens, il vit de bonne heure dans la maison paternelle un spectacle qui ne lui permit de connaître ni l'envie d'un autre sort, ni le regret d'une plus haute naissance ; il vit l'ordre, la paix, le contentement ; une bonté qui savait partager avec de plus pauvres, une foi qui, en rapportant tout à Dieu, élevait tout jusqu'à lui, la simplicité, la générosité, la noblesse de l'âme, et il apprit, de la joie qu'il goûta lui-même au sein d'une position estimée si vulgaire, que tout devient bon pour l'homme, quand il demande sa vie au travail et sa grandeur à la religion.

Le jeune Drouot s'était senti poussé à l'étude des lettres par un très précoce instinct. Agé de trois ans, il allait frapper à la porte des Frères des écoles chrétiennes, et, comme on lui en refusait l'entrée parce qu'il était encore trop jeune, il pleurait beaucoup. On le reçut enfin. Ses parents, témoins de son application toute volontaire, lui permirent, avec l'âge, de fréquenter des leçons plus élevées, mais sans lui rien épargner des devoirs et des gênes de leur maison. Rentré de l'école ou du collège, il lui fallait porter le pain chez les clients, se tenir dans la chambre publique avec tous les siens, et subir les inconvénients d'une perpétuelle distraction.

Le soir, on éteignait la lumière de bonne heure, par économie, et le pauvre écolier devenait ce qu'il pouvait, heureux lorsque la lune favorisait, par un éclat plus vif, la prolongation de sa veillée. On le voyait profiter ardemment de ces rares occasions. Dès deux heures du matin, quelquefois plus tôt, il était debout; c'était le temps où le travail domestique recommençait. A la lueur d'une seule et mauvaise lampe, il reprenait aussi le sien ; mais la lampe infidèle éteinte avant le jour, ne tardait pas à lui manquer de nouveau ; alors il s'approchait du four ouvert et enflammé, et continuait à ce rude soleil la lecture de *Tite-Live* ou de *César*.....

.....C'était l'été de 1793. Une nombreuse et florissante jeunesse se pressait à Châlons-sur-Marne, dans une des salles de l'école d'artillerie. Le célèbre Laplace y faisait, au nom du gouvernement, l'examen de cent quatre-vingts candidats au grade d'élève sous-lieutenant.

— La porte s'ouvre.....

On voit entrer une sorte de paysan, petit de taille, l'air ingénu, de gros souliers aux pieds et un bâton à la main. Un rire universel accueille le nouveau venu. L'examinateur lui fait remarquer ce qu'il croit être une méprise ; et, sur sa réponse qu'il vient pour subir l'examen, il lui permet de s'asseoir. On attendait avec impatience le tour du petit paysan. Il vient enfin. Dès les premières questions, Laplace reconnaît une fermeté d'esprit qui le surprend. Il pousse l'examen au delà de ses limites naturelles ; les réponses sont toujours claires, précises, marquées au coin d'une intelligence qui sait et qui sent.

Laplace est touché ; il embrasse le jeune homme et lui annonce qu'il est le premier de la promotion. L'école se lève tout entière, et accompagne en triomphe dans la ville le fils du boulanger de Nancy.

Vingt ans après, Laplace disait à l'empereur : « Un des plus beaux examens que j'aie vu passer dans ma vie, est celui de votre aide de camp, le général Drouot. »

Le R. P. Lacordaire.

59. Bossuet.

Jacques-Bénigne Bossuet, évêque de Meaux et le plus grand de nos orateurs chrétiens, naquit à Dijon le 27 septembre 1627. Il appartenait à une famille distinguée qui de bonne heure le destina à l'Eglise. Tout jeune, Bossuet comprit l'importance des fonctions sérieuses qu'il aurait à remplir un jour et combien la pureté des mœurs était indispensable pour les remplir dignement. Son cœur était naturellement porté au bien et sa jeunesse fut exempte de passions.

Il reçut ses premières leçons au collège des Jésuites de Dijon, et, à l'âge de seize ans, il vint à Paris et entra au collège de Navarre. Il eut pour maître dans les sciences Nicolas Cornet, professeur alors célèbre, et ce fut le vénérable Vincent de Paul qui dirigea sa conscience et le guida dans les voies du salut ; aussi, il apprit à pratiquer les plus grandes vertus avec l'art si difficile de la conduite des âmes.

Il fut docteur en 1653 et on lui offrit des cures importantes à Paris ; mais il les refusa et se dévoua tout entier à la fatigue des missions. Ses connaissances des saintes Ecritures et des Pères de l'Eglise, le don d'émouvoir qu'il possédait au plus haut degré, le rendaient éminemment propre à faire des conversions. Il en fit de nombreuses et de durables. La renommée de son génie se répandit bientôt par toute la France. Paris l'envia à la province et bientôt les principales chaires de la capitale retentirent de sa voix. L'admiration qu'il excita fut telle que la cour voulut aussi recevoir ses grands enseignements. Il y parut avec un grand éclat et le roi Louis XIV, frappé de voir tant de lumières unies à tant de vertus, fit écrire à son père pour le féliciter des succès de son fils.

Après avoir prêché pendant plusieurs années devant le roi, Bossuet fut nommé évêque de Condom (1) et presque aussitôt Louis XIV lui confia l'éducation du Dauphin. Bossuet jugea que ces nouvelles fonctions étaient incompatibles avec les devoirs de l'épiscopat ; que, retenu à la cour, il ne pourrait connaître les fidèles confiés à ses soins, ni en être connu. Il crut donc devoir renoncer à un siège épiscopal qu'il ne pouvait occuper comme il le désirait. Alors, libre de soucis étrangers, il ne s'occupa plus que de ce que lui imposait sa place auprès du fils du roi.

Monsieur de Montausier, gouverneur du jeune prince, le formait à des sentiments dignes de sa naissance et du

(1) *Condom*, sous-préf. du dép. du Gers.

grand rôle qu'il devait jouer un jour. Bossuet lui apprenait à aimer la religion, à aimer surtout le peuple qu'il était destiné à gouverner. C'est pour l'instruction du Dauphin qu'il composa son *Discours sur l'histoire universelle*, un des ouvrages les plus admirables qui existent.

Pendant dix ans, Bossuet donna des soins assidus à l'éducation du prince. Il fut ensuite nommé évêque de Meaux.

Bossuet rendit les plus grands services à la religion et à l'Etat. Il avait écrit une réfutation du catéchisme de Paul Ferri, ministre protestant. Mais il ne se contenta pas d'avoir ainsi discuté les vrais principes de la religion, il voulut les exposer d'une manière plus directe et plus ferme ; il composa, pour cela, l'ouvrage qui a pour titre *Exposition de la Doctrine Catholique*. Cet écrit admirable fut unanimement adopté par le clergé de France, comblé de louanges par le pape Innocent XI, et traduit dans toutes les langues ; il se répandit dans tout l'univers. Le grand Turenne, qui appartenait à la religion protestante, ayant médité le sublime enseignement de cet ouvrage, se convertit à la foi catholique.

Bossuet, dans un ouvrage publié en 1688, et intitulé *Histoire des variations du protestantisme*, montra l'incertitude et l'inconstance de la doctrine de cette secte.

En 1699, Fénelon, archevêque de Cambrai, universellement respecté par ses vertus, admiré pour la beauté de ses écrits, chéri de tous à cause de la bonté de son cœur, fit paraître l'*Explication des Maximes des Saints*. Bossuet crut voir dans ce livre quelque péril pour la religion. Il combattit donc les *Maximes* du grand prélat et resta vainqueur dans la lutte théologique qu'il avait soulevée. Fénelon s'honora par son humilité et sa soumission entière au jugement du Saint-Siège, qui avait blâmé ses opinions.

Les *Oraisons funèbres* de Bossuet sont les plus sublimes modèles d'éloquence.

Ce grand évêque, qu'on a surnommé l'*Aigle de Meaux*, mourut en 1704, à l'âge de 76 ans et 6 mois.

D'après DUMOUCHEL.

60. La Fontaine.

Jean de la Fontaine naquit à Château-Thierry (1) le 8 juillet 1621. Son père, maître particulier des eaux et forêts, négligea son éducation. Il eut d'abord du penchant pour la vie religieuse, et entra au séminaire ; mais il en sortit bientôt et se livra aux plaisirs du monde.

La Fontaine est surtout célèbre par ses fables, qui l'ont fait appeler le *poète inimitable*. En faisant agir les hommes, les animaux, les plantes et d'autres choses inanimées, en leur prêtant la parole et le sentiment, il donne, dans ses fables, d'utiles leçons :

> Il faut, autant qu'on peut, obliger tout le monde,
> On a souvent besoin d'un plus petit que soi (2).

> D'argent, point de caché, mais le père fut sage,
> De leur montrer, avant sa mort,
> Que le travail est un trésor (3) :

> Apprenez que tout flatteur
> Vit aux dépens de celui qui l'écoute (4).

> Concluons que la Providence
> Sait ce qu'il nous faut mieux que nous (5).

La Fontaine était rêveur et distrait ; mais il avait de la franchise, de la bonté et un dévouement pour ses amis, qui ne se démentait jamais. Il montra combien son cœur était reconnaissant dans une circonstance remarquable. Au commencement du règne de Louis XIV, Fouquet, surintendant des finances, fut précipité du faîte de la puissance et des richesses dans le plus grand malheur. Les flatteurs, qui l'avaient adulé, l'oublièrent bientôt ; mais la Fontaine lui resta fidèle. Il pleura sur les infortunes de son ami ;

(1) *Château-Thierry*, sous-préf. du dép. de l'Aisne.
(2) Tiré de la fable : *Le lion et le rat.*
(3) Tiré de la fable : *Le laboureur et ses enfants.*
(4) Tiré de la fable : *Le corbeau et le renard.*
(5) Tiré de la fable : *Jupiter et le Métayer.*

il rappela ses brillantes qualités et ne craignit pas de déplaire au grand roi en restant fidèle à l'amitié.

Parmi les ouvrages de la Fontaine, il en est de condamnables au point de vue moral, lui-même se repentit d'avoir donné le jour à ces œuvres. A la fin de sa vie, il revint à la religion, qu'il avait abandonnée dans sa jeunesse ; elle devint son appui et sa consolation. Il dut en partie ce retour à son Dieu, à l'amitié qui l'unissait au sage Maucroix, littérateur distingué, qui travailla à faire revivre en son ami les principes de la vraie foi et à lui faire sentir le vide et les funestes suites des plaisirs du monde. Maucroix fut heureux d'apprendre, par une lettre de la Fontaine, qu'il était revenu à l'amour et à la pratique de la religion. Il lui écrivit alors cette lettre touchante : « J'ai bien de la « consolation des dispositions où je te vois, mon très « cher ! Les plus justes ont besoin de la miséricorde de « Dieu. Prends donc une entière confiance en Lui et sou- « viens-toi qu'il s'appelle le *Père des miséricordes et le* « *Dieu de toute consolation.* Invoque-le de tout ton cœur. « Qu'est-ce qu'une véritable contrition ne peut obtenir de « cette bonté infinie ? »

Ces conseils d'un véritable ami furent suivis. Quand le grand poète mourut, on trouva son corps revêtu d'un cilice qu'il s'était imposé de porter par pénitence.

Revenu à Dieu, il n'avait point fait ostentation de sa foi et de sa piété ; il avait vécu humble et simple. C'est de Dieu, encore plus que des hommes, qu'il voulait obtenir le pardon de ses égarements et de ses fautes.

D'après Dumouchel.

SECONDE PARTIE.

GÉOGRAPHIE ET HISTOIRE.

61. La Géographie.

La géographie est d'abord la description des particularités qui se rencontrent à la surface du globe terrestre ; c'est ce qu'on appelle la géographie *physique*. C'est le côté le plus varié et le plus attrayant de la géographie. Tracer le contour des continents et des mers, dessiner les fleuves et les lacs, représenter la place et l'élévation des montagnes, telle est la première mission de la géographie physique.

La géographie *politique* dresse des cartes qui indiquent les diverses divisions que le caprice des hommes a tracées sur le globe. Ainsi sont représentées la position des villes, la position et l'étendue des provinces et des Etats au temps présent et aux diverses époques de l'histoire.

Là ne s'arrête pas le domaine de la géographie : elle s'occupe aussi du commerce et de l'industrie des nations. Par la géographie, le navigateur, traversant les mers, relie les peuples entre eux et assure l'échange de leurs produits. Le négociant connaît les productions des divers pays, les mœurs et l'importance des populations qui les habitent ; il sait ce qu'il y peut acheter, ce qu'il y doit vendre ; il apprécie les distances et calcule les prix de transport.

Ce n'est pas tout. La géologie fait dresser des cartes qui nous présentent la surface du globe d'après la nature des terres qui s'y rencontrent. L'histoire naturelle y indique les produits si variés du règne végétal, ainsi que la forme des différentes contrées avec les lignes isothermes (1) qui les circonscrivent.

(1) *Isotherme* : qui est égal en température ; se dit des lignes passant par tous les points du globe où la température moyenne de l'année est la même.

Si les travaux de la paix reposent sur la connaissance du globe, ceux de la guerre y prennent aussi un ferme appui. Voyez un général, la veille d'une bataille d'où dépend le sort de la patrie, sur quoi a-t-il les yeux fixés ? Sur une carte géographique. C'est grâce à son concours que, par de savantes manœuvres, il a placé les divers corps de son armée de manière à s'assurer la victoire. Ainsi Napoléon, un mois d'avance, regardant une carte d'Italie, indiquait qu'il battrait Mélas (1) à Marengo (2) et Mélas fut battu, parce que la géographie avait appris à Napoléon que les gorges du Saint-Bernard, pourvu qu'il eût l'audace de les franchir, le conduiraient à Milan plus vite que les Autrichiens.

D'après le P. Delavenne.

62. L'Histoire.

Ce n'est pas sans raison que l'histoire a toujours été regardée comme la lumière des temps, le dépositaire des événements, le témoin fidèle de la vérité, la source des bons conseils et de la prudence, la règle de la conduite et des mœurs. Sans elle, renfermés dans les bornes du siècle et du pays où nous vivons, resserrés dans le cercle étroit de nos connaissances particulières et de nos propres réflexions, nous demeurons toujours dans une espèce d'enfance, qui nous laisse étrangers à l'égard du reste de l'univers, et dans une profonde ignorance de tout ce qui nous a précédés et de tout ce qui nous environne. Qu'est-ce que ce petit nombre d'années qui compose la vie la plus longue ? Qu'est-ce que l'étendue du pays que nous pouvons occuper ou parcourir sur la terre, sinon un point imperceptible à l'égard de ces vastes régions de l'univers et de cette longue suite de siècles qui se sont succédé les uns aux autres depuis l'origine du monde ? Cependant, c'est

---

(1) *Mélas*, général autrichien, né en 1730, mort en 1807.
(2) *Marengo*, village de l'Italie septentrionale, où, le 14 juin 1800, Napoléon battit les Autrichiens.

à ce point imperceptible que se bornent nos connaissances, si nous n'appelons à notre secours l'étude de l'histoire, qui nous ouvre tous les siècles et tous les pays ; qui nous fait entrer en commerce avec tout ce qu'il y a eu de grands hommes dans l'antiquité ; qui nous met sous les yeux toutes leurs actions, toutes leurs entreprises, toutes leurs vertus, tous leurs défauts, et qui, par les sages réflexions qu'elle nous fournit, ou qu'elle nous donne lieu de faire, nous procure en peu de temps une prudence anticipée, fort supérieure aux leçons des plus habiles maîtres.

L'histoire, quand elle est bien enseignée, devient une école de morale pour tous les hommes.... Elle apprend à respecter la vertu, à en démêler la beauté et l'éclat à travers les voiles de la pauvreté, de l'adversité, de l'obscurité et même quelquefois du décri et de l'infamie, comme au contraire elle n'inspire que du mépris et de l'horreur pour le crime, fût-il revêtu de pourpre, tout brillant de lumière et placé sur le trône. ROLLIN.

63. La Patrie.

La patrie, ce n'est pas seulement votre plaine et votre coteau, la flèche de votre clocher ou la fumée de votre cheminée qui monte dans l'air, ou la cime de vos arbres, ou les chansons monotones de vos pâtres ! La patrie, c'est la Picardie pour les habitants de la Provence ; c'est la Bretagne pour les montagnards du Jura ; c'est tout ce que notre belle France contient de pays et de citoyens dans les vastes limites du Rhin, des Pyrénées et de l'Océan ! La patrie c'est ce qui parle notre langue, c'est ce qui fait battre nos cœurs, c'est l'unité de notre territoire et de notre indépendance, c'est la gloire de nos pères, c'est la communauté du nom français, c'est la grandeur de la liberté ! La patrie, c'est l'azur de notre ciel, c'est le doux soleil qui nous éclaire, les beaux fleuves qui nous arrosent, les forêts qui nous ombragent et les terres fertiles qui s'étendent sous nos pas ! La patrie, ce sont tous nos concitoyens, grands ou petits, riches ou pauvres ! La patrie, c'est la nation que vous devez aimer, honorer, servir en lui consacrant toutes les ressources de votre intelligence, toutes les forces de vos bras, toute l'énergie et tout l'amour de votre âme.

CORMENIN.

64. Les Gaëls et les Gaulois.

Aux époques les plus reculées dont l'histoire ait gardé le souvenir, le beau pays de France était une contrée sauvage, couverte d'immenses forêts et de marais profonds, où erraient quelques rares peuplades de Gaëls vivant de chasse. C'étaient des hommes de haute stature et à larges épaules ; ils avaient la peau blanche, les yeux bleus, la chevelure blonde et flottante. Leurs armes étaient des haches ou des couteaux de pierre, des flèches dont la pointe était une arête de poisson ou un éclat tranchant de caillou.

Au bras gauche, ils portaient un bouclier de bois long et étroit, et, de la main droite, ils balançaient, tantôt un pieu durci au feu, tantôt un lourd assommoir ou massue.

Les Gaëls habitaient des grottes ou des huttes bâties sur pilotis au milieu des marais.

Pour franchir les fleuves et les bras de mer, ils avaient de fragiles batelets faits, comme nos corbeilles, d'osiers tressés, et revêtus à l'extérieur d'un cuir de bœuf qui empêchait l'eau d'y pénétrer.

Pour se donner un aspect plus fier et plus terrible en présence des ennemis, ils se peignaient le corps en bleu avec la couleur du pastel. C'est ce qu'on appelle le *tatouage*, que pratiquent encore les sauvages de nos jours.

Dans la suite, grâce à un commencement de civilisation, les Gaëls devinrent un peuple puissant appelé *Gaulois*, et de là le pays qu'ils habitaient reçut le nom de *Gaule*.

Les demeures des Gaulois étaient réunies en grandes bourgades dans les clairières des bois, au bord des fleuves, sur les plateaux d'un accès difficile, ou dans les îlots des marécages, partout enfin où la nature des lieux rend la défense plus facile.

Des abatis d'arbres, des branches entrelacées, des fossés, des murailles même entouraient la bourgade et en faisaient un camp retranché, où la population se retirait avec ses troupeaux en temps de guerre.

Les huttes qui leur servaient d'habitations, étaient rondes ; des poteaux qu'unissaient entre eux des branches d'osier, en formaient les murs ; une couche de terre glaise les revêtait à l'intérieur et à l'extérieur ; des soliveaux de chêne en composaient la charpente ; le toit était pointu et couvert de chaume ou de torchis. Le foyer était entouré de pierres et occupait le milieu de la hutte, sans qu'il y eût de cheminée pour le dégagement de la fumée ; l'air et la lumière ne pouvaient pénétrer à l'intérieur que par l'ouverture de la porte. Tout l'ameublement consistait en tables et en sièges grossiers, ainsi qu'en peaux de bêtes servant de tapis et de lits.

Les Gaulois connaissaient les métaux ; l'or et l'argent étaient destinés aux objets de luxe ; le fer et le cuivre servaient à fabriquer les armes et les outils.

La grande ambition des Gaulois était d'éblouir leurs amis et de terrifier leurs ennemis. Ils suspendaient contre les murs de larges plats d'argent bien luisants dans lesquels, les jours de fête, ils servaient du gibier à leurs amis ; tandis qu'à l'intérieur même de leur habitation se dressaient également des fiches qui supportaient des faisceaux d'armes dont le luxe contrastait avec la forme menaçante.

Les Gaulois étaient hospitaliers à l'égard des étrangers ; ils les invitaient à d'interminables repas pour les entendre parler et apprendre d'eux les nouvelles du dehors.

Ils pratiquaient l'idolâtrie. Leurs principales divinités étaient *Hésus*, le dieu de la guerre ; *Teutatès*, celui du commerce ; *Ogmius*, celui de l'éloquence. Parmi les cérémonies de leur culte, on cite surtout la récolte du gui sacré, qui se faisait au commencement de chaque année. Mais toutes ces superstitions ne tardèrent pas à disparaître, par l'influence salutaire du christianisme, qui pénétra dans les Gaules avant la fin du premier siècle de l'ère chrétienne.

65. Les Francs.

Les Francs, qui doivent être comptés parmi nos ancêtres, étaient d'un caractère fier, ardent et belliqueux. Ils avaient la taille haute, le corps robuste mais souple. Ils avaient le teint blanc, les yeux bleus, la chevelure blonde.

Ils se rasaient complètement le visage, excepté la lèvre supérieure, de laquelle tombaient de part et d'autre deux longues moustaches. Le caractère distinctif des Francs était l'amour des combats ; aussi étaient-ils redoutés de leurs ennemis. Au moment de la bataille, leur aspect devenait terrible ; les traits de leur figure avaient quelque chose de féroce, leurs yeux semblaient lancer des flammes. La crainte de la mort leur était inconnue ; ils affrontaient vaillamment le danger et paraissaient insensibles aux coups qu'ils recevaient de leurs adversaires ; on en a vu rester fermes et intrépides au champ de bataille, commander ou recevoir des ordres, malgré les blessures, souvent graves, dont leur corps était sillonné.

Les principales armes des Francs étaient l'épée, la javeline, la francisque et le bouclier.

La *francisque* ou *framée* était leur arme favorite ; c'était une hache à deux tranchants, dont le fer était épais et acéré, et le manche très court. Rarement ils manquaient d'atteindre l'endroit précis où ils voulaient frapper. Au commencement du combat, le guerrier franc lançait cette hache, soit au visage, soit contre le bouclier de l'ennemi ; ensuite bondissant comme un tigre, il se jetait l'épée à la main sur son adversaire.

La *javeline* était une arme de trait particulière aux Francs, et que dans leur langue ils nommaient *hang*, c'est-à-dire, hameçon. C'était une pique de médiocre longueur, capable de servir également de près et de loin. La pointe, longue et forte, était armée de plusieurs barbes ou crochets tranchants et recourbés comme des hameçons. Le bois était recouvert de lames de fer, dans presque toute sa longueur, de manière à ne pouvoir être brisé, ni entamé à coups d'épée. Lorsque le *hang* s'était fiché au travers d'un bouclier, les crocs dont il était garni, en rendaient l'extraction impossible ; il restait suspendu traînant à terre par son extrémité. Alors le Franc qui l'avait jeté, s'élançait, et, portant un pied sur le javelot, appuyait de tout le poids de son corps, et forçait l'adversaire à baisser le bras et à se dégarnir ainsi la tête et la poitrine. Quelquefois le *hang*, attaché au bout d'une corde, servait, en guise de harpon, à amener tout ce qu'il atteignait. Pendant qu'un des Francs lançait le trait, son compagnon tenait la corde, puis tous deux joignaient leurs efforts, soit pour désarmer leur ennemi, soit pour l'attirer lui-même par son vêtement ou son armure.

Au moral, ce peuple se faisait remarquer par son empressement à pratiquer l'hospitalité. Les Francs accueillaient avec bienveillance les voyageurs ; ils les retenaient chez eux le plus longtemps qu'il leur était possible et ne les congédiaient que chargés de présents.

Les Francs ont été en rapports d'hostilité avec l'empire romain dès l'an 241 de notre ère ; mais ce ne fut que vers le milieu du cinquième siècle, alors que l'empire était envahi de toutes parts, qu'ils s'établirent à leur tour dans la Gaule, dont ils devinrent les maîtres à partir du règne de Clovis (481-511).

66. La France : son aspect général.

De toutes les contrées du monde, la France est la mieux favorisée ; la nature semble y avoir réuni les avantages qu'elle a disséminés dans les autres pays.

Sa situation entre deux mers et sa distance, à peu près égale, de la zone glaciale et de la zone torride, la mettent à l'abri des froids trop persistants et trop rigoureux, ainsi que des chaleurs extrêmes. Son climat n'est ni trop sec, ni trop humide ; son ciel est beau et, s'il n'a pas la transparence de celui de la Grèce et de l'Italie, il n'est pas, comme celui de l'Angleterre et de l'Allemagne, brumeux et triste.

Les deux mers qui baignent la France, contribuent non seulement à l'enrichir, mais à l'embellir. Les rivages de l'Océan, âpres et sévères, alternativement envahis et abandonnés par d'immenses vagues toujours agitées, présentent un aspect grandiose et sublime.

Les bords de la Méditerranée, au contraire, présentent le tableau le plus riant. C'est un spectacle ravissant que celui de cette mer, dont les belles vagues, tantôt calmes, tantôt irritées, viennent mourir sur le sable pur de la plage ; ces vagues paraissent dans le lointain parsemées de navires et de barques, dont les voiles blanches brillent au milieu de l'azur de la mer, comme les étoiles au firmament pendant une nuit sereine.

L'aspect de l'intérieur du pays n'est pas moins varié et pittoresque : les montagnes hérissées de rochers sauvages ou couvertes de sombres forêts, les riantes vallées, les ruisseaux, les grandes plaines arrosées par de larges fleuves, présentent aux regards une foule de tableaux divers.

Cette nature si belle est en même temps riche et féconde ; elle accorde au travail de l'homme tout ce qu'exigent ses besoins et ses plaisirs.

Grâce aux efforts industrieux des habitants, la nature, en France, s'est encore embellie : des villes florissantes, de beaux villages, des usines disséminées ou agglomérées, s'élèvent de toutes parts dans ce beau pays ; des routes, des chemins de fer, des canaux sillonnent toute la contrée et portent sans cesse, du centre aux extrémités, de chaque point sur tous les autres points, le mouvement et la vie. De superbes monuments dus à des âges divers embellissent les cités, décorent les paysages et contribuent à donner aux voyageurs une haute idée du pays et de la nation.

La population de la France n'est pas, comme celle de plusieurs contrées de l'Europe, formée de races diverses, indifférentes ou même hostiles les unes aux autres ; elle forme une seule et même nation homogène et sympathique. Cette population est très nombreuse, considérée soit en elle-même, soit par rapport à l'étendue du pays, qui a environ 528,000 kilomètres carrés. On croit généralement que cette population, qui dépasse 36 millions d'âmes, comprend à peu près 20 millions d'habitants voués aux travaux agricoles, 10 millions aux travaux industriels et 6 composant les autres classes de la société. Si, sur les 6 millions d'habitants dont se compose cette dernière classe, on admet que plus d'un million résident dans les villages et se livrent momentanément aux travaux de l'agriculture, le nombre de la population agricole s'élève à 21 millions, c'est-à-dire qu'elle forme près des deux tiers de la population totale.

D'après BARRAU.

67. La France : son climat.

Sous le rapport du climat, on peut diviser la France en trois grandes régions : la région méridionale, la région centrale et la région septentrionale.

Dans la France méridionale, l'hiver n'est presque jamais rigoureux dans les plaines et dans les vallées ; on peut même dire que l'hiver de cette région ressemble beaucoup à l'automne des provinces du nord. L'été y est chaud ; le thermomètre marque généralement 25 degrés au-dessus de zéro et dépasse 30 assez souvent ; la température moyenne de l'année est de seize degrés. C'est surtout à Montpellier, à Nîmes, à Cette, que l'on jouit de cette température.

Dans la plus grande partie de cette région, le ciel est habituellement pur ; les vins y sont spiritueux et les fruits exquis. Il y a cependant des exceptions dues à certaines causes locales : le long des côtes de la Méditerranée, le vent du sud est quelquefois brûlant. Entre le Rhône et les Alpes, un vent glacé, appelé *mistral*, arrête quelquefois la végétation ; dans les provinces voisines des Pyrénées, les vents du sud et ceux du sud-ouest amènent de temps en temps de la pluie. Malgré ces exceptions, le climat de la France méridionale est généralement chaud.

Quant à la région septentrionale, peu étendue, la température moyenne n'y est guère que de dix degrés au-dessus de zéro ; la moitié de l'année y est ou froide ou pluviouse ; l'hiver est assez rigoureux. Le mois d'avril amène un printemps inconstant et inégal, souvent troublé par les influences de ce qu'on appelle la *lune rousse*. Puis, viennent les belles et tièdes journées et enfin un automne généralement très agréable, quoique souvent humide.

La région centrale tient le milieu entre les deux autres ; c'est la plus étendue et en même temps la plus favorisée, sous le rapport de la douceur de la température.

L'hiver n'y est ni rigoureux ni de longue durée, et l'été n'y est pas brûlant : la température moyenne s'élève à 14 degrés. Ce sont surtout les contrées voisines de la Loire qui jouissent de ces avantages naturels. En résumé, le climat de la France est presque partout agréable, quoiqu'il soit âpre et rigoureux dans quelques parties montagneuses, comme les Vosges, le Jura, et surtout les Alpes et les Pyrénées. Partout l'air est très sain ; il n'y a guère d'exception que pour quelques parties couvertes d'étangs, comme la Bresse et les Landes de Gascogne.

D'après Barrau.

68. La France : ses côtes.

Sur l'Océan, le littoral de la France présente une longueur de plus de 2000 kilomètres.

Depuis Dunkerque jusqu'au Tréport, la côte maritime est tout à fait plate et n'offre qu'une plage sablonneuse, dont le niveau, sur quelques points, est inférieur à celui de la mer ; cette plage est couverte d'un sable blanc et fin qu'on appelle *dunes*. Ces monceaux de sable s'élèvent jusqu'à treize mètres au-dessus du niveau de la mer. Les dunes protègent les côtes basses de la Flandre et de la Picardie contre la violence de la marée.

Le long de cette côte, la mer est peu profonde, et elle y est coupée de bancs de sable qui gênent la navigation.

Depuis le Tréport jusqu'à l'embouchure de la Seine, la côte est protégée par un immense rempart naturel : ce sont des falaises blanches qui se composent ordinairement d'un grand nombre de couches de marne et de *bisets* ou cailloux noirs ; quelquefois on peut compter une soixantaine de ces couches minces ressemblant aux assises d'un mur construit en pierre de taille. Au milieu des vapeurs de la mer, ces falaises prennent diverses teintes, selon la manière dont elles sont éclairées : quelquefois elles paraissent d'un blanc éclatant ; mais, quand le ciel est très brumeux, elles paraissent sombres. Le pied de ces falaises, constamment battu par les vagues, qui y ont accumulé un lit de galets ou cailloux roulés, est miné petit à petit par les eaux, malgré sa solidité ; dans plusieurs endroits, il s'en est détaché des masses assez considérables. A l'ouest de l'embouchure de la Seine, la plage redevient basse et sablonneuse ; elle est protégée contre la violence des vagues, par les fameux rochers du Calvados. Ces rochers sont visibles, quand la mer est basse ; mais, lorsqu'elle est haute, ils sont couverts de 5 à 6 mètres d'eau, ce qui permet aux navires de passer au-dessus.

Au delà de la baie sablonneuse du mont Saint-Michel, commencent les côtes de la Bretagne, profondément découpées, d'une hauteur inégale, avec beaucoup d'îlots, de hauts promontoires et d'anses plus ou moins vastes, dont la plus remarquable est la célèbre rade de Brest. Entre l'embouchure de la Loire et celle de la Gironde, la côte est généralement plate et vaseuse, excepté la partie qui regarde les îles de Ré et d'Oléron où se trouvent quelques falaises et quelques marais salants. Depuis l'embouchure de la Gironde jusqu'à la frontière d'Espagne, la côte, sur laquelle on voit quelques marais salants, est en ligne à peu près droite, à l'exception d'une baie appelée bassin d'Arcachon. Cette côte est couverte de dunes ou montagnes mouvantes de sable. Ces dunes forment, dans le département des Landes et dans celui de la Gironde, une longue chaîne de 233 kilomètres, dont la hauteur varie de 30 à 50 mètres.

Le littoral français de la Méditerranée est de 600 kilomètres. Depuis la frontière d'Espagne jusqu'à un grand et beau lac salé appelé étang de Berre, à l'est de l'embouchure du Rhône, la côte est basse, sablonneuse et couverte d'étangs marécageux. Depuis l'étang de Berre jusqu'à la frontière d'Italie, le littoral est très escarpé et rocheux ; des baies et des caps nombreux rendent la côte irrégulière ; la mer présente beaucoup de récifs et de petites îles, dont les deux principaux groupes sont ceux d'Hyères et de Lérins.

Sur les côtes de l'Océan, mais non sur celles de la Méditerranée, se produit continuellement le phénomène qu'on appelle la *marée* ou le flux et le reflux, c'est-à-dire que la mer s'avance et s'élève sur le rivage, pendant 6 heures, à peu près ; tandis que, pendant les 6 heures suivantes, elle s'éloigne et s'abaisse. La hauteur moyenne de la marée, sur nos côtes, est de 2 à 3 mètres ; elle s'élève quelquefois plus haut et va même à 15 mètres à Saint-Malo, au mont Saint-Michel et à Granville. On dit que, sur la plage du mont Saint-Michel, un cheval au galop ne peut lutter de vitesse avec la mer montante.

La marée entre dans les fleuves et se fait sentir assez loin dans l'intérieur des terres, en sorte que, pendant le flux, les fleuves, dans cette partie de leur cours, paraissent remonter vers leur source et alors leur eau est salée.

La plupart de nos ports de mer sont situés sur les côtes de l'Océan : Brest, Lorient, la Rochelle, le Havre, Cherbourg, Dunkerque ; d'autres sont placés sur celles de la Méditerranée : Toulon, Marseille ; d'autres enfin sur le bord des fleuves dans lesquels entre la marée, comme Bordeaux, sur la Garonne ; Nantes, sur la Loire ; Rouen, sur la Seine ; Rochefort, sur la Charente.

D'après BARRAU.

69. La France : ses productions minérales.

Les métaux. — La France est le pays de l'Europe qui possède la plus grande quantité d'or et d'argent monnayés, et, cependant nous ne trouvons pas ces deux métaux, si ce n'est en très petite quantité, dans notre sol. Mais, en revanche, la Providence a accordé à la France des mines très abondantes en fer, à l'aide duquel l'agriculture et l'industrie nous enrichissent et nous permettent de nous procurer les autres métaux.

Il y a, en France, à peu près 900 usines où l'on fabrique le fer. Les plus célèbres sont celles du Creuzot (Saône-et-Loire), de Fourchambault (Nièvre), de Decazeville (Aveyron).

La France produit aussi du plomb (11 mines) ; un peu de cuivre, dans le département du Rhône, et du manganèse, dans celui de Saône-et-Loire.

Dans les mines de plomb, se trouvent quelques filons d'argent. Le Rhône, le Gard et surtout l'Ariège charrient, dans leurs sables, quelques paillettes d'or. Telle est la richesse métallique de la France.

Les combustibles. — La houille ou charbon de terre, combustible minéral extrêmement précieux pour toutes les industries qui ont besoin d'une forte chaleur, se trouve en grande quantité en France, quoiqu'elle y soit beaucoup moins abondante qu'en Angleterre et en Belgique. Notre pays possède 420000 hectares de terrain houiller. Les environs de Saint-Etienne et de Rive-de-Gier, dans la Loire ; Anzin, Denain, Douchy, dans le Nord ; le Vigan, Alais, dans le Gard, sont les localités les plus productives en houille.

Une autre substance minérale combustible, qui brûle sans odeur ni fumée, mais difficilement, l'anthracite, se rencontre en quelques endroits de notre pays. On y trouve aussi de la lignite ou bois fossile, substance charbonneuse qui brûle très bien, en donnant une flamme longue avec beaucoup de fumée ; de la tourbe, matière combustible d'un brun noirâtre, qui se forme dans les eaux marécageuses par l'accumulation des plantes décomposées.

Le bitume. — Parmi les autres substances minérales non métalliques, nous devons citer l'asphalte ou bitume, substance molle, glutineuse, qui se durcit par le froid, se ramollit par la chaleur, et qui, mêlée avec le sable, acquiert une grande consistance et sert à faire des enduits pour les trottoirs des villes.

Les pierres. — Les pierres qui servent à bâtir abondent en France ; elles portent différents noms, selon leur dureté et les usages auxquels elles sont propres : pierre de taille, pierre de liais, pierre meulière, moellons. Dans la plupart de nos départements les maisons sont bâties en pierre.

Il est cependant des départements où la pierre propre aux constructions est extrêmement rare ; on y supplée par la brique (1) ; et, si l'on n'a pas de briques, on bâtit avec du bois et du plâtre reliés ensemble (2).

Outre les différentes sortes de pierres citées plus haut, notre pays contient de riches carrières de marbres de toutes espèces de couleurs.

Quant aux autres pierres dures, on trouve le granit dans les Vosges, les monts d'Auvergne, les Alpes, la Bourgogne et la Normandie ; le porphyre et le basalte dans l'Auvergne.

Il y a des pierres lithographiques dans le département de l'Ain et dans celui de l'Indre. L'ardoise se trouve principalement à Angers, à Fumay (Ardennes), et dans les environs de Coutances. L'ardoise est employée à couvrir les toits des maisons. Cependant la tuile faite d'argile cuite, comme les briques, étant moins chère et plus commune, est d'un usage plus répandu.

Les argiles communes, dont on fabrique les poteries grossières, ainsi que la brique et la tuile, se trouvent dans un grand nombre de départements ; le kaolin, qui sert à faire la porcelaine fine, est beaucoup plus rare et ne se rencontre guère que dans les environs de Limoges. On exploite la pierre à chaux et la pierre à plâtre également dans beaucoup de localités.

Le sel. — La France produit aussi du sel en très grande abondance ; outre celui qui est nécessaire à sa consommation, elle peut en exporter à l'étranger.

(1) Toulouse est dans ce cas.
(2) La ville de Troyes est ainsi bâtie.

Elle possédait avant la guerre de 1870-71 ce qu'on appelait les salines de l'*Est*, dont les principales étaient celles de *Dieuze* et de *Vic*, mines de sel gemme qui s'étendent sous le sol du département actuel de Meurthe-et-Moselle et des départements voisins. Dans ces mêmes contrées, se trouvent des puits et des sources d'eau salée. Il y a aussi, en France, des marais salants, vastes bassins creusés sur la plage d'où l'on extrait le sel, en faisant évaporer l'eau de la mer ; les principaux se trouvent dans la Charente-Inférieure, le Gard et l'Aude. D'après BARRAU.

70. La France : ses productions dans le règne animal.

La France possède presque tous les animaux utiles. On y compte environ 3 millions et demi de chevaux, 12 millions de bêtes à cornes, 34 de bêtes ovines, 5 de porcs, 1 de chèvres ; les mulets et les ânes ne sont guère qu'au nombre de 800,000.

Pour améliorer la race chevaline on a eu recours à de puissants moyens d'émulation et d'encouragement : prix, courses, concours, etc.

Les bêtes à cornes sont beaucoup plus communes dans le Nord et le Centre que dans le Midi. Ainsi le département du Morbihan en possède près de 300,000 et celui de Vaucluse en compte à peine 1,500. Il est à désirer que le nombre des bêtes à cornes s'accroisse en France.

Quant aux bêtes ovines, leur laine et même leur chair se sont bien améliorées depuis soixante ans, par l'introduction des mérinos originaires d'Espagne. Néanmoins nos laines n'égalent pas encore en finesse celles de l'Angleterre.

Les diverses espèces de volailles sont élevées et engraissées avec succès dans nos basses-cours. Les meilleures sont celles du Maine et de la Bresse.

Deux insectes précieux, l'abeille et le ver à soie, donnent leurs produits, le premier, dans tous nos départements, et le second dans les départements du Midi, qui nous fournissent en grande quantité une soie grège très fine et d'une couleur éclatante ; néanmoins elle ne suffit pas à la prodigieuse activité de nos fabriques, et nous sommes obligés d'en acheter à l'étranger.

Quant aux animaux sauvages, ils étaient très communs dans les anciennes forêts de la Gaule ; on y trouvait en abondance l'aurochs et le bison, qui ont presque entièrement disparu du continent européen. Les espèces nuisibles sont devenues extrêmement rares, si l'on excepte les renards et les loups, pour la destruction desquels on donne des primes. L'ours ne se rencontre plus guère que dans les Pyrénées et dans quelques autres chaînes de montagnes. Le sanglier devient rare ainsi que le cerf ; le chevreuil est plus commun ; tout le menu gibier se trouve en assez grande abondance, grâce aux lois qui le protègent et qui prononcent des peines contre quiconque chasse sans autorisation. Les plus hardis chasseurs trouvent encore, sur la crête des plus hautes montagnes, dans les Alpes et dans les Pyrénées, un animal que l'on appelle chamois.

Ce n'est guère non plus que dans ces montagnes qu'habitent encore l'aigle et le vautour ; les oiseaux de proie d'une moindre grosseur se trouvent à peu près partout, ainsi que la plupart des oiseaux chanteurs et autres qui appartiennent à l'Europe. D'où viennent les oiseaux voyageurs ? où s'en vont-ils ? On ne le sait pas très bien. Chaque année les hirondelles viennent en France annoncer le printemps et s'en retournent en automne ; dans cette dernière saison, nous voyons arriver, par bandes nombreuses, des alouettes, des palombes, des canards sauvages, dont une partie tombent sous le fusil ou sont pris dans les filets de nos chasseurs.

Parmi les reptiles de notre pays, deux seulement, l'aspic et la vipère, sont venimeux. Les autres sont à peu près inoffensifs.

Nos rivières et nos étangs renferment toutes sortes de poissons. Le nombre s'en augmente considérablement depuis qu'une science nouvelle appelée pisciculture a donné un moyen artificiel de les multiplier. Notre pêche maritime est très abondante.

Le hareng fréquente par grandes masses, les côtes de Picardie et de Normandie ; la sardine, celles de Bretagne; le thon et l'anchois, celles de la Méditerranée. Les huîtres donnent aussi un produit considérable.

Anciennement la baleine se montrait sur nos côtes ; depuis près de six siècles, elle en a entièrement disparu.

D'après BARRAU.

71. La France : son agriculture.

La France est un pays essentiellement agricole.

Les familles des propriétaires cultivateurs, des fermiers, des métayers, celles des maîtres valets, des garçons de ferme, des bûcherons, des vignerons et des autres ouvriers qui travaillent aux champs, forment, en général, la masse de la population française, et près des deux tiers des bras sont employés à la culture. C'est, pour notre pays, un avantage immense ; c'est, en même temps, la source de sa prospérité et de sa force ; car la vie agricole est par elle-même essentiellement morale : elle habitue à l'économie et à l'ordre, elle endurcit au travail, inspire des sentiments de religion, et prépare les jeunes gens à être d'excellents soldats. Aujourd'hui dans notre pays, presque tous les habitants de la campagne possèdent quelques parcelles de terre. Cette participation du plus grand nombre à la possession du sol n'existe guère qu'en France. Elle contribue puissamment à maintenir dans nos populations ce sentiment de la dignité humaine qui distingue notre nation parmi toutes les autres.

Des zones agricoles. — Sous le rapport de la production agricole, on peut partager le territoire français en quatre zones ainsi caractérisées : celle de l'olivier, celle du maïs, celle de la vigne et celle du pommier.

La zone la plus méridionale, dite de l'olivier, comprend les bords de la Méditerranée, entre les Pyrénées-Orientales et le revers méridional des Cévennes inférieures et des Basses-Alpes. L'olivier prospère dans cette zone, mais il réussit difficilement au delà.

La deuxième zone s'étend au nord de la précédente jusqu'à une ligne qui, partant de l'embouchure de la Gironde, passe près de Nevers et se prolonge jusque sur le Rhin, à l'extrémité nord de l'Alsace ; dans cette zone le maïs prospère aussi bien que la vigne ; au delà la culture du maïs est peu prospère.

La troisième zone est terminée par une ligne qui, partant de l'embouchure de la Loire, passe au sud des sources de l'Eure, longe la rive gauche de l'Oise et aboutit à la Meuse entre Rocroi et Mézières ; dans cette zone, où ne viennent ni l'olivier, ni le maïs, la vigne est encore cultivée avec succès.

Mais, au delà de cette dernière limite, c'est-à-dire dans la quatrième zone, qui embrasse le reste du pays, la vigne ne peut plus être cultivée, si ce n'est sous forme de treille, le long des murs exposés au midi. En général, c'est le pommier, ou l'orge et le houblon qui la remplacent.

Ces limites ne sont pas rigoureusement exactes ; il y a de nombreuses exceptions. Ainsi, l'on cultive le maïs avec assez de succès dans une partie de la Lorraine, de la Flandre et de la Bretagne.

Il y a quelques vignes autour de Paris. Le voisinage de la mer, en adoucissant la température, influe sur la végétation ; le figuier, qui semble ne devoir réussir parfaitement que dans la première et la seconde zone, donne cependant, aux environs du Havre et de Cherbourg, d'excellents fruits sans avoir besoin d'abri ; le myrte vient en pleine terre à Brest et à Belle-Isle-en-Mer ; les melons, qui exigent des soins si assidus à Paris, ne demandent pas plus de culture dans la basse Normandie que dans la zone des oliviers.

Le territoire français contient environ 53 millions d'hectares présentant diverses natures de terrain.

En général, les portions du territoire français les plus fertiles et les plus riches sont les départements du Nord et du Pas-de-Calais, la majeure partie de la Normandie et de la Picardie, la Beauce, les bords de la Garonne, le littoral entre Narbonne et Nîmes. Quant aux contrées les moins fertiles, ce sont celles qui avoisinent les Alpes, les Landes de Gascogne, la Sologne (1) et le Morvan (2).

Des céréales. — De toutes les productions agricoles du territoire français, la plus importante est le froment, auquel il faut joindre les autres grains qui servent à la subsistance de l'homme. La France produit chaque année environ 100 millions d'hectolitres de froment, 7 de méteil, 26 de seigle et 10 millions de maïs et de millet ; elle produit, en outre, 75 millions d'hectolitres d'avoine, 20 d'orge, 10 de sarrasin, 3 millions d'hectolitres de pois, de haricots et d'autres légumes secs ; enfin 4 millions d'hectolitres de menus grains. On a calculé que, dans les années ordinaires, la France produit assez de blé pour la consommation de ses habitants, et même au delà. Les bonnes années, l'excédant peut nourrir le pays pendant 27 jours, et durant 56 jours, lorsque la récolte est très abondante. Dans notre pays, la culture du froment s'étend de plus en plus. Pendant longtemps, les habitants des campagnes ne mangeaient guère le blé que mélangé avec de l'orge ; maintenant, l'aisance devient plus générale ; presque partout on mange du pain de froment pur ou de seigle pur.

De la vigne. — Après le produit des céréales et des prairies, tant naturelles qu'artificielles, le produit le plus important du territoire français est celui de la vigne.

On a évalué le produit annuel de nos vignobles à 50 millions d'hectolitres de vin et 1,100,000 d'hectolitres d'eau-de-vie. Parmi les vins français, il y en a d'excellents qui sont recherchés dans toute l'Europe ; ce sont ceux de Bourgogne, de Champagne, de Bordeaux, des côtes du Rhône. Ensuite viennent ceux de Mâcon, de Saumur, du Jura, du Beaujolais.

De quelques autres plantes. — La pomme de terre est cultivée avec succès dans toute la France, depuis le règne de Louis XVI ; nous en récoltons annuellement de 80 à 100 millions d'hectolitres.

---

(1) Dans l'Orléanais. — (2) Dans la Bourgogne.

La betterave alimente, dans le nord, un certain nombre de fabriques de sucre ; on en extrait aussi de l'eau-de-vie, inférieure à celle du vin.

Dans le Midi, on cultive en petite quantité quatre plantes tinctoriales : la garance, le pastel, le safran et la gaude. Quelques départements produisent le houblon. Le tabac ne peut être cultivé qu'avec la permission du gouvernement et cette permission n'est accordée que pour dix départements.

Des arbres. — Les arbres fruitiers réussissent en général parfaitement en France. Un des plus utiles est le châtaignier, dont les fruits tiennent lieu de pain aux populations de certains cantons du Limousin, du Périgord et de l'Auvergne.

Le pommier et le poirier donnent des fruits excellents. Dans certaines provinces, comme en Normandie et en Bretagne, une partie de ces fruits est employée à faire du cidre, qui remplace le vin comme boisson.

Le prunier, le cerisier, l'abricotier, le pêcher réussissent sur presque tous les points du territoire.

Le figuier et l'amandier donnent d'excellents fruits dans la Provence et dans la plus grande partie du Languedoc. Dans ces mêmes provinces, on cultive l'olivier, qui donne une huile excellente, et le mûrier, dont les feuilles servent de nourriture aux vers à soie et contribuent ainsi à alimenter une de nos plus précieuses industries. Le citronnier et l'oranger réussissent aussi en pleine terre dans quelques localités de la Provence.

Quant aux forêts, elles occupent environ 8 millions d'hectares, dont 1 million appartient à l'Etat et 2 aux communes.

Le département le plus boisé est celui de la Nièvre, puis celui de la Haute-Marne.

L'arbre de nos forêts le plus important est le chêne ; il serait utile de le propager, car il commence à devenir assez rare ; après le chêne, il faut citer le charme, le hêtre, le frêne, le bouleau, l'orme, le pin, le sapin, le tilleul ; le tremble et les diverses sortes de peupliers viennent aussi en abondance. Dans le département de Lot-et-Garonne et dans celui des Landes on voit des forêts de chênes-lièges.

Depuis un siècle, on avait imprudemment arraché ou laissé détruire beaucoup de bois sur les sommets et sur les côtes rapides des montagnes, qui se sont trouvées ainsi frappées de stérilité. Mais maintenant la loi a sagement donné au gouvernement le droit d'interdire aux propriétaires la faculté de défricher leurs forêts.

D'après BARRAU.

72. La France : son commerce.

En France, la variété des productions en égale la richesse : les moyens d'échange sont nombreux, et les obstacles que la circulation rencontrait autrefois même à l'intérieur, n'ont pu tenir contre les lumières qui se répandent et contre l'exigence de tant de nouveaux besoins ; chaque jour nous voyons disparaître de ces obstacles. Leur suppression était une impérieuse nécessité en même temps qu'un bienfait immense.

En effet, tandis que les grains abondent dans les départements septentrionaux, le Midi, couvert de vignobles, leur offre en échange ses vins généreux, ainsi qu'un autre produit malheureusement insuffisant, mais riche encore, l'huile d'olive, si précieuse dans l'art culinaire, dans l'économie domestique en général, et dont, indépendamment de la préparation des savons fins, l'utilité est si grande dans les fabriques.

Au lieu des oranges, des citrons, des figues que mûrit le soleil méridional, le Nord récolte en abondance des fruits moins délicats, mais aussi moins exposés à périr et d'une culture moins coûteuse ; par les tiges filamenteuses du lin et du chanvre, il remplace la riche dépouille du ver à soie, dont les feuilles du mûrier sont l'indispensable aliment ; il possède le minéral (1) sans lequel nos mets manquent de saveur, et cette autre richesse souterraine (2) à défaut de laquelle l'industrie serait réduite à de faibles proportions. Le Nord produit le fer, qui assure notre dé-

---

(1) Le sel. — (2) La houille.

fense en même temps qu'il arme la charrue, anime l'industrie par de puissants instruments et sert de pivot aux nouvelles voies de communication ; là sont les gras pâturages où se multiplie le bétail si nécessaire à l'exploitation des propriétés rurales et qui même, comme objet de consommation, ne suffit pas encore aux besoins de notre grande famille ; là aussi sont les bras vigoureux, les caractères persévérants qui fatiguent la terre de leur travail ou qui créent de nouvelles ressources pour l'industrie.

Grâce au commerce, toutes les fractions du royaume participent aux richesses propres à chacune elles. Par le commerce, la France s'approprie ensuite une portion des richesses de l'étranger ou des productions de ses possessions lointaines qui, sans cela, n'auraient que peu de valeur pour elle. Nous devons au commerce le coton, dont la culture est impossible en France, et qui cependant occupe une place importante dans nos manufactures ; nous lui devons aussi la soie et les laines, que notre industrie ne produit pas en assez grande quantité pour alimenter tous les métiers des Lyonnais, ceux des drapiers du Nord et ceux qui fournissent à l'Europe entière les plus riches tapis. Nous lui devons encore l'indigo, la cochenille et les bois de teinture non moins nécessaires à nos fabriques; le sucre, le café, le cacao et les épices également refusés à nos climats, mais que l'habitude a rangés parmi les besoins de nos tables ; le cuivre et l'étain, que la nature a refusés à la France, et le plomb, que le sol recèle en quantité, mais qu'on n'a pas encore essayé fructueusement de lui arracher.

Aucun pays n'est plus heureusement situé que la France pour le commerce ; aucun n'offre plus de facilités pour la circulation. Placé presque au cœur de l'Europe, baigné par les mers les plus fréquentées, voisin des contrées favorisées d'un ciel encore plus beau que le sien, et de peuples producteurs commerçants, notre pays est couvert dans son intérieur d'un réseau de rivières et de fleuves navigables par eux-mêmes, ou pouvant le devenir sans trop de frais. Ces rivières et ces fleuves sont déjà liés entre eux, ou destinés à l'être, dans un avenir prochain, par de nombreux canaux, par des routes commodes et par les voies encore plus expéditives imaginées dans notre siècle d'activité fiévreuse et de désirs immodérés. La Loire et la Seine prennent leur source au centre du pays, qu'elles traversent ensuite, surtout la première, dans une longue étendue, où tout s'anime par le commerce ; elles viennent aboutir ensuite, celle-là à l'océan Atlantique, celle-ci, vis-à-vis de l'Angleterre, à la Manche que sillonnent les bateaux à vapeur des deux peuples. Par le Rhône, cette autre artère principale, l'intérieur est en communication avec la Méditerranée, d'où Marseille, le premier port de France, envoie ses navires à voiles ou à vapeur tantôt vers Smyrne et l'Egypte, tantôt vers l'Algérie, ou sur des points encore plus lointains. Le Havre et Bordeaux sont les intermédiaires entre la France et les colonies qu'elle possède depuis plusieurs siècles en Amérique. Prolongée par le canal du Midi, la Garonne opère la jonction des deux mers. La Saône ouvre une communication entre la Méditerranée et la mer du Nord, entre Marseille et Amsterdam, au moyen du Rhône et du Rhin et des ouvrages hydrauliques qui se rattachent à ce réseau. D'autres travaux, en réunissant la Marne avec le Rhin, doivent faire entrer dans ce même système, Paris et le Havre, c'est-à-dire la Seine et la Manche. Ainsi, toutes les provinces ont déjà ou auront entre elles des rapports faciles et suivis ; la plupart d'entre elles trouveront un accès à la mer, ce grand véhicule du commerce, cette large voie de communication, dont s'effrayait à tort autrefois l'inexpérience des peuples, privés des moyens sûrs de conduite que la science prodigue maintenant aux navigateurs.

73. Léonidas aux Thermopyles (480 av. J.-C.).

Xerxès, roi de Perse, avait résolu d'assujettir la Grèce, pour venger la défaite de son père Darius à Marathon. Il employa quatre ans à lever des troupes, à réunir des vivres et des provisions de guerre, et à construire des vaisseaux. Il se mit en marche à la tête d'une armée de terre de 1.700.000 fantassins, 80,000 cavaliers et d'une flotte de 1,200 navires.

Les peuples effrayés d'un tel déploiement de forces, couraient d'eux-mêmes au-devant de la servitude. Les Athéniens et les Spartiates seuls résolurent de défendre leurs pays. Il fut décidé que l'Athénien Thémistocle, à la tête des vaisseaux grecs, prendrait position à Salonique pour défendre aux ennemis l'entrée par mer, et que Léonidas, roi de Sparte, défendrait le passage par terre en gardant les Thermopyles, défilé situé entre la mer et de hautes montagnes, qui servaient comme de porte pour entrer dans la Grèce, et où il était difficile de faire passer deux chariots de front.

Léonidas ne se fit point illusion sur le sort qui l'attendait. Il ne choisit, pour l'accompagner, que 300 Spartiates, disant que c'était assez de 300 victimes pour l'honneur de la patrie. Cependant les villes de la Grèce, effrayées d'un danger si pressant, lui envoyèrent des soldats en nombre suffisant pour former une petite armée d'environ 7.000 hommes.

A peine ces héros eurent-ils occupé le poste qui leur avait été confié, que Xerxès parut avec son innombrable armée. Ce prince ne pouvant concevoir que quelques milliers d'hommes songeassent un instant à lui résister, écrivit à Léonidas : « Si tu veux te soumettre, je te donnerai « l'empire de la Grèce. » — Léonidas répondit : « J'aime « mieux mourir pour ma patrie que de l'asservir. » — Une seconde lettre du grand roi ne contenait que ces mots : « Rends-moi tes armes! » — Léonidas écrivit au-dessous : « Viens les prendre! »

La masse des ennemis s'étant mise en mouvement, les sentinelles avancées s'écrièrent : « Voici les Perses qui viennent sur nous! » — « Eh bien! reprit Léonidas, marchons sur eux. » — « Mais, dit un autre envoyé, ils sont si nombreux que leurs flèches obscurciront le soleil. » — « Tant mieux, repartit un Spartiate, nous combattrons à l'ombre. »

De tels soldats ne pouvaient être vaincus. Aussi, Xerxès fut-il repoussé à la première attaque, et jamais il ne serait parvenu à forcer le passage, si un traître ne lui eût découvert le sentier fatal qui lui permit de tourner l'armée des Grecs.

Léonidas, se voyant ainsi enveloppé par les ennemis, permit à ses alliés de battre en retraite pour conserver à la Grèce des soldats pour des temps meilleurs. Tous quittèrent excepté les 700 Thespiens, qui, unis aux 300 Spartiates, se disposèrent à soutenir vaillamment le choc des Perses.

Tout ce que l'amour de la patrie et de la gloire peut produire d'héroïsme et de grandeur, consacra cette fameuse journée. Cependant la lutte était trop inégale. Après des prodiges de valeur, les Grecs succombèrent sous la multitude des traits et des flèches que l'ennemi lançait continuellement sur eux ; pas un n'avait quitté son poste, tous moururent au champ de l'honneur. On érigea, près du lieu où était tombé Léonidas, un lion en pierre. Une inscription consacra le souvenir du noble exemple que les Lacédémoniens avaient donné et qui avait fait partager aux Thespiens la gloire d'un trépas héroïque : « Passant, va dire à Sparte que nous sommes morts ici pour obéir à ses lois. »

Le courage et le dévouement de ces héros apprirent aux Grecs le secret de leur force et aux Perses celui de leur faiblesse. Pour vaincre mille Grecs, Xerxès avait été obligé de sacrifier plus de vingt mille de ses meilleurs soldats.

(*Histoire ancienne.*)

74. Siège de Jérusalem (69-70).

I.

L'Evangile rapporte qu'un jour Jésus-Christ, à la vue de Jérusalem, pleura sur cette ville, en disant : « Ah ! si tu savais, même en ce jour, ce qui peut t'apporter la paix ! Mais maintenant tout est caché à tes yeux ; car des jours viendront sur toi, où tes ennemis t'environneront de murailles, ils te presseront de toute part, ils te renverseront sur la terre, toi et tes fils qui sont en ton enceinte, et ils ne laisseront pas en toi pierre sur pierre, parce que tu n'as pas connu le temps où tu as été visitée ! » Cette terrible menace ne tarda pas à s'accomplir ; les Romains furent les exécuteurs des arrêts de la justice de Dieu contre le peuple déicide.

Les Juifs étaient depuis assez longtemps déjà sous la domination romaine, lorsque, l'an 66 de Jésus-Christ, mécontents du gouverneur qui leur avait été donné, ils se révoltèrent, et la guerre commença. Les séditieux eurent, en différentes rencontres, des avantages qui ne servirent qu'à les rendre plus audacieux et plus opiniâtres. Il y avait eu déjà beaucoup de sang versé ; grand nombre de Juifs avaient été massacrés dans plusieurs villes de Syrie, sans que rien pût faire espérer une prochaine soumission, lorsque, l'an 70, l'empereur Vespasien envoya Tite, son fils, pour faire le siège de Jérusalem. L'armée romaine vint camper à un quart de lieue de la ville. On était alors aux approches de la fête de Pâques, et il y avait dans la ville une multitude innombrable de Juifs, qui s'y étaient rendus pour la solennité. Ils furent tous renfermés dans Jérusalem, et en peu de temps tous les vivres qui se trouvaient dans la place furent consommés. Aussi la famine ne tarda-t-elle pas à se faire sentir, et bientôt après la peste vint y joindre ses ravages. Tite, qui avait déjà forcé deux des trois enceintes de la ville, essaya toutes les voies de douceur pour amener les insurgés à se rendre ; mais ce fut inutilement ; rien ne put toucher ces factieux.

II.

Cependant, la famine allait toujours croissant. Les malheureux habitants se virent d'abord réduits à vendre leurs héritages pour acheter à grands frais quelques vivres, qu'ils dévoraient en secret et qu'ils s'arrachaient les uns aux autres. La femme disputait un morceau de pain à son mari, le fils à son père, et la mère à son enfant. Bientôt on finit par ne plus trouver, même à prix d'or, ni blé, ni orge, ni viande ; on se rabattit alors sur tout ce qui pouvait tomber sous la dent, même sur des objets qui répugnent aux plus vils animaux ; on recueillait avec soin les courroies des sandales, le cuir des boucliers, des restes de vieux foin, dont on ramassait jusqu'aux moindres brins, et qui se vendaient au poids. Il y eut de ces malheureux qui fouillèrent dans les égouts, pour y chercher une nourriture dégoûtante, qu'autrefois ils n'auraient même pas pu regarder ! ! !

On rapporte qu'une femme, poussée par le désespoir et par la faim, tua son enfant et le fit rôtir pour le manger.

Plusieurs se hasardèrent à sortir de la ville pour aller cueillir des herbes. Tite commanda à la cavalerie de les observer, et ceux qui étaient pris les armes à la main, étaient mis en croix... On en crucifiait jusqu'à cinq cents par jour, quelquefois plus, et les soldats, par moquerie, les clouaient en différentes postures. Dieu vengeait ainsi, par la main des Romains, le supplice ignominieux de son Fils.

III.

Pour achever d'affamer les rebelles et les forcer enfin à se rendre, Tite résolut de les enfermer entièrement, et fit bâtir par ses troupes, tout autour de la ville, une muraille de deux lieues de circuit, accomplissant ainsi, sans le savoir, la menace que Jésus-Christ avait faite à l'infidèle Jérusalem : *Tes ennemis t'environneront de murailles*. Par cette mesure, on n'eut plus même la triste ressource d'aller chercher au dehors quelques herbes pour se nourrir, et la famine emportait des familles tout entières. Comme on ne pouvait plus suffire à enterrer les morts, on les entassait dans les plus grandes maisons, qu'on fermait quand elles en étaient pleines ; on en jetait aussi par-dessus les murailles, dans les précipices. Tite, ayant vu ces monceaux de cadavres et frappé de l'odeur qui en sortait, soupira, et, levant les mains au ciel, prit Dieu à témoin que ce n'était pas son ouvrage.

Enfin, le huitième jour du mois de septembre de l'an 70, la ville fut prise, et les Romains y mirent tout à feu et à sang. On a compté jusqu'à onze cent mille Juifs morts pendant ce siège, et quatre-vingt-dix-sept mille prisonniers vendus comme esclaves.

Tite aurait bien voulu conserver le temple ; mais la parole de Jésus-Christ devait s'accomplir : un soldat romain, poussé comme par un mouvement surnaturel, prit un tison, et, soulevé par un autre soldat, il le jeta par une des fenêtres dorées dans les appartements qui tenaient au temple. Le feu prit aussitôt, et, malgré les efforts qu'on fit pour l'éteindre, le temple fut entièrement consumé.

L'histoire ne parle d'aucun siège qui ait été aussi épouvantable que celui de Jérusalem ; mais aussi la justice de Dieu n'eut jamais à punir un crime aussi affreux que celui des Juifs.

75. Charles Martel et les Sarrasins (732).

Charles était fils de Pépin d'Héristal, l'un des plus puissants seigneurs de la monarchie française. Plus grand encore que son père, Charles dédaignait le titre de roi dont il avait tout le pouvoir, et plaçait sur le trône des descendants de Clovis, qui n'avaient conservé de leur dignité que les apparences et le nom. Charles Martel était destiné à sauver la France et même l'Europe entière des barbares du midi.

Mahomet venait de fonder sa religion ; les Arabes l'avaient embrassée, et, fidèles aux enseignements de leur prophète, ils avaient multiplié leurs conquêtes et les avaient poussées jusqu'en Espagne et aux Pyrénées. Bientôt ces barrières sont franchies et vers 732, sous la conduite d'Abdérame, un de leurs chefs, une nuée d'Arabes, que les historiens portent à 500,000, se répand sur les Gaules. Tout est dévasté sur leur passage ; les cités et les hameaux sont livrés aux flammes et la Gaule est arrosée du sang de ses habitants.

Charles rassemble une puissante armée et marche à la

rencontre des hordes barbares ; elles s'avançaient déjà dans les vastes plaines qu'arrose la Loire et voulaient s'emparer de Tours, où les attirait le riche trésor de saint Martin. Ce fut dans les environs que les deux armées se rencontrèrent. Durant six jours, on s'observa avec inquiétude, le moment était solennel ; des deux côtés, on comprenait qu'une lutte décisive allait s'engager.

Enfin, le septième jour, la cavalerie des ennemis s'ébranle. Jamais aucunes troupes n'avait résisté à l'impétuosité de ses chevaux, habitués à franchir au galop les déserts de sable ; mais ils vinrent s'enferrer dans les longues lances des Francs, sans pouvoir entamer leurs bataillons épais. Cent fois les Arabes reviennent à la charge, leurs cimeterres recourbés s'émoussent sur les pavois des Francs ; bientôt ceux-ci s'élancent sur les ennemis fatigués, les frappent de leurs franciques, et les percent de leurs lances. Les Arabes pressés et rompus se défendent à peine, on en fait un horrible massacre. Abdérame lui-même tomba mortellement frappé, et 300,000 des siens restèrent, dit-on, sur la place. Charles, victorieux, reçut le nom de *Martel*, parce qu'il avait écrasé, comme avec un marteau, les redoutables envahisseurs.

76. Arrivée des croisés devant Jérusalem
(1095-1099).

Les croisés se rapprochèrent des montagnes de la Judée. Ces montagnes, sur lesquelles Jérusalem est assise, n'ont point l'aspect du Taurus ni celui du Liban ; ces cimes bleuâtres, que le ciel paraît avoir privées de sa rosée bienfaisante, sont sans verdure et sans ombrage ; ces solitudes arides n'ont d'autres habitants que le sanglier et la gazelle, l'aigle et le vautour. C'est surtout du côté de l'est et du côté du sud que le pays de Jérusalem s'offre au voyageur avec une pâle nudité ; la côte de l'ouest, par où arrivaient les guerriers de la croix, a des collines couvertes d'arbustes, et quelques vergers d'oliviers annonçant le voisinage de pauvres bourgades.

L'armée chrétienne s'avança dans une étroite vallée, entre deux montagnes brûlées par le feu du soleil. La route qu'elle suivait, avait été creusée par les torrents ; la pluie des orages y avait accumulé des roches détachées des monts ; des amas de sables, des abîmes ouverts par la rapidité des eaux, fermaient quelquefois le chemin. Dans ces passages difficiles, la moindre résistance des musulmans pouvait triompher de la foule des pèlerins, et, s'ils ne rencontrèrent point alors l'ennemi, ils durent penser que Dieu lui-même leur livrait les avenues de la ville sainte.

Après avoir marché depuis l'aurore, les croisés arrivèrent sur le soir au village d'Anathot ; ils résolurent d'y passer la nuit, mais personne ne put se livrer au sommeil. Dès le lever du jour, tout le monde se mit en marche. Les croisés laissèrent à leur droite le château de Modin, fameux par la sépulture des Machabées ; mais cette ruine vénérable attira à peine leurs regards, tant la pensée de Jérusalem les préoccupait. Ils traversèrent, sans s'y arrêter, la vallée de Térébinthe, célèbre par les prophètes ; ils traversèrent de même le torrent où David ramassa les cinq cailloux avec lesquels il terrassa le géant Goliath ; à leur droite et à leur gauche s'élevaient des montagnes où campèrent les armées d'Israël et celle des Philistins : tous les souvenirs historiques étaient perdus pour les guerriers de la croix. Lorsqu'ils eurent gravi la dernière montagne qui les séparait de la ville sainte, tout à coup Jérusalem leur apparut. Les premiers qui l'aperçurent s'écrièrent avec transport : *Jérusalem ! Jérusalem !* Le nom de Jérusalem vole de bouche en bouche, de rang en rang, et retentit dans les vallées où se trouvait encore l'arrière-garde des croisés. Les uns sautent à bas de leurs chevaux et se mettent à genoux ; les autres baisent cette terre foulée par le Sauveur, en poussant de longs soupirs ; plusieurs jettent bas leurs armes et tendent les bras vers la ville de Jésus-Christ ; tous répètent ensemble : *Dieu le veut ! Dieu le veut !* et renouvellent le serment qu'ils ont fait tant de fois de délivrer Jérusalem. MICHAUD.

77. Siège de Vienne (1683).

L'an 1683, les Turcs, fiers des succès qu'ils avaient remportés sur l'empire d'Allemagne, formèrent le dessein de pousser leurs conquêtes jusqu'au delà du Danube et du Rhin ; et, menaçant toute la chrétienté, ils vinrent, avec une armée de deux cent mille hommes, mettre le siège devant Vienne. L'épouvante fut générale ; les peuples abandonnaient tout et fuyaient de toutes parts. L'empereur Léopold I, n'ayant pas assez de troupes pour résister à l'armée ottomane, fut contraint de se sauver avec précipitation de Vienne. Il en sortit d'un côté avec toute sa famille, au moment où l'ennemi y arrivait de l'autre, pour en former le siège. La veille de l'Assomption, les Turcs ouvrirent la tranchée et la poussèrent avec une rapidité effrayante. Pour surcroît de malheur, le feu prit à l'église des Écossais, et il allait gagner l'arsenal. Mais, par une protection bien visible de la sainte Vierge, le jour même de l'Assomption, le feu s'arrêta tout à coup, pour donner le loisir de sauver les munitions et les poudres. Une faveur si marquée de la Mère de Dieu ranima le courage presque abattu des assiégés. Le feu continuel des assiégeants et les bombes qui renversaient les maisons, n'empêchèrent pas les habitants d'implorer jour et nuit le secours du Ciel dans les églises, ni les prédicateurs de les exhorter à mettre toute leur confiance en leur puissante protectrice. Le 31 août, les Turcs avaient poussé leurs ouvrages si avant, que les soldats des deux partis se battaient souvent dans les fossés avec les pieux des palissades. Vienne, le boulevard de la chrétienté, était presque réduite en cendres, lorsque le jour de la Nativité de la sainte Vierge, les chrétiens, ayant redoublé leurs prières et leurs dévotions, reçurent, comme par miracle, un avis certain d'un prompt secours qu'ils attendaient, sans oser l'espérer. En effet, le lendemain, second jour de l'octave de la Nativité de la sainte Vierge, on vit toute la montagne de Kalenberg couverte de troupes alliées. C'était le grand Sobieski, roi de Pologne, à la tête d'une armée peu nombreuse, il est vrai, mais forte du secours de Dieu. Il vint, le 12, à la chapelle de Saint Léopold, avec le prince Charles de Lorraine ; ils y entendirent la messe, et le roi voulut lui-même la servir, agenouillé au pied de l'autel, et les bras toujours en croix, excepté aux moments où le prêtre avait besoin de son ministère Il y communia, et, après s'être mis, lui et toute son armée, sous la protection de la sainte Vierge, après avoir reçu, avec ses troupes, la bénédiction donnée au nom du Saint-Père, le religieux prince se leva, et, plein d'une sainte confiance, il s'écria : *Marchons maintenant sous la protection toute-puissante de la Mère de Dieu.* Quand la petite armée des chrétiens eut aperçu du haut des montagnes les troupes innombrables des infidèles, elle sentit bien que la victoire ne pouvait venir que du Ciel. En effet, elle fut toute miraculeuse. Après un premier choc un peu rude, le khan des Tartares s'enfuit le premier, et le torrent entraîna malgré lui le grand vizir, frémissant de rage, qui laissa sur la place tous les bagages, toutes les munitions de guerre et de bouche, toute son artillerie montant à cent quatre-vingts pièces de canon; près de dix mille morts et le grand étendard de Mahomet.

Jean Sobieski entra, avec l'empereur Léopold, dans Vienne délivrée, et il entonna lui-même le *Te Deum* Depuis ce temps-là, il portait toujours avec lui une image de Notre-Dame de Lorette, trouvée miraculeusement : deux anges soutiennent une couronne au-dessus de la tête de la sainte Vierge ; ils ont à la main chacun un rouleau avec ces paroles en latin : *Cette image de Marie sera pour moi le gage de la victoire.* (Hist. Ecclés.)

78. Expédition d'Égypte (1798-1799.)

Bonaparte ne pouvait rester oisif pendant la paix ; il proposa au gouvernement une expédition lointaine. L'Egypte, qu'il proposait de conquérir, serait devenue pour la France la plus belle des colonies, et sa possession aurait ruiné le commerce de l'Angleterre dans la Méditerranée.

Les préparatifs de cette expédition furent rapides ; ils étaient, disait-on, destinés à une expédition en Angleterre. Bonaparte partit de Toulon le 19 mai, s'empara de l'île de Malte en passant, et débarqua à Alexandrie, qui fut emportée d'assaut par 4,000 hommes. Le reste de l'armée débarqua bientôt, elle était forte de 30,000 hommes. Pour arriver au Caire, capitale de l'Egypte, il fallut traverser un désert de sable brûlant, au milieu duquel l'armée avait à combattre une infatigable cavalerie, celle des mameluks. Enfin, on arriva aux pyramides, où l'attendait une armée de 6,000 mameluks et de 20,000 Arabes, retranchés dans un camp fortifié. Napoléon forma de son armée cinq bataillons carrés, qui se flanquaient mutuellement, et dans le centre desquels il fit placer son artillerie. Les mameluks s'élancèrent au galop sur ces citadelles vivantes ; mais, dès qu'ils sont à portée de pistolet, une décharge épouvantable de mitraille et de fusils décime leurs rangs ; ils reculent et se jettent sur un autre bataillon dont les rangs s'ouvrent et vomissent la mort par plusieurs canons chargés à mitraille ; enfin, épuisés, les mameluks sont massacrés, le camp des Arabes est emporté et ses défenseurs jetés dans le Nil. Bientôt les Français entrent au Caire, l'Egypte est conquise. Mais il était impossible de la garder. Bonaparte revint bientôt en France pour se faire proclamer, à l'aide des baïonnettes de ses grenadiers, premier consul, puis consul à vie, enfin empereur. Il fut couronné le 18 mai 1804.

THIERS.

79. Passage du Saint-Bernard. — Marengo.
(1800).

Bonaparte méditait de rentrer en Italie par une manœuvre inouïe, par un passage des Alpes digne d'Annibal. Assemblés avec un profond mystère, organisés avec les précautions les plus minutieuses, quarante mille hommes, infanterie, cavalerie, artillerie s'acheminent sans bruit par les sentiers du Saint-Bernard, y traînent eux-mêmes leurs canons sur la neige, et descendent à l'improviste dans la vallée d'Aoste. Le plus léger obstacle peut les réduire au sort de Souvarow (1), et voilà qu'ils arrivent au pied d'un fort imprenable qui domine la route. Inspirés par la nécessité, fantassins et cavaliers trouvent des sentiers, l'artillerie passe de nuit sur une couche épaisse de paille et de fumier, et l'armée débouche, comme par miracle, en Lombardie, avant que les Autrichiens en soient avertis.

Les Français s'installent tranquillement, recueillent vingt mille hommes arrivés par le Saint-Gothard, et regardent l'ennemi comme à eux, pendant que celui-ci, inquiet, dispersé, songeant à fuir, sans vouloir néanmoins dégarnir les postes, réunit à grand peine cinquante mille hommes autour d'Alexandrie. Maître des deux rives du Pô, Bonaparte s'était avancé au delà de Plaisance, et, étonné de ne rien rencontrer, craignant de voir sa proie lui échapper, il avait envoyé ses troupes battre de tous côtés la campagne, lorsqu'il fut attaqué dans les plaines de Marengo, sur les bords de la Bormida, par la masse des Autrichiens qui cherchaient à se faire jour avec leur belle cavalerie et deux cents bouches à feu. Seize mille Français reçurent seuls le premier choc. Bonaparte accourut avec sa garde consulaire ; mais ses efforts n'aboutirent qu'à prolonger la résistance et à ralentir la retraite. Il fallut évacuer le champ de bataille. En ce moment, par un de ces bienfaits dont le ciel se montre quelquefois prodigue, un lieutenant fidèle et intelligent, Desaix, revenait au bruit du canon et ramenait six mille hommes de troupes fraîches. Il était trois heures, la bataille était perdue; « Mais, s'écrie « Desaix, il reste encore le temps d'en gagner une. » Il charge le premier à la tête de ses grenadiers ; il tombe

_____

(1) Souwarow, général russe, allait à travers les Alpes rejoindre 30,000 Russes campés autour de Zurich ; mais les Français commandés par Masséna, les avaient obligés de fuir en abandonnant leurs bagages, leur trésor, cent pièces de canon et cinq mille prisonniers. Ignorant ce désastre, Souwarow fut tout à coup attaqué lui-même en tête et en queue par des Français bien supérieurs en nombre, et obligé de fuir à son tour par des sentiers de chasseurs en perdant la moitié de son monde.

victime de son courage et de son dévouement. Les soldats brûlent de le venger, ils abordent l'ennemi avec une vigueur incomparable. La fatigue et la déroute passent du côté des Autrichiens. Pressés de regagner les ponts de la Bormida, ils viennent s'y entasser en désordre. Le reste de l'armée se rue dans la rivière, jetant ses armes, laissant ses canons et des milliers de prisonniers. Le lendemain il fallut capituler et céder la Lombardie. D'un seul coup l'Italie était reconquise.
KELLER.

80. Bataille de Bazeilles (Dépt. des Ardennes).

I.

Le 1er septembre 1870 s'engageait d'Illy à Givonne et Bazeilles l'action qui devait avoir sur les destinées de la France une si cruelle influence.

Un épais brouillard enveloppe les mille petits jardins clos de haies d'aubépine et coupés de taillis qui s'étendent de Bazeilles à la Moncelle. Depuis le lever de l'aurore, les obus allemands fouillent ces nids de verdure au travers desquels les bataillons bavarois n'osent encore s'aventurer. Le piédestal d'une croix de fer, au pied de laquelle bifurque la route de Givonne, sert de poste d'observation à un jeune lieutenant. Il tient la croix embrassée et cherche avec sa lunette à percer les vapeurs mêlées de fumée qui lui dérobent les mouvements de l'ennemi. Un enfant de dix-sept ans, assis sur les marches et ne perdant pas de vue un seul instant le visage de son officier, tient l'embouchure de son clairon collée à ses lèvres. Un signe, et le « *commencez le feu* » retentira alerte ou joyeux, ou la retraite sonnera sourde et comme à regret.

Aucun soldat autour d'eux; mais en observant bien les haies voisines, on verrait reluire les platines et les baïonnettes. Les uniformes sombres sont boueux et en loques, mais les armes sont étincelantes.

C'est une compagnie détachée de la division d'infanterie de marine du 12e corps; elle est commandée par le lieutenant d'Authier-Sémainville. Le capitaine, tué la veille au soir, n'a pas encore été remplacé.

Le canon gronde de toutes parts. Les obus passent par-dessus les soldats couchés à terre. Aucun ne bouge. Vers huit heures, le brouillard se dissipe un peu. Plusieurs dragons bavarois, le révolver au poing, s'avancent avec précaution de l'autre côté de la haie. Quelques tirailleurs épaulent instinctivement, puis abaissent leurs fusils. L'ordre du lieutenant est formel : personne ne doit tirer.

II.

A la vue des dragons, le lieutenant et son clairon se sont étendus à plat ventre derrière le piédestal de la croix. Les vedettes passent sans rien voir. Mais on entend au loin un bruit de roues. Le lieutenant observe quelque temps, puis fait signe à un sergent de venir lui parler, et lui dit quelques mots à l'oreille. Le sergent, rampant comme une couleuvre à travers les broussailles, disparaît et revient au bout de dix minutes rendre compte de sa mission. Un sourire mâle et joyeux éclaire alors le visage du jeune officier. Sur son ordre, le sergent, toujours se traînant sur les mains et les genoux, va prévenir successivement et à voix basse tous les chefs d'escouade, et bientôt les haies sont hérissées de pointes aiguës qui rentrent aussitôt : les baïonnettes sont au canon !

Le bruit se rapproche. Une compagnie bavaroise se déploie ; mais toute son attention se concentre sur le petit bois qui lui fait face. Derrière elle, vient une demi-batterie de Krupps qui s'établit sur la hauteur, dételle ses avant-trains et braque ses pièces sur le bois. Le reste des troupes de soutien se dissimule derrière un pli de terrain, mais à une distance relativement grande.

Le feu va commencer, quand soudain une sonnerie immédiatement répétée, éclate vive et énergique. C'est la charge française. En une seconde, les uns trouant la haie dans un élan furieux, les autres bondissant par-dessus, toute la compagnie s'élance sur la batterie, qu'elle prend de flanc, et vient poignarder les canonniers ennemis sur eurs pièces.

Cependant la résistance s'organise. Surpris par cette attaque imprévue, les artilleurs ont un moment lâché pied ; mais les pelotons de soutien s'élancent. Ausssitôt une nouvelle sonnerie se fait entendre, les tirailleurs se rassemblent, et une charge à la baïonnette, vigoureusement menée, culbute dans le ravin les Bavarois qui accouraient en désordre.

En même temps, les fanfares françaises retentissent dans le lointain. Notre avant-garde est soutenue ; ses clairons répondent avec un redoublement d'énergie, et les Bavarois se replient, laissant entre nos mains quatre pièces et trois caissons.

Des cris de joie frénétiques saluent le résultat de ce hardi coup de main qui inaugure une journée dans laquelle l'infanterie de marine acquerra les titres immortels d'une gloire trop chèrement payée !

III.

Le général est venu avec le bataillon. — Où est l'officier commandant ? dit-il. Un blessé se soulève sur un coude ; c'est le petit clairon qui, toujours sonnant, a suivi son officier et mené la charge avec lui, jusqu'au moment où un coup de feu dans l'épaule l'a jeté face contre terre. Il voudrait bien parler, le brave enfant, mais en se débattant dans un paroxysme de rage plus encore que de sa douleur, il a mordu le sol, et sa bouche est à la fois pleine de terre et de sang. De son clairon, qu'il n'a pas lâché, il montre le lieutenant de Sémainville, étendu à quelques pas de là, tout sanglant, sur l'affût d'un des canons, prix de sa victoire. Le général descend de cheval ; il prend amicalement la main de l'enfant, dans laquelle il dépose une médaille qu'il arrache de sa poitrine, et se dirige vers le lieutenant de Sémainville, que ses soldats entourent.

— Ces braves gens-là ont l'air de vous aimer beaucoup, lieutenant, dit le général, et ils ont raison. Ce serait dommage de vous séparer. Nous ferons en sorte que vous restiez à leur tête, capitaine de Sémainville.

Les soldats répondent à ces paroles et à la promesse

qu'elles contiennent par un joyeux hourra. Pierre, à la vue de son chef, a essayé de se soulever, mais il est retombé presque aussitôt : il a une balle dans le flanc et une autre dans la cuisse. — Allons, reprend le général, tâchons de réatteler ces pièces et de mettre ces blessés le plus doucement possible sur les caissons. — Bah ! dit un soldat, un lit d'obus pris sur l'ennemi, c'est un matelas moelleux pour des soldats français. On prendra les cacolets quand on les trouvera. Maintenant en route et lestement, car j'aperçois là-bas, du côté de la Moncellé, des points noirs auxquels il convient de faire attention.

En effet, si, dans ces jours néfastes, l'héroïsme de nos soldats eut ses heures de glorieux triomphe, il dut bientôt céder devant la force écrasante du nombre.

IV.

La journée s'avançait. De quel côté ferait-on la trouée ? Sur Mézières ou sur Carignan ? Au désespoir de nos généraux, le temps se consumait en vains conciliabules, l'ennemi nous entourait peu à peu de toutes parts, et la trouée allait être faite sur... Sedan.

Déjà toute l'artillerie du premier corps bavarois, appuyée par de nombreux bataillons et par la cavalerie saxonne, s'étendait de Dalgny à Bazeilles, fermant la route de Stenay. Notre infanterie de marine commençait, sur un terrain labouré par les obus, balayé depuis le jour par 400 pièces de canon, ce mouvement oblique qui devait se terminer par la défense héroïque de Bazeilles, au pied de cette petite église, sur les marches de laquelle tomba le vieux curé du village, au son des fanfares bavaroises de Von der Thann, qui, insultant à ce deuil et à cet héroïsme, jetaient à nos soldats mourants les refrains ironiques des *Pompiers de Nanterre* et de la *Marseillaise*.

Le bataillon qui ramène les pièces si brillamment conquises le matin se trouve maintenant en extrême arrière-garde. Il est traversé à chaque instant de bout en bout par des volées de mitraille. La plaine est jonchée de cadavres, de chevaux et d'hommes ; d'armes et d'arbres brisés.

On a dû abandonner les pièces allemandes après en avoir brisé les obturateurs. Il va falloir en faire autant des caissons sur lesquels les blessés, rompus par les cahots, se tordent dans d'inexprimables souffrances. Pendant qu'on dételle les chevaux, un obus tombe sur un caisson dont tous les projectiles percutants éclatent, envoyant en l'air, avec une épouvantable détonation, un horrible jet de fer, de flammes et de membres.

La position n'est plus tenable ; le pas gymnastique sonne, et les vainqueurs du matin sont contraints d'abandonner blessés et morts sur ce terrain arrosé de leur sang.

Quand on put faire l'appel, on ne compta que vingt hommes présents à la compagnie d'avant-garde. Le lieutenant de Sémainville et le petit clairon étaient sur la liste des morts !

D'après Edouard GRIMBLOT.

TROISIÈME PARTIE

NATURE ET INDUSTRIE

81. Spectacle général de l'univers.

Il est un Dieu : les herbes de la vallée et les cèdres de la montagne le bénissent, l'insecte bourdonne ses louanges, l'éléphant le salue au lever du jour, l'oiseau le chante dans le feuillage, la foudre fait éclater sa puissance, et l'Océan déclare son immensité.

Ceux qui ont admis la beauté de la nature comme preuve d'une intelligence supérieure, auraient dû faire remarquer une chose qui agrandit prodigieusement la sphère des merveilles : c'est que le mouvement et le repos, les ténèbres et la lumière, les saisons, la marche des astres, qui varient les décorations du monde, ne sont pourtant successifs qu'en apparence et sont permanents en réalité. La scène qui s'efface pour nous, se colore pour un autre peuple ; ce n'est pas le spectacle, c'est le spectateur qui change. Réunissez donc en un même moment, par la pensée, les plus beaux accidents de la nature ; supposez que vous voyez à la fois toutes les heures du jour et toutes les saisons, un matin de printemps et un matin d'automne, une nuit semée d'étoiles et une nuit couverte de nuages, des prairies émaillées de fleurs, des forêts dépouillées par les frimas, des champs dorés par les moissons, vous aurez alors une idée juste du spectacle de l'univers. Tandis que vous admirez ce soleil qui se plonge sous les voûtes de l'Occident, un autre observateur le regarde sortir des régions de l'aurore. Par quelle inconcevable magie ce vieil astre, qui s'endort fatigué et brûlant dans la pourpre du soir, est-il, en ce moment même, ce jeune astre qui s'éveille humide de rosée dans les voiles blanchissantes de l'aube ! A chaque moment de la journée, le soleil se lève, brille à son zénith et se couche sur le monde.

D'après CHATEAUBRIAND.

82. Le Soleil (1).

Le soleil ne manque jamais, depuis tant de siècles, à servir les hommes, qui ne peuvent se passer de lui. L'aurore, depuis des milliers d'années, n'a pas manqué une seule fois d'annoncer le jour. Elle le commence à point nommé, au moment et au lieu réglés. Le soleil, dit l'Ecriture, sait où il doit se coucher chaque jour. Par là il éclaire tour à tour les deux côtés du monde, et visite tous ceux auxquels il doit ses rayons. Le jour est le temps de la société et du travail ; la nuit, enveloppant de ses ombres la terre, finit tour à tour toutes les fatigues et adoucit toutes les peines ; elle suspend, elle calme tout ; elle répand le silence et le sommeil ; en délassant le corps, elle renouvelle les esprits. Bientôt le jour revient pour rappeler l'homme au travail et pour ranimer toute la nature.

Mais, outre ce cours si constant qui forme les jours et les nuits, le soleil nous en montre un autre, par lequel il s'approche pendant six mois d'un pôle, et au bout de six mois revient avec la même diligence sur ses pas pour visiter l'autre. Ce bel ordre fait qu'un seul soleil suffit à toute la terre. S'il était plus grand, dans la même distance, il embraserait tout le monde, la terre s'en irait en poudre ; si, dans la même distance, il était moins grand, la terre serait toute glacée et inhabitable ; si, dans la même grandeur, il était plus voisin de nous, il nous enflammerait ; si, dans la même grandeur, il était plus éloigné de nous, nous ne pourrions subsister dans le globe terrestre, faute de chaleur. Quel compas dont le tour embrasse le ciel et la terre, a pris des mesures si justes ?

(1) Le soleil est 1,400,000 fois plus gros que la terre ; il en est éloigné de plus de 153,000,000 de kilomètres ; sa lumière nous arrive en 8 minutes 18 secondes, environ, c'est-à-dire qu'elle parcourt 31,000 myriamètres par seconde, vitesse plus d'un million de fois plus grande que celle d'un boulet au sortir du canon. Le soleil exécute un mouvement de rotation sur lui-même en 25 jours.

Cet astre ne fait pas moins de bien à la partie dont il s'éloigne pour la tempérer, qu'à celle dont il s'approche pour la favoriser de ses rayons. Ses regards bienfaisants fertilisent tout ce qu'il voit. Ce changement fait celui des saisons, dont la variété est si agréable. Le printemps fait taire les vents glacés, montre les fleurs et promet les fruits. L'été donne les riches moissons. L'automne répand les fruits promis par le printemps, et l'hiver, qui est une espèce de nuit où l'homme se délasse, ne concentre tous les trésors de la terre qu'afin que le printemps suivant les déploie avec toutes les grâces de la nouveauté. Ainsi, la nature, diversement parée, donne tour à tour tant de beaux spectacles, qu'elle ne laisse jamais à l'homme le temps de se dégoûter de ce qu'il possède. FÉNELON.

83. La Terre.

Rien n'est, ce semble, plus vil qu'elle : les plus malheureux la foulent aux pieds. Mais c'est pourtant pour la posséder qu'on donne tous les plus grands trésors. Si elle était plus dure, l'homme ne pourrait en ouvrir le sein pour la cultiver ; si elle était moins dure, elle ne pourrait le porter : il enfoncerait partout, comme il enfonce dans le sable ou dans un bourbier. C'est du sein inépuisable de la terre que sort tout ce qu'il y a de plus précieux. Cette masse informe, vile et grossière, prend toutes les formes les plus diverses, et elle seule devient tour à tour tous les biens que nous lui demandons : cette boue si sale se transforme en mille beaux objets qui charment les yeux : en une seule année, elle devient branches, boutons, feuilles, fleurs, fruits et semences pour renouveler ses libéralités en faveur des hommes. Rien ne l'épuise. Plus l'on déchire ses entrailles, plus elle est libérale. Après tant de siècles, pendant lesquels tout est sorti d'elle, elle n'est point encore usée. Elle ne ressent aucune vieillesse : ses entrailles sont encore pleines des mêmes trésors. Mille générations ont passé dans son sein. Tout vieillit, excepté elle seule : elle rajeunit chaque année au printemps. Elle ne manque jamais aux hommes ; mais les hommes se manquent à eux-mêmes en négligeant de la cultiver. C'est par leur paresse et leurs désordres qu'ils laissent croître les ronces et les épines en la place des vendanges et des moissons.

La terre, si elle était bien cultivée, nourrirait cent fois plus d'hommes qu'elle n'en nourrit. L'inégalité même des terroirs, qui paraît d'abord un défaut, se tourne en ornement et en utilité. Les montagnes se sont élevées et les vallons sont descendus à la place que le Seigneur leur a marquée. Ces diverses terres, suivant les aspects du soleil, ont leurs avantages. Dans ces profondes vallées, on voit croître l'herbe fraîche, pour nourrir les troupeaux ; auprès d'elle s'ouvrent de vastes campagnes couvertes de riches moissons. Ici, des coteaux s'élèvent comme un amphithéâtre, et sont couronnés de vignobles et d'arbres fruitiers ; là, de hautes montagnes vont porter leur front glacé jusque dans les nues, et les torrents qui en tombent, sont les sources des rivières. Les rochers qui montrent leurs cimes escarpées, soutiennent la terre des montagnes, comme les os du corps humain en soutiennent les chairs. Cette variété fait le charme des paysages, et en même temps elle satisfait aux besoins des peuples.   FÉNELON.

84. La nature à l'aurore.

L'aurore nous découvre, pour ainsi dire, une nouvelle et superbe création. Elle met sous nos yeux la terre dans tout l'appareil de sa magnificence : les montagnes avec les grands bois qui les couronnent, les coteaux avec les vignes qui les tapissent, les campagnes avec les moissons qui les couvrent, les prairies avec les rivières qui les arrosent. Leur verdure n'eut jamais plus de fraîcheur ; les rayons du jour naissant brillent agréablement à travers les feuilles des rosiers sauvages ; ils dorent le plumage de l'alouette, qui, soutenue par les zéphyrs, fait retentir les airs de ses chants variés. Mille oiseaux sur le sommet des arbres, les bergers dans les vallons et toutes les autres créatures, à leur manière, célèbrent de concert les attraits de la nature, qui paraît s'éveiller d'un profond sommeil. Au bienfait de la renaissance du monde, l'aurore en ajoute un second qui n'est pas moins précieux : elle fait aussi revivre l'homme en le tirant du sommeil, et l'avertit du moment où il doit se mettre au travail, source pour lui du vrai bonheur. DESPRÉAUX.

85. L'eau.

Voyez-vous ces nuages qui volent comme sur les ailes des vents ? S'ils tombaient tout à coup par de grosses colonnes d'eau, rapides comme des torrents, ils submergeraient et détruiraient tout dans l'endroit de leur chute et le reste des terres demeurerait aride. Quelle main les tient dans ces réservoirs suspendus, et ne leur permet de tomber que goutte à goutte, comme si on les distillait par un arrosoir ? D'où vient qu'en certains pays chauds où il ne pleut presque jamais, les rosées de la nuit sont si abondantes qu'elles suppléent au défaut de la pluie, et qu'en d'autres pays, tels que les bords du Nil et du Gange, l'inondation régulière des fleuves, en certaines saisons, pourvoit à point nommé aux besoins des peuples pour arroser les terres ? Peut-on imaginer des mesures mieux prises pour rendre les pays fertiles ?

L'eau désaltère non seulement les hommes, mais encore les campagnes arides, et celui qui nous a donné ce corps fluide, l'a distribué avec soin sur la terre, comme les canaux d'un jardin. Les eaux tombent des hautes montagnes où leurs réservoirs sont placés ; elles s'assemblent en gros ruisseaux dans les vallées ; les rivières serpentent dans les vastes campagnes pour les mieux arroser ; elles vont enfin se précipiter dans la mer, pour en faire le centre du commerce de toutes les nations.

Cet océan, qui semble mis au milieu des terres pour en faire une éternelle séparation, est, au contraire, le rendez-vous de tous les peuples, qui ne pourraient aller par terre d'un bout du monde à l'autre qu'avec des fatigues, des longueurs et des dangers incroyables. C'est par ce chemin, sans traces, au travers des abîmes, que l'ancien monde donne la main au nouveau, et que le nouveau prête à l'ancien tant de commodités et de richesses. FÉNELON.

86. L'air.

Après avoir considéré les eaux, appliquons-nous à examiner d'autres masses encore plus étendues. Voyez-vous ce qu'on nomme l'air? C'est un corps si pur, si subtil et si transparent, que les rayons des astres, situés à une distance presque infinie de nous, le percent tout entier, sans peine et en un seul instant, pour venir éclairer nos yeux. Un peu moins de subtilité dans ce corps fluide nous aurait dérobé le jour, et ne nous aurait laissé tout au plus qu'une lumière sombre et confuse, comme quand l'air est plein de brouillards épais. Nous vivons plongés dans des abîmes d'air, comme les poissons dans des abîmes d'eau. De même que l'eau, si elle se subtilisait, deviendrait une espèce d'air, qui ferait mourir les poissons; l'air, de son côté, nous ôterait la respiration, s'il devenait plus épais et plus humide. Alors nous nous noierions dans les flots de cet air épaissi, comme un animal terrestre se noie dans la mer.

Qui est-ce qui a purifié, à un si juste point, cet air que nous respirons? S'il était plus épais, il nous suffoquerait, comme s'il était plus vif, il n'aurait pas cette douceur qui le rend agréable et inoffensif à nos organes les plus délicats. Nous éprouverions partout ce qu'on éprouve sur le sommet des montagnes les plus hautes, où la subtilité de l'air ne fournit rien d'assez humide et d'assez nourrissant pour les poumons.

Mais quelle puissance invisible excite et apaise si soudainement les tempêtes de ce grand corps fluide. Celles de la mer n'en sont que les effets. De quel trésor sont tirés les vents qui purifient l'air, qui attiédissent les saisons brûlantes, qui tempèrent la rigueur des hivers, et qui changent en un instant la face du ciel? Sur les ailes de ces vents volent les nuées d'un bout de l'horizon à l'autre.

FÉNELON.

87. Les montagnes du Valais.

Tantôt d'immenses rochers pendaient en ruines au-dessus de ma tête ; tantôt de hautes et bruyantes cascades m'inondaient de leurs épais brouillards ; tantôt un torrent éternel ouvrait à mes côtés un abîme dont les yeux n'osaient sonder la profondeur. Quelquefois je me perdais dans l'obscurité d'un bois touffu. Quelquefois, en sortant d'un gouffre, une agréable prairie réjouissait tout à coup mes regards. Un mélange étonnant de la nature sauvage et de la nature cultivée montrait partout la main des hommes, où l'on eût cru qu'ils n'avaient jamais pénétré : à côté d'une caverne, on trouvait des maisons ; on voyait des pampres secs où l'on n'eût cherché que des ronces ; des vignes, dans des terres éboulées ; d'excellents fruits, sur des rochers, et des champs dans des précipices.

Ce n'était pas seulement le travail des hommes qui rendait ces pays étranges si bizarrement contrastés : la nature semblait encore prendre plaisir à s'y mettre en opposition avec elle-même, tant on la trouvait différente en un même lieu, sous divers aspects ! Au levant, les fleurs du printemps ; au midi, les fruits de l'automne ; au nord, les glaces de l'hiver ; elle réunissait toutes les saisons dans le même instant, tous les climats dans le même lieu, des terrains contraires sur le même sol, et l'accord inconnu partout ailleurs des productions des plaines et de celles des Alpes.   J.-J. Rousseau.

88. L'Ouragan dans le désert.

I.

Figurez-vous des plages sablonneuses, labourées par les pluies de l'hiver, brûlées par les feux de l'été, d'un aspect rougeâtre et d'une nudité affreuse. Quelquefois seulement, des nopals épineux couvrent une partie de l'arène sans bornes ; le vent traverse ces forêts armées sans pouvoir courber leurs inflexibles rameaux ; çà et là des débris de vaisseaux pétrifiés étonnent les regards, et des monceaux de pierres élevés de loin en loin servent à marquer le chemin aux caravanes.

Nous marchâmes tout un jour dans cette plaine ; nous franchîmes une autre chaîne de montagnes, et nous découvrîmes une seconde plaine plus vaste et plus désolée que la première.

La nuit vint. La lune éclairait le désert vide : on n'apercevait, sur une solitude sans bornes, que l'ombre immobile de notre dromadaire et l'ombre errante de quelques troupeaux de gazelles. Le silence n'était interrompu que par le bruit des sangliers qui broyaient des racines flétries, ou par le chant du grillon qui demandait en vain, dans ce sable inculte, le foyer du laboureur.

II.

Nous reprîmes notre route avant le retour de la lumière. Le soleil se leva dépouillé de ses rayons et semblable à une meule de fer rougie. La chaleur augmentait à chaque instant. Vers la troisième heure du jour, le dromadaire commença à donner des signes d'inquiétude : il enfonçait ses naseaux dans le sable, et soufflait avec violence. Par intervalle, l'autruche poussait des sons lugubres ; les serpents et les caméléons se hâtaient de rentrer dans le sein de la terre. Je vis le guide regarder le ciel et pâlir ; je lui demandai la cause de son trouble.

« Je crains, dit-il, le vent du midi : sauvons-nous ! » Tournant le visage au nord, il se mit à fuir de toute la vitesse de son dromadaire. Je le suivis ; l'horrible vent qui nous menaçait, était plus léger que nous.

Soudain, de l'extrémité du désert accourt un tourbillon : le sol, emporté devant nous, manque à nos pas, tandis que d'autres colonnes de sable, enlevées derrière nous, roulent sur nos têtes. Egaré dans un labyrinthe de tertres mouvants et semblables entre eux, le guide déclare qu'il ne reconnaît plus sa route ; pour dernière calamité, dans la rapidité de notre course, nos outres remplies d'eau s'écoulent. Haletants, dévorés d'une soif ardente, retenant fortement notre haleine dans la crainte d'aspirer des flammes, la sueur ruisselle à grands flots de nos membres abattus. L'ouragan redouble de rage, il creuse jusqu'aux antiques fondements de la terre, et répand dans le ciel les entrailles brûlantes du désert. Enseveli dans une atmosphère de sable embrasé, le guide échappe à ma vue. Tout à coup j'entends son cri, je vole à sa voix : l'infortuné, foudroyé par le vent de feu, était tombé mort sur l'arène et son dromadaire avait disparu.

En vain j'essayai de ranimer mon malheureux compagnon ; mes efforts furent inutiles. Je m'assis à quelque distance, tenant mon cheval en main, et n'espérant plus que dans CELUI qui changea les feux de la fournaise d'Azarias en un vent frais et une douce rosée. Un acacia qui croissait dans ce lieu, me servit d'abri. Derrière ce frêle rempart, j'attendis la fin de la tempête. Vers le soir, le vent du nord reprit son cours ; l'air perdit sa chaleur cuisante, les sables tombèrent du ciel et me laissèrent voir les étoiles, inutiles flambeaux qui me montrèrent seulement l'immensité du désert.   CHATEAUBRIAND.

89. Un paysage au bord de la mer.

La grotte était sur le penchant de la colline ; de là on découvrait la mer quelquefois claire et unie comme une glace, quelquefois follement irritée contre les rochers, où elle se brisait en gémissant, et élevant ses vagues comme des montagnes. D'un autre côté, on voyait une rivière où se formaient des îles bordées de tilleuls fleuris, et de hauts peupliers qui portaient leurs têtes superbes jusque dans les nues. Les divers canaux qui formaient les îles, semblaient se jouer dans la campagne. Les uns roulaient leurs eaux claires avec rapidité ; d'autres avaient une eau paisible et dormante ; d'autres, par de longs détours, revenaient sur leurs pas, comme pour remonter vers leurs sources, et semblaient ne pouvoir quitter ces bords enchantés. On apercevait de loin des collines et des montagnes qui se perdaient dans les nues, et dont la figure bizarre formait un horizon à souhait pour le plaisir des yeux. Les montagnes voisines étaient couvertes de pampres verts qui pendaient en festons ; le raisin, plus éclatant que la pourpre, ne pouvait se cacher sous les feuilles, et la vigne était accablée sous son fruit. Le figuier, l'olivier, le grenadier, et tous les autres arbres couvraient la campagne et en faisaient un grand jardin. FÉNELON.

90. Une trombe en mer.

Nous étions à cent lieues environ de Saint-Domingue. Depuis que nous avions quitté les côtes de France, aucun événement n'avait marqué notre navigation. La brise qui se faisait à peine sentir le matin, et qui nous avait obligés de mettre toutes voiles dehors, commençait à fraîchir ; bientôt, et presque sans transition, le vent s'éleva, devint impétueux, et notre brick fendit les eaux avec une effrayante rapidité.

Quoique le vent se fût si subitement élevé, le temps était beau, la voûte du ciel était d'un bleu d'azur ; au couchant, l'horizon, enflammé alors par le soleil, qui descendait majestueusement dans la mer, avait l'aspect d'un vaste incendie ; la surface des eaux, resplendissante de lumière, ressemblait à un lac sans bornes de matières en fusion ; et si, par hasard, quelque oiseau de mer venait à passer dans cette partie du ciel, nos yeux qui le suivaient à peine, nous le montraient comme ces flammèches noires de papier brûlé que leur légèreté élève au-dessus des flammes. L'Océan, éclairé par les rayons du soir, ressemblait à un immense tapis de bronze que labourait rudement le navire ; nous gouvernions droit sur le soleil. Un spectateur, placé à distance, eût pu croire sans doute que nous allions être réduits en cendres en atteignant ce foyer enflammé, comme le moucheron qui voltige vers la bougie, et vient y brûler ses ailes ; ce qui complétait cette scène merveilleuse et magique, c'est que l'ombre allongée du navire avec ses agrès, que la mobilité des flots variait et modifiait de la manière la plus fantastique, représentait notre brick comme le géant de la navigation. Tout à coup de grosses lames blanches, tourbillonnantes, écumeuses, et que les rayons enflammés du soleil rendaient éblouissantes, vinrent frapper la proue de notre brick, qui nageait alors au milieu de flots d'écume.

Cependant le bouillonnement de l'eau, s'étendant d'une manière circulaire, avait atteint déjà cent toises de diamètre environ ; on eût dit, à voir ce roulement des ondes, que la mer était agitée par quelque convulsion intérieure. Bientôt l'eau s'éleva comme une petite colline, et marcha devant nous, se gonflant à mesure qu'elle avançait, avec un bruit, un mugissement dont je ne pouvais deviner la cause, mais qui n'avait rien de bien effrayant. Peu à peu, et du milieu de cette montagne liquide, je vis naître, surgir, s'élever une colonne qui monta en tourbillonnant, sifflant, s'allongeant toujours et touchant presque de sa tête aux nuages. C'était alors un spectacle admirable et sublime que ce pilier de cristal entre la terre et le ciel ; les reflets du soleil l'avaient coloré de leurs mille nuances, et les couleurs de l'arc-en-ciel, qui s'y réunissaient, comme dans un prisme, éclairaient le cône d'une lumière vive, pourprée, chatoyante, tandis que l'ombre refoulée vers sa base la faisait paraître sur un socle d'airain supporté par des flocons de neige.

« Une trombe ! une trombe ! » s'écrièrent en même temps officiers et matelots.

A ces mots, j'éprouvai un moment de terreur involontaire : c'était la première fois que je voyais ce phénomène qui, dans des descriptions mensongères, ou tout au moins exagérées que j'en avais lues, m'avait été dépeint comme très dangereux. Je m'étais fait de cet accident de la mer une idée des plus terribles : il me semblait que nous dussions bientôt être engloutis sous cette masse d'eau ; mais l'expression calme des visages me rassura. Cependant le silence de l'admiration, et non celui de la terreur, régnait parmi les matelots, et toutes les précautions se bornaient à manœuvrer pour éviter la rencontre de la trombe.

Après avoir admiré pendant quelques instants cette scène vraiment magique, le capitaine cria : « Mettez au sabord, et chargez la caronade de l'avant ! » Et quand cet ordre eut été exécuté : « Lofe, timonier, lofe un peu... « bien... gouverne comme cela. Attention devant !... feu ! »

Le coup partit, retentit au-dessus de l'abîme, et le boulet coupant la colonne par sa base, elle trembla, chancela un instant, puis tomba tout à coup semblable à une immense avalanche.

Quelques secondes après, l'Océan ne laissait plus aucune trace de ce phénomène extraordinaire.

P. HENNEQUIN.

91. Eruption du Vésuve.

Le feu du torrent est d'une couleur funèbre, néanmoins quand il brûle les vignes ou les arbres, on en voit sortir une flamme claire et brillante ; mais la lave même est sombre, telle qu'on se représente un fleuve de l'enfer ; elle roule lentement, comme un sable noir de jour et rouge de nuit. On entend, quand elle approche, un petit bruit d'étincelles, qui fait d'autant plus de peur, qu'il est léger, et que la ruse semble se joindre à la force : le tigre royal arrive lentement, secrètement, à pas comptés. Cette lave avance, avance, sans jamais se hâter et sans perdre un instant ; si elle rencontre un mur élevé, un édifice quelconque qui s'oppose à son passage, elle s'arrête, elle amoncelle devant l'obstacle ses torrents noirs et bitumeux, et l'ensevelit enfin sous ses vagues brûlantes. Sa marche n'est pas assez rapide pour que les hommes ne puissent pas fuir devant elle ; mais elle atteint, comme le temps, les imprudents et les vieillards qui, la voyant venir lourdement et silencieusement, s'imaginent qu'il est aisé de lui échapper. Son éclat est si ardent que, pour la première fois, la terre se réfléchit dans le ciel et lui donne l'apparence d'un éclair continuel ; ce ciel, à son tour, se reflète dans la mer, et la nature est embrasée par cette triple image de feu.

Le vent se fait entendre et se fait voir par des tourbillons de flammes dans les gouffres d'où sort la lave. On a peur de ce qui se passe au sein de la terre, et l'on sent que d'étranges fureurs la font trembler sous nos pas. Les rochers qui entourent la source de la lave sont couverts de soufre, de bitume, dont les couleurs ont quelque chose d'infernal. Un vert livide, un jaune brun, un rouge sombre forment comme une dissonance pour les yeux et tourmentent la vue.

Mme DE STAEL.

92. Utilité des minéraux.

Les substances minérales que l'homme sait extraire du sein de la terre, où elles sont renfermées, ont toutes leur utilité dans les arts et l'industrie, pour les divers besoins de la vie. Ainsi, les pierres communes servent à construire nos habitations, les édifices publics, les ports, les digues, etc. ; les marbres sont employés pour la décoration des grands monuments ; les pierres précieuses, remarquables par leur éclat, leur transparence et leurs belles couleurs, sont recherchées pour l'ornementation des meubles de luxe. D'autres sont utilisées pour d'autres besoins ou d'autres agréments, pour la couverture des maisons ; la pierre lithographique, pour le dessin ; le grès, pour le pavage des rues.

Parmi les métaux, les uns, tels que l'or et l'argent, servent à la fabrication des monnaies, des bijoux et des nombreux objets d'orfèvrerie ; les autres, comme le cuivre, le plomb, l'étain, le zinc, sont employés à divers usages : le cuivre sert à faire des vases et des ustensiles de cuisine, des plaques destinées à la gravure ; le plomb s'emploie pour revêtir les bassins, les terrasses et pour faire des tuyaux de conduite ; l'étain sert à l'étamage et le zinc aux toitures. L'étain allié au cuivre fournit le bronze dont on fait les cloches et les canons.

Le fer est le plus utile de tous les métaux ; à l'état de fonte, de fer forgé et d'acier, il sert à faire une foule d'objets : des instruments aratoires, des rails de chemin de fer, des charpentes de maison, des balcons de fenêtre, des ressorts de voiture, des instruments de chirurgie, des couteaux et des outils de toutes espèces. C'est aussi le fer qui donne les fils électriques destinés à préserver les édifices de la foudre et à transmettre d'un bout du monde à l'autre, la pensée de l'homme, avec la rapidité de l'éclair.

Les combustibles ont aussi une grande utilité : la houille, par exemple, n'alimente pas seulement le foyer domestique, les usines et les machines à vapeur ; mais elle fournit encore le gaz pour l'éclairage.

Il y a aussi, parmi les produits minéraux, les sables et les terres qui servent à la fabrication de la poterie, de la faïence et de la porcelaine.

Mais ce qui est encore le plus précieux parmi ces dons de la Providence, c'est le mélange, le transport et la distribution, sur les points habitables du globe, des éléments divers dont se compose la terre végétale, source de toutes les productions et de toutes les richesses agricoles.

98. Le sel.

La nature nous donne sous deux formes le sel dont on se sert pour assaisonner les aliments (1) : l'une en dissolution dans les eaux de la mer, l'autre solide. On nomme celui-ci *sel gemme*. Il se trouve dans le sein de la terre en couches plus ou moins épaisses, plus ou moins étendues. Il existe à Dieuze, en Lorraine, département de la Meurthe, une mine de sel dont la couche a plusieurs kilomètres d'étendue. La mine de Wielitzka, en Pologne, est la plus célèbre. On y descend par six puits, qui ont de 4 à 5 mètres de largeur et 65 de profondeur. Le banc de sel a 313 mètres d'épaisseur; on y a pratiqué des travaux qui surprennent : une écurie, des habitations, une chapelle, dont tous les ornements sont en sel. Deux mille ouvriers exploitent cette mine, et en retirent cent vingt mille

---

(1) On estime qu'il en faut 20 à 30 grammes par jour à un homme.

quintaux de sel par an. Les mines de Norwicht, en Angleterre, fournissent plus encore ; par un seul puits, il sort annuellement quatre millions de kilogrammes de sel.

Des sources salées existent dans un grand nombre de lieux. En France, les plus célèbres sont à Salins et à Montmorot, dans le département du Jura ; à Rosière, Moyenvic, Château-Salins, dans le département de la Meurthe ; à Salies, dans celui des Basses-Pyrénées.

Au moyen de pompes, on élève l'eau salée au sommet d'un bâtiment appelé le *bâtiment de graduation*. De cette hauteur, on laisse tomber l'eau salée en pluie sur des branchages qui en retardent la chute. Un courant d'air fait évaporer une grande partie de l'eau ; celle qui reste, est dix-huit fois plus chargée de sel, quand elle est arrivée au bas. On la porte alors dans des chaudières, où le feu achève de la vaporiser. Le sel reste en cristaux dans ces chaudières.

Le sel se retire aussi de l'eau de la mer par l'évaporation. Les marais salants de la Normandie, de la Bretagne et de la Méditerranée sont des bassins qui se remplissent d'eau salée à la haute mer ou par la différence de niveau. D'un premier bassin, elle passe dans un second, lorsque la chaleur et le vent l'ont en partie évaporée, de là dans un troisième et le sel se cristallise bientôt. On l'enlève et on le laisse sécher en tas. Le sel est blanc naturellement. Le sel gris est sali par les matières terreuses qui y sont mêlées. Le sel sert d'assaisonnement, il est d'un grand secours pour la conservation des viandes et des poissons ; on l'emploie aussi à l'amendement des terres, à la fabrication du verre, à la teinture, etc.

94. L'électricité.

Les *éclairs* sont produits par un fluide particulier que l'on nomme *électricité* et qui se développe dans l'air, particulièrement quand il fait chaud. Ce fluide, qui manifeste sa présence par une lumière si vive, est aussi la cause du *tonnerre*. C'est lui qui se précipite si souvent sur la terre, et qui tombe de préférence sur les édifices pointus et sur les arbres ; c'est la matière de la foudre.

L'*électricité* existe dans tous les corps ; il y en a qu'il suffit de chauffer ou de frotter pour que le fluide électrique devienne sensible à l'œil, soit par des étincelles, soit en attirant les corps légers. On sait qu'il suffit de frotter le dos d'un chat, la nuit, à rebrousse-poil, quand il fait bien froid, pour que l'on aperçoive des étincelles. Si l'on frotte de la cire à cacheter sur du drap et qu'on l'approche de quelques corps légers, elle les attire et les retient attachés à sa surface : hé bien, les petites étincelles du chat, les faibles attractions de la cire, les éclairs et la foudre, dépendent de ce même fluide électrique.

Franklin, un des plus savants physiciens de son temps, ayant remarqué que les corps pointus soutiraient l'électricité de nos machines avec une telle force qu'ils en atténuaient les effets presque subitement, imagina de soutirer la foudre par le même moyen, de diminuer par là le danger de l'orage pour tous, et de garantir les édifices qui seraient porteurs de ces pointes de fer que l'on nomme *paratonnerres*.

Les métaux sont les meilleurs conducteurs de l'électricité, et la foudre tombe plus souvent sur les pointes de fer ou de tout autre métal ; elle les suit de préférence aux autres corps, tandis que le verre, la soie, la cire et quelques autres substances se refusent à son passage. Rappelez-vous surtout qu'il est excessivement dangereux de se mettre à l'abri sous les arbres, et de sonner les cloches quand le tonnerre est près de nous ; car les arbres sont autant de pointes dans l'espace, et le plus léger ébranlement dans l'air peut déterminer la foudre à se précipiter plutôt sur tel point que sur tel autre. Enfin, l'orage est d'autant plus proche, que le tonnerre suit de plus près l'éclair qui le précède toujours ; car vous savez que la lumière marche bien plus vite que le son.

BRARD.

95. Le Paratonnerre.

Le paratonnerre est une tige métallique terminée en pointe, placée au sommet d'un édifice et communiquant avec le sol par une chaîne aussi métallique appelée *conducteur*. Quelquefois, pour prévenir la rouille de la pointe du paratonnerre, on la dore, ou l'on y met un morceau de platine.

Si la foudre vient à frapper l'appareil ainsi fait, elle suit la tige, puis la chaîne et va se perdre dans le sol.

Il peut arriver même que le paratonnerre prévienne la chute de la foudre, en neutralisant peu à peu, et sans qu'il y ait explosion, l'électricité accumulée dans une nuée.

Le paratonnerre agit sur un espace circulaire égal au double de sa hauteur.

La bonté d'un paratonnerre dépend de son conducteur du fluide électrique. Un paratonnerre muni d'un mauvais conducteur, loin de protéger l'édifice, ne servirait qu'à augmenter le danger d'être frappé de la foudre.

C'est à Franklin que l'on doit l'invention du paratonnerre. Il avait remarqué que la foudre se dirige préférablement vers le sommet des arbres et les parties supérieures des édifices, qu'elle se porte plutôt sur les métaux que sur les autres corps ; que, lorsqu'elle s'est introduite dans le métal, c'est au moment de sa sortie qu'elle cause ses ravages, et que les pointes ont la propriété de soutirer peu à peu, et à distance, le fluide électrique accumulé dans les nuages, où il produit les éclairs et les tonnerres. Ces observations lui donnèrent l'idée de chercher à diriger la marche de la foudre et à en préserver les édifices. Il y réussit au moyen du paratonnerre.

96. Utilité des végétaux.

Les arbres, les arbrisseaux et les plantes sont la parure et le vêtement de la terre. Rien n'est si triste que l'aspect d'une campagne nûe, qui n'étale aux yeux que des pierres et du sable ; mais, vivifiée par la nature et revêtue de sa robe de fête, au milieu du cours des eaux et du chant des oiseaux, la terre offre à l'homme un spectacle plein de vie, d'intérêt et de charmes, le seul spectacle au monde dont ses yeux et son cœur ne se lassent jamais.

Les végétaux fournissent à nos besoins, comme à ceux des animaux. Nous leur devons nos vêtements, nos habitations, notre nourriture et les remèdes qui nous soulagent dans nos maux. Ils croissent avec nous, au milieu de nous et pour nous ; leur présence éveille toutes nos sensations et leurs produits multiplient nos jouissances. De tous côtés, ils nous présentent des tableaux magnifiques, pleins de vie et de fraîcheur, qui réjouissent notre vue et portent notre âme à une douce contemplation. Leurs émanations odorantes, leur ombrage, leurs lits de verdure flattent agréablement nos sens, nous récréent et nous invitent au repos.   JÉHAN.

97. Utilité des racines des plantes.

Les plantes puisent dans le sol, par leurs racines, les sucs qu'il renferme ; et, chose remarquable, ces sucs, de nature si variée, ne sont pas tous absorbés indifféremment par les racines ; elles semblent choisir, à l'exclusion de tous les autres, ceux qui doivent nourrir le végétal : elles suivent avec une sorte d'instinct les veines du terrain propres à les leur fournir. Aussi, dans un sol composé d'éléments si divers, où l'eau tient en dissolution tant de substances différentes, chaque plante puise sa nourriture propre.

Pour arriver aux parties du sol qui doivent fournir à la plante les principes dont elle a besoin, les racines rencontrent quelquefois des obstacles qu'elles parviennent à vaincre. Elles s'allongent pour traverser des couches où elles ne trouvent aucun aliment, et arriver aux parties du sol plus riches ; elles se courbent, se divisent, contournent les barrières qui leur sont opposées, et les percent, au besoin, par un travail lent, mais puissant.

98. Utilité des feuilles des plantes.

Les feuilles ne sont point, pour l'arbre ou la plante, seulement un ornement, une élégante parure ; elles jouent un rôle important dans son existence et son développement. Ce n'est point, en effet, par ses racines seules que le végétal se nourrit. Si l'on met une graine dans un pot avec de la terre, on trouve, lorsque le développement est complet, que le pot, la terre et la plante pèsent beaucoup plus qu'auparavant. Il faut donc que la plante ait pris des aliments ailleurs que dans la terre où plongeaient ses racines ; c'est dans l'air lui-même qu'elle les a trouvés, et c'est par ses feuilles qu'elle les y a pris. La feuille joue à peu près dans la plante le rôle du poumon chez l'homme et les animaux ; elle est l'organe de la respiration qui s'accomplit dans le tissu cellulaire de la plante. L'air y pénètre par une multitude de petites ouvertures qu'on appelle *stomates*.

Dans les herbes, les deux faces de la feuille paraissent également propres à jouer le rôle dont nous parlons ; mais, dans les arbustes et dans les arbres, les stomates se trouvent à peu près exclusivement à la face tournée vers la terre ; dans les feuilles qui nagent sur l'eau, c'est, au contraire, à la face supérieure ; dans les feuilles entièrement submergées, il n'y a plus de stomates.

La respiration des animaux absorbe l'oxygène de l'air et y introduit un gaz malsain à respirer, l'acide carbonique. Celle des végétaux produit l'effet contraire, au moins sous l'influence de la lumière ; elle absorbe l'acide carbonique, qui devient un aliment pour les plantes, et rend à l'air l'oxygène qu'il avait perdu. Mais, dans l'obscurité, les plantes ne respirent plus, et même elles laissent rentrer dans l'air le gaz malsain qu'elles avaient absorbé.

On comprend dès lors que, dans une chambre à coucher, des plantes et surtout des fleurs corrompent l'air, comme le feraient des animaux qui y seraient internés, et le rendent promptement irrespirable.

99. Reproduction des végétaux.

Tout se fait à propos dans les animaux ; mais tout se fait peut-être encore plus à propos dans les plantes. Leurs fleurs tendres et délicates, et, durant l'hiver, enveloppées comme dans un petit coton, se déploient dans la saison la plus bénigne ; les feuilles les environnent comme pour les garder ; elles se tournent en fruits dans leur saison, et ces fruits servent d'enveloppes aux grains d'où doivent sortir de nouvelles plantes. Chaque arbre porte des semences propres à engendrer son semblable, en sorte que d'un orme, il vient toujours un orme, et d'un chêne toujours un chêne. La nature agit en cela comme sûre de son effet. Ces semences, tant qu'elles sont vertes et crues, demeurent attachées à l'arbre pour prendre leur maturité ; elles se détachent d'elles-mêmes, quand elles sont mûres ; elles tombent au pied de leurs arbres, et les feuilles tombent dessus. Les pluies viennent, les feuilles pourrissent et se mêlent avec la terre, qui, ramollie par les eaux, ouvre son sein aux semences que la chaleur du soleil, jointe à l'humidité, fera germer en son temps. Certains arbres, comme les ormeaux et une infinité d'autres, renferment leurs semences dans des matières légères que le vent emporte ; la race s'étend bien loin par ce moyen et peuple les montagnes voisines.   Bossuet.

100. La Pomme de terre.

La pomme de terre est un tubercule ou un rameau souterrain. Elle est originaire de l'Amérique du Sud. Sa première apparition en Europe date de 1565 ; mais c'est seulement dans le siècle suivant qu'on l'introduisit en France. Le premier plat de pommes de terre fut servi à la table de Louis XIII en 1616. Longtemps le précieux tubercule resta en France un simple objet de curiosité, dont l'agriculture ne voulait point, parce qu'on avait le préjugé que cette plante engendrait la lèpre.

Parmentier, célèbre agronome et habile pharmacien, né à Montdidier (Somme), en 1737, triompha de cette prévention et vulgarisa la culture de la pomme de terre. Il en avait apprécié les avantages pendant sa captivité en Allemagne, où il avait été fait prisonnier pendant la guerre de sept ans (1757).

De retour en France, Parmentier disait et répétait sans cesse que la pomme de terre est du pain tout fait, qui ne demande ni meunier, ni boulanger. Il fit part à Louis XVI de l'utilité qu'on pourrait retirer de cette plante. Le roi accueillit favorablement ses idées et les encouragea avec ardeur. Mais le tubercule royalement patronné n'en était pas moins dédaigné, jeté au fumier ou abandonné à la pourriture. Il fallait convaincre les cultivateurs. C'est ce que comprit Parmentier qui, sans perdre de temps, se mit à l'œuvre.

Il prit à ferme un vaste terrain dans les environs de Paris et y fit planter des pommes de terre. La récolte de la première année se vendit à vil prix ; quant à celle de la seconde, personne n'en voulait, même pour rien. Parmentier ne se découragea pas ; il fit planter de nouveau un grand champ de pommes de terre et quand le temps de la maturité fut venu, il s'avisa de faire publier à son de trompe, dans tous les villages voisins, la défense de toucher à la récolte, menaçant les délinquants de toutes les sévérités des lois. Il alla plus loin ; pendant le jour, il faisait garder soigneusement son champ ; mais, la nuit, les gardes avaient ordre de rester chez eux. L'attrait du fruit défendu fit ce que n'avaient pu obtenir les conseils, les écrits et les exemples. On se dit : « Ce fruit doit être bien « bon et bien précieux, puisqu'on le garde avec tant de « soin. Profitons de la nuit pour essayer d'en avoir. » Et voilà que la maraude commence la nuit, bientôt c'est un véritable pillage. En peu de temps, toutes les pommes de terre sont enlevées. Parmentier, le volé, pleurait de joie d'avoir ainsi doté son pays d'une plante alimentaire si précieuse.

101. Le chocolat.

Le chocolat est une préparation alimentaire fabriquée avec du sucre et du *cacao*. On appelle cacao la graine d'un arbre d'Amérique, le cacaoyer, qui croît abondamment aux Antilles, dans la Guyane, au Brésil, au Mexique et dans l'ancienne Colombie. Après avoir décortiqué, torréfié et moulu cette graine, on y ajoute une quantité de sucre égale à son poids, et on opère le mélange des deux substances en les mettant dans une auge circulaire dont le fond est formé par une dalle bien lisse et chauffée à une température d'environ 30°. Sur cette dalle roulent et pèsent des cylindres de fer ou de granit, mus à la main, dans les petites fabriques, et, par des machines, dans les autres.

Grâce à une huile connue sous le nom de *beurre de cacao*, et que le grain lui-même renferme et laisse couler pendant l'opération, ce mélange ne tarde pas à former une pâte à laquelle on mêle de la cannelle, de la vanille ou d'autres aromates. La pâte une fois faite, on la fait passer entre des cylindres horizontaux tournant sur leur axe, qui en complètent la trituration. Cette seconde opération s'appelle *raffinage*. On verse alors la pâte dans des vases, où elle prend la forme de cubes allongés ; puis un ouvrier nommé *dresseur*, coupe ces pains en tablettes, qui sont enveloppées et livrées au commerce sous le nom de *chocolat*.

On fabrique les qualités secondaires en ajoutant au mélange une certaine quantité de farine ou de fécule.

Les Espagnols sont les premiers Européens qui aient connu le chocolat ; ils en firent longtemps usage sans le communiquer aux autres nations. Ils avaient appris des Mexicains à le préparer. Le cardinal de Lyon, Alphonse de Richelieu, passe pour l'avoir introduit en France, où il ne devint à la mode qu'à la fin du dix-septième siècle.

102. Le Coton.

Le coton est le produit d'une herbe qui devient un arbuste dans les pays très chauds, et qui n'atteint jamais la même hauteur ni la même consistance dans les pays tempérés ; là c'est le cotonnier en arbre et ici le cotonnier en herbe ; mais c'est toujours le même végétal.

Le *cotonnier* ressemble à une grande mauve ; il a beaucoup de branches ; ses feuilles sont découpées comme celles de la vigne, et ses fleurs, à peu près grandes comme celles d'un lis, blanches, rougeâtres ou jaunes, suivant l'espèce, donnent naissance à une sorte de coques, qui s'ouvrent quand elles sont mûres et qui renferment les graines et le coton du commerce. Ce précieux duvet forme de petites houppes qui se développent avec la maturité ; chaque plante en fournit plusieurs onces.

On sème les graines de cotonnier comme les haricots ; la plante vit trois ans dans les pays très chauds, et c'est la seconde année qui donne la plus belle récolte. On ramasse le coton à mesure qu'il sort des coques ; on l'épluche une première fois et on le verse dans le commerce en balles de plusieurs quintaux, qui nous arrivent du Levant et surtout des îles d'Amérique ; ce dernier est le plus estimé, à cause de sa finesse et de sa netteté.

Les Chinois connaissent le coton de temps immémorial ; ils en font des étoffes et du papier. Quant à nous, avant la découverte de l'Amérique, nous le tirions de Perse, d'Egypte, de Syrie et de quelques îles de l'Archipel grec, d'où il est probable que l'on en transporta les graines dans nos colonies.

On a essayé, et l'on a même réussi à cultiver le cotonnier à Toulon et à Aix ; mais on n'a pas donné suite à cette culture, qui se fait en petit dans le royaume de Naples et à Valence en Espagne.

Il y a plusieurs espèces de cotonniers ; mais la plus remarquable est celle qui produit le coton dont la couleur jaune permet de fabriquer le *nankin* naturel et sans teinture.

103. Le Café.

Cette boisson n'est connue en France que depuis la dernière moitié du XVIIe siècle ; elle se prépare avec le produit d'un petit arbrisseau appelé *caféier*, originaire de l'Arabie, et que l'on cultive dans toutes les contrées chaudes de l'Asie, de l'Afrique et de l'Amérique. Les fleurs sont d'une odeur agréable ; son fruit, qui ressemble assez à de petites cerises rouges, renferme deux graines auxquelles on a donné le nom de *café*.

Voici comment on prépare le café. On le torréfie d'abord, c'est-à-dire qu'on le *grille*, soit dans une poêle, soit dans un cylindre creux que l'on tourne pendant quelque temps à l'aide d'une manivelle, au-dessus d'un feu tempéré. Ensuite on le pulvérise au moyen d'un *moulin à café*, puis on fait infuser dans l'eau bouillante ou tiède la poudre ainsi obtenue. Cette infusion, adoucie par l'addition d'un peu de sucre, est une liqueur saine, parfumée, qui excite l'estomac, relève les forces physiques, aiguise l'esprit, chasse le sommeil, etc. L'usage s'en répand de plus en plus. La France seule en consomme annuellement plus de 20 millions de kilog. Le café le plus estimé est le café *Moka*, que l'on tire des environs de la ville de ce nom, en Arabie. On le reconnaît à sa forme plus arrondie et à son odeur forte et aromatique. Vient ensuite celui de l'île Bourbon, en Afrique, dont le grain est gros, blanchâtre et allongé.

Le café-chicorée, dont on fait un si grand usage aujourd'hui, au point que la France seule en débite plus de 30 millions de kilog. par an, n'a pas les propriétés du véritable café ; ce n'est que la racine de chicorée sauvage torréfiée, pulvérisée et infusée dans de l'eau. Il est quelquefois avantageux de mêler le café-chicorée avec l'autre, afin de tempérer l'excitation trop grande que ce dernier produit lorsqu'il est pur.

104. L'arbre à pain et l'arbre à lait.

Dans les régions arides de l'Océanie, où ne viennent ni le blé ni aucune herbe, la Providence a fait croître des arbres qui fournissent aux habitants de ces pays la nourriture nécessaire à leur subsistance.

L'arbre à pain croît à Taïti, une des îles de l'Océanie. Son tronc est de la grosseur du corps d'un homme ; il atteint une hauteur de 15 à 16 mètres. Son écorce est luisante et son bois jaunâtre, tendre et léger. Ses feuilles, de forme ovale, sont grandes. Ses fruits ont la grosseur de la tête d'un homme ; cuits au four, ils ont la saveur du pain de froment et de la pomme de terre, et sont très nourrissants. Trois de ces arbres fournissent assez de fruits pour la nourriture d'un homme pendant une année.

L'arbre à lait vient dans les régions de l'Amérique méridionale. Il a l'aspect d'un de nos pommiers. Il se développe au milieu des rochers, alors même que, pendant six mois de l'année, pas une goutte de pluie n'humecte son feuillage et que ses branches paraissent mortes.

Malgré cela, si l'on fait une incision au tronc, il en découle en abondance un suc laiteux, doux et nourrissant. C'est au lever du soleil que cette source végétale donne le plus de lait. Aussi, c'est alors que, de toutes parts, les nègres et les indigènes accourent en recueillir. Ils remplissent de grandes jattes de ce précieux liquide, qu'ils mangent avec des gâteaux de maïs ou du pain de cassave.

105. Origine de quelques plantes.

Le verger de Charlemagne à Paris passait pour unique, parce qu'on y voyait des pommiers, des poiriers, des noisetiers, des sorbiers et des châtaigniers. La pomme de terre, qui nourrit aujourd'hui une si grande partie de la population, ne nous est venue du Pérou qu'à la fin du seizième siècle. Saint Louis nous a apporté la renoncule inodore des plaines de la Syrie. Des ambassadeurs employèrent leur autorité à procurer à la France la renoncule des jardins. C'est à la croisade du trouvère Thibault, comte de Champagne et de Brie, que Provins doit ses jardins de roses. Constantinople nous a fourni le marronnier d'Inde, au commencement du dix-septième siècle. Nous avons longtemps envié à la Turquie la tulipe, dont nous possédons maintenant neuf cents espèces plus belles que celles des autres pays. L'orme était à peine connu en France avant François Ier et l'artichaut avant le seizième siècle. Le mûrier n'a été planté dans nos climats qu'au milieu du quatorzième siècle. Fontainebleau est redevable de ses chasselas délicieux à l'île de Chypre. Nous sommes allés chercher le saule pleureur aux environs de Babylone, l'acacia dans la Virginie, le frêne noir et le thuya au Canada, la belle-de-nuit au Mexique, l'héliotrope aux Cordillères, le réséda en Egypte, le millet altier en Guinée, le ricin et le micocoulier en Afrique, le topinambour au Brésil, la gourde en Amérique, le tabac au Mexique, l'angélique aux montagnes de la Laponie, la balsamine dans l'Inde, la tubéreuse dans l'île de Ceylan, l'épine-vinette et le chou-fleur dans l'Orient, la rhubarbe en Tartarie, le blé sarrasin en Grèce, le lin de la Nouvelle-Zélande, dans les terres australes. DEPPING.

106. Utilité des animaux.

Certains animaux sont faits pour l'homme. Le chien est né pour le caresser, pour se dresser comme il lui plaît, pour lui donner une image agréable de société, de fidélité et de tendresse, pour garder tout ce qu'on lui confie, pour prendre à la course d'autres bêtes, et pour les laisser ensuite à l'homme, sans rien en retenir. Le cheval et les autres animaux semblables se trouvent sous la main de l'homme, pour le soulager dans son travail et pour se charger de mille fardeaux. Ils sont nés pour porter, pour marcher, pour soulager l'homme dans sa faiblesse et pour obéir à tous ses mouvements. Les bœufs ont la force et la patience en partage, pour traîner la charrue et pour labourer. La vache donne des ruisseaux de lait. Les moutons ont dans leur toison un superflu qui n'est pas pour eux, et qui se renouvelle pour inviter l'homme à les tondre toutes les années. Les chèvres mêmes fournissent un crin long qui leur est inutile et dont l'homme fait des étoffes pour se couvrir. Les peaux des animaux fournissent à l'homme les plus belles fourrures dans les pays les plus éloignés du soleil. Ainsi, l'auteur de la nature a vêtu ces bêtes selon leurs besoins, et leurs dépouilles servent ensuite d'habits aux hommes, pour les réchauffer dans ces climats glacés.

Des animaux qui n'ont presque point de poil, ont une peau très épaisse et très dure comme des écailles ; d'autres ont des écailles qui se recouvrent les unes les autres comme les tuiles d'un toit, et qui s'entr'ouvrent et se resserrent, suivant qu'il convient à l'animal de se dilater ou de se resserrer. Ces peaux et ces écailles servent d'armes au besoin.
FÉNELON.

107. Variété et convenance dans l'organisation des animaux.

Il y a des espèces innombrables d'animaux. Les uns n'ont que deux pieds, d'autres en ont quatre, d'autres en ont un très grand nombre. Les uns marchent, les autres rampent, d'autres volent, d'autres nagent ; d'autres volent, marchent et nagent tout ensemble.

Les ailes des oiseaux et les nageoires des poissons sont comme des rames qui fendent la vague de l'air ou de l'eau et qui conduisent le corps flottant de l'oiseau ou du poisson, dont la structure est semblable à celle d'un navire. Mais les ailes des oiseaux ont des plumes avec un duvet qui s'enfle à l'air, et qui s'appesantirait dans les eaux ; au contraire, les nageoires des poissons ont des pointes dures et sèches qui fendent l'eau sans en être imbibées, et qui ne s'appesantissent point quand on les mouille.

Certains oiseaux qui nagent, comme les cygnes, élèvent en haut leurs ailes et tout leur plumage de peur de le mouiller, et afin qu'il leur serve de voile. Ils ont l'art de tourner ce plumage du côté du vent et d'aller, comme les vaisseaux, à la bouline, quand le vent ne leur est pas favorable. Les oiseaux aquatiques, tels que les canards, ont aux pattes de grandes peaux qui s'étendent et qui font des raquettes à leurs pieds, pour les empêcher d'enfoncer dans les bords marécageux des rivières.

Les bêtes féroces, telles que les lions, sont celles qui ont les muscles les plus gros aux épaules, aux cuisses et aux jambes ; aussi ces animaux sont-ils souples, agiles, nerveux et prompts à s'élancer. Les os de leur mâchoire sont prodigieux à proportion du reste de leur corps. Ils ont des dents et des griffes qui leur servent d'armes terribles pour déchirer et dévorer les autres animaux.

Par la même raison, les oiseaux de proie, comme les aigles, ont un bec et des ongles qui percent tout. Les muscles de leurs ailes sont d'une extrême grandeur et d'une chair très dure, afin que leurs ailes aient un mouvement plus fort et plus rapide. Aussi, ces animaux, quoique assez pesants, s'élèvent-ils sans peine jusque dans les nues, d'où ils s'élancent, comme la foudre, sur toute proie qui peut les nourrir.

D'autres animaux ont des cornes ; leur plus grande force est dans les reins et dans le cou. D'autres ne peuvent que ruer. Chaque espèce a ses armes offensives et défensives.

FÉNELON.

108. Le Cheval.

Le cheval est de tous les animaux celui qui, avec une grande taille, a le plus de proportion et d'élégance dans les parties de son corps ; si on lui compare les animaux qui sont immédiatement au-dessous et au-dessus, on verra que l'âne est mal fait, que le lion a la tête trop grosse, que le bœuf a les jambes trop minces et trop courtes pour la grosseur de son corps, que le chameau est difforme, et que les plus gros animaux, le rhinocéros et l'éléphant, ne sont pour ainsi dire que des masses informes.

Le cheval n'a pas, comme l'âne, un air d'imbécillité, ou

de stupidité, comme le bœuf ; la régularité des proportions de sa tête lui donne, au contraire, un air de légèreté qui est bien soutenu par la beauté de son encolure.

Le cheval semble vouloir se mettre au-dessus de son état de quadrupède en élevant sa tête. Dans cette noble attitude, il regarde l'homme face à face ; ses yeux sont vifs et bien ouverts, ses oreilles sont bien faites et d'une juste grandeur, sans être courtes comme celle du taureau, ou trop longues comme celles de l'âne ; sa crinière accompagne bien sa tête, orne son col et lui donne un air de force et de fierté. Bien différente de la courte queue du cerf, de l'éléphant, etc., et de la queue nue de l'âne, du chameau, du rhinocéros, etc., la queue du cheval est formée par des crins épais et longs. Il ne peut la relever comme le lion, mais elle lui sied mieux quoique abaissée ; comme il peut la mouvoir de côté, il s'en sert utilement pour chasser les mouches qui l'incommodent ; car, quoique sa peau soit très ferme et qu'elle soit garnie d'un poil épais et serré, elle est cependant très sensible.

BUFFON.

109. Le Chien.

Le chien, indépendamment de la beauté de sa forme, de la vivacité, de la force, de la légèreté, a par excellence toutes les qualités intérieures qui peuvent lui attirer les regards de l'homme. Un naturel ardent, colère, même féroce et sanguinaire, rend le chien sauvage redoutable à tous les animaux, et cède, dans le chien domestique, aux sentiments les plus doux, au plaisir de s'attacher et au désir de plaire ; il vient en rampant mettre aux pieds de son maître son courage, sa force, ses talents ; il attend ses ordres pour en faire usage ; il le consulte, il l'interroge, il le supplie ; un coup d'œil suffit, il entend les signes de sa volonté. Nulle ambition, nul intérêt, nul désir de vengeance, nulle crainte que celle de déplaire ; il est tout zèle, tout ardeur, tout obéissance ; plus sensible au souvenir des bienfaits qu'à celui des outrages, il ne se rebute pas par les mauvais traitements, il les subit, les oublie, ou ne s'en souvient que pour s'attacher davantage ; loin de s'irriter ou de fuir, il s'expose lui-même à de nouvelles épreuves ; il lèche cette main, instrument de douleur, qui vient de le frapper, il ne lui oppose que la plainte, et la désarme enfin par la patience et la soumission.   BUFFON.

110. Le Chat.

Le chat est un domestique infidèle, qu'on ne garde que par nécessité, pour l'opposer à un autre ennemi domestique encore plus incommode, et qu'on ne peut chasser. Quoique ces animaux, surtout quand ils sont jeunes, aient de la gentillesse, ils ont en même temps une malice innée, un caractère faux, un naturel pervers que l'âge augmente encore et que l'éducation ne fait que masquer.

Les jeunes chats sont gais, vifs, jolis et seraient très propres à amuser les enfants, si les coups de pattes n'étaient pas à craindre ; mais leur badinage, quoique toujours agréable et léger, n'est jamais innocent, et bientôt il tourne en malice habituelle ; comme ils ne peuvent exercer ces talents avec quelque avantage que sur les plus petits animaux, ils se mettent à l'affût d'une cage, ils épient les oiseaux, les souris, les rats, et deviennent d'eux-mêmes, sans y être dressés, plus habiles à la chasse que les chiens les mieux instruits.

Les chats n'ont aucune docilité ; ils manquent également de la finesse de l'odorat, qui, dans le chien, sont deux qualités éminentes ; aussi ne poursuivent-ils pas les animaux qu'ils ne voient plus ; ils ne les chassent pas, mais ils les attendent, les attaquent par surprise, et, après s'en être joués longtemps, ils les tuent, sans aucune nécessité, lors même qu'ils sont le mieux nourris, et qu'ils n'ont aucun besoin de cette proie pour satisfaire leur appétit.
  BUFFON.

111. Les Brebis.

Les brebis sont de tous les animaux quadrupèdes les plus stupides ; ce sont ceux qui ont le moins de ressource et d'instinct. Les chèvres, qui leur ressemblent à tant d'autres égards, ont beaucoup plus de sentiment : elles savent se conduire, elles évitent les dangers, elles se familiarisent aisément avec les nouveaux objets, au lieu que les brebis ne savent ni fuir ni s'approcher ; quelque besoin qu'elles aient de secours, elles ne viennent pas à l'homme aussi volontiers que les chèvres ; et, ce qui dans les animaux paraît être le dernier degré de la timidité ou de l'insensibilité, la brebis se laisse enlever son agneau sans se défendre, sans s'irriter, sans résister, et sans marquer sa douleur par un cri différent du bêlement ordinaire.

Mais cet animal si chétif en lui-même, si dépourvu de sentiment, si dénué de qualités extérieures, est, pour l'homme, l'animal le plus précieux, celui dont l'utilité est la plus immédiate et la plus étendue ; seul il peut suffire aux besoins de première nécessité ; il fournit tout à la fois de quoi se nourrir et se vêtir, sans compter les avantages particuliers que l'on sait tirer du suif, du lait, de la peau et même des boyaux, des os, etc., de cet animal, auquel il semble que la nature n'ait, pour ainsi dire, rien accordé en propre, rien donné que pour le rendre à l'homme.

Buffon.

112. La laine.

On donne le nom de laine au poil des moutons et de certains animaux, tels que la vigogne, le lama, la chèvre du Thibet. C'est avec ce poil que l'on fabrique les étoffes connues sous les noms de *draps*, de *casimirs*, de *mérinos*, de *flanelles*, etc. C'est de la laine du mouton qu'il est question ici.

On appelle *toison* la quantité de laine fournie par un animal à chaque *tonte*. Dans le commerce, on distingue les laines de toison et les laines mortes. Les premières proviennent d'animaux vivants et les secondes d'animaux morts. Les laines de toison prennent beaucoup mieux la teinture que les autres ; on les emploie exclusivement quand on veut avoir des tissus d'une teinte uniforme.

La laine est naturellement enduite d'une matière grasse, onctueuse et très odorante, appelée *suint*. On l'en débarrasse en la plongeant dans un bain tiède contenant de l'eau, du savon noir et de l'urine.

La laine destinée à la fabrication des tissus, est préalablement filée. Cette opération se fait avec des machines : les unes la nettoient, les autres l'étendent en nappes. D'autres encore transforment ces nappes en boudins ; des quatrièmes tordent ces boudins et en font des fils grossiers auxquels des appareils particuliers donnent la finesse voulue en les allongeant et en les tordant convenablement.

Les étoffes de laine, comme celles de chanvre et de lin, sont formées de fils entre-croisés et disposés à angle droit. Les uns beaucoup plus forts, sont tendus parallèlement entre eux et forment la *chaîne* ; les autres, passés entre les premiers, forment la *trame*. Quand l'étoffe est tissée, on la teint, si elle ne l'a pas été à l'état de laine, et on lui fait subir quelques préparations pour la rendre propre à être livrée au commerce.

113. Le Renne.

Ce précieux animal est pour les Lapons une richesse qui ne tarit jamais ; il leur tient lieu de tout et ne leur coûte rien. Avec sa peau, ils se font des vêtements ; ils se nourrissent de sa chair et de son lait, ou ils s'en servent comme du cheval pour tirer des traîneaux, des voitures ; il marche avec bien plus de diligence et de légèreté, fait aisément trente lieues par jour, et court avec autant d'assurance sur la neige gelée que sur une pelouse. La conformation de ses pieds longs et larges l'empêche d'y enfoncer ; quant à celle qui tombe du ciel, ses yeux en sont garantis par une membrane placée sous les paupières. Le renne donne seul

tout ce que nous tirons du cheval, du bœuf et de la brebis. Il se nourrit, pendant l'hiver, d'une espèce de lichen blanc qu'il sait trouver sous les neiges épaisses en les fouillant avec son bois et les détournant avec ses pieds. En été, il vit de boutons et de feuilles d'arbre plutôt que d'herbes, que les rameaux avancés de son bois ne lui permettent pas de brouter aisément.
JÉHAN.

114. Nids des oiseaux.

Une admirable providence se fait remarquer dans les nids des oiseaux. On ne peut contempler, sans être attendri, cette bonté divine, qui donne l'industrie au faible et la prévoyance à l'insouciant.

Aussitôt que les arbres ont développé leurs fleurs, mille ouvriers commencent leurs travaux. Ceux-ci portent de longues pailles dans le trou d'un vieux mur ; ceux-là maçonnent des bâtiments aux fenêtres d'une église ; d'autres cherchent un crin à une cavale, ou le brin de laine que la brebis a laissé suspendu à la ronce. Il y a des bûcherons qui croisent des branches dans la cime d'un arbre ; il y a des filandières qui recueillent la soie sur un chardon. Mille palais s'élèvent et chaque palais est un nid ; chaque nid voit des métamorphoses charmantes : un œuf brillant, ensuite un petit couvert de duvet. Ce nourrisson prend des plumes, sa mère lui apprend à se soulever sur sa couche. Bientôt il va jusqu'à se pencher sur son berceau, d'où il jette un premier coup d'œil sur la nature ; effrayé et ravi, il se précipite parmi ses frères, qui n'ont point encore vu ce spectacle ; mais, rappelé par la voix de ses parents, il sort une seconde fois de sa couche, et ce jeune roi des airs, qui porte encore la couronne de l'enfance autour de sa tête, ose déjà contempler le vaste ciel, la cime ondoyante des pins et les abîmes de verdure au-dessous du chêne paternel. Et pourtant, tandis que les forêts se réjouissent en recevant leur nouvel hôte, un vieil oiseau qui se sent abandonné de ses ailes, vient s'abattre auprès d'un courant d'eau ; là, résigné et solitaire, il attend tranquillement la

mort au bord du même fleuve où il chanta ses plaisirs, et dont les arbres portent encore son nid et sa postérité harmonieuse.
CHATEAUBRIAND.

115. L'Alouette.

Lorsque l'alouette est libre, elle commence à chanter dès les premiers jours du printemps ; elle continue pendant toute la belle saison ; le matin et le soir sont les temps de la journée où elle se fait le plus entendre, et le milieu du jour celui où on l'entend le moins. Elle est du petit nombre des oiseaux qui chantent en volant ; plus elle s'élève, plus elle force la voix et souvent elle la force à un tel point que, quand elle se trouve au haut des airs et à perte de vue, on l'entend encore distinctement.

L'alouette chante rarement à terre, où néanmoins elle se tient toujours lorsqu'elle ne vole point ; car elle ne se perche jamais sur les arbres, et on doit la compter parmi les oiseaux pulvérateurs ; aussi ceux qui la tiennent en cage ont-ils grand soin d'y mettre dans un coin une couche assez épaisse de sable où elle puisse se poudrer à son aise et trouver du soulagement contre la vermine qui la tourmente ; ils y ajoutent du gazon frais souvent renouvelé et ils ont l'attention que la cage soit un peu spacieuse.
BUFFON.

116. L'Aigle.

L'aigle est le roi des oiseaux, comme le lion est le roi des animaux. Il a environ un mètre de long, et l'envergure de ses ailes, d'une extrémité à l'autre, est de deux mètres et demi à peu près. Il a la tête et le cou couverts de plumes aiguës d'un brun sombre ; tout le reste du corps est également d'un brun cendré ; la queue est brune aussi. Les jambes sont jaunes, fortes et couvertes de plumes jusqu'aux pieds ; les doigts sont armés de formidables serres. Des rochers escarpés, des ruines de châteaux solitaires, des tours isolées, voilà les places qu'il choisit pour sa demeure. L'aire ou nid de l'aigle forme un carré assez étendu et lui sert, dit-on, pour toute sa vie. L'aigle peut vivre près d'un siècle et rester trois semaines sans manger. Il peut être apprivoisé, s'il est pris jeune. Dans la domesticité même, il n'est pas prudent de l'irriter ; car, telle est sa force, qu'on l'a vu tuer un homme d'un coup d'aile.

ARDANT.

117. Le cygne.

Le cygne est entièrement blanc, pèse environ dix kilogrammes et peut vivre un siècle. Ses plumes recouvrent un duvet moelleux, épais et fort recherché à cause de son utilité et de son agrément. Le cygne est le plus silencieux des oiseaux ; quand il est provoqué, il ne pousse qu'un faible sifflement. Il se nourrit de pain, de plantes aquatiques, de raisins et de grains. On ne s'approche pas impunément d'un nid de cygne : on a vu de ces oiseaux tenir en respect un renard et le forcer à se retirer. Un vieux cygne a encore une force assez grande pour casser d'un coup d'aile la jambe d'un homme. Quand le danger est pressant et que la résistance est difficile, le cygne se sauve en emportant un de ses jeunes sur son dos. Sur terre, ses mouvements sont gênés ; son cou tendu lui donne un air stupide ; mais lorsqu'il glisse doucement sur l'eau, il prend mille attitudes gracieuses et déploie à chaque instant de nouvelles beautés.

ARDANT.

118. Le Coq.

Le coq est un oiseau pesant, dont la démarche est grave et lente, et qui, ayant des ailes fort courtes, ne vole que rarement, et quelquefois avec des cris qui expriment l'effort. Il chante indifféremment la nuit et le jour, mais non pas régulièrement à certaines heures. Il gratte la terre pour chercher sa nourriture ; il avale autant de petits cailloux que de grains et n'en digère que mieux ; il boit en prenant de l'eau dans son bec, et levant la tête à chaque fois pour l'avaler. Il dort le plus souvent un pied en l'air, et en cachant sa tête sous l'aile du même côté. Son corps, dans sa situation naturelle, se soutient à peu près parallèle au plan de position, le bec de même ; le cou s'élève verticalement. Le front est orné d'une crête rouge et charnue, et le dessous du bec d'une double membrane de même couleur et de même nature ; ce n'est cependant ni de la chair, ni des membranes, mais une substance particulière qui ne ressemble à aucune autre. BUFFON.

119. Les bêtes carnassières.

Les bêtes carnassières sont fort nécessaires : sans ces bêtes, la terre serait infectée par la puanteur des cadavres. Il périt chaque année au moins la trentième partie des quadrupèdes, le dixième des oiseaux et un nombre infini d'insectes. Comme les eaux des pluies entraînent toutes ces dépouilles aux fleuves, et, de là, dans les mers, c'est aussi sur les rivages des mers que la Providence a rassemblé les animaux qui doivent consommer ces dépouilles.

La plupart des bêtes féroces descendent la nuit des montagnes pour y diriger leur chasse.

Les tribus des lions, des tigres, des léopards, des panthères, des civettes, des ours, des chacals, des hyènes, etc., viennent renforcer celle des loups, des renards, des martres, des loutres, des vautours, des corbeaux, etc. Des légions de crabes dévorants sont nichées dans les sables ; les caïmans et les crocodiles sont en embuscade dans les roseaux ; des coquillages d'espèces innombrables, armés d'outils propres à sucer, à percer, à limer et à broyer, hérissent les rochers et pavent les lisières des mers ; des nuées d'oiseaux marins volent à grands cris au-dessus des écueils, ou voguent tout autour au gré des lames, cherchant leur proie ; les murènes, les requins, les raies, les polypes armés de ventouses, et toutes les variétés de chiens de mer nagent en foule sans cesse occupés à dévorer les débris des corps qui y abordent. Les guêpes armées de ciseaux en découpent les chairs, les mouches en pompent les liqueurs, les vers marins en dépêcent les os. Ceux-ci, dans les pays chauds, sont en si grand nombre et armés de tarières si redoutables, qu'ils peuvent dévorer un vaisseau de guerre en moins de temps qu'on en a mis à le construire, et qu'ils ont forcé les puissances maritimes de couvrir les carènes des escadres, pour les préserver de leurs attaques.

D'après le P. Delavenne.

120. Les défenseurs de l'agriculture.

Certains animaux en détruisent d'autres qui dévorent les plantes. Ce sont : les chauves-souris, qui vivent uniquement d'insectes nuisibles, de papillons de nuit, de hannetons, de cousins, de moustiques, etc. Les musaraignes ou musettes, purgent les jardins et les espaliers, préservent les fruits, protègent les alentours des habitations d'une foule d'insectes, de larves et de limaçons. Le hérisson, animal insectivore, est fort utile à l'agriculture : il fait sa pâture de taupes, de rats, de mulots, d'escargots, de limaces, de vers de terre, de larves de hannetons. Les oiseaux de proie nocturnes, tels que l'effraie, le hiboux et la chouette, sont des oiseaux destructeurs des rats, des souris, des mulots, des lérots, des insectes, des hannetons et autres coléoptères. Les oiseaux de proie diurnes, tels que la buse commune, la bondrée, la crécerelle, vivent de mulots et jamais d'oiseaux. On estime qu'une buse consomme de 6 à 8,000 souris par an, soit 16 par jour. L'autour, l'épervier dévorent les rongeurs qui se trouvent dans les garennes. Ce qui rend surtout recommandable la bondrée, c'est qu'elle détruit les chenilles, les guêpes et les larves des coléoptères nuisibles. On sait que le vautour du midi de la France ne vit que de chair morte et de charogne, et, par là, contribue à la salubrité publique. Le nombre des oiseaux qui vivent particulièrement d'insectes est considérable : on doit nommer les engoulevents, les martinets, les hirondelles, les gobe-mouches et les pies-grièches. Les oiseaux appelés becs-fins détruisent une quantité incroyable d'insectes sous leurs divers états. Ce sont les bergeronnettes, les traquets, les rouges-queues, les rossignols, les rouges-gorges, les fauvettes, les pouillots, les troglodytes et les roitelets, innocents petits oiseaux qui purgent nos jardins, nos prés et nos bois des ennemis de l'agriculture, et remplissent nos bosquets de leurs chants gracieux et variés. Combien sont coupables les enfants qui font la guerre à ces petits êtres si utiles ; qui détruisent leurs nids, leurs œufs ou leurs petits ! Ils s'exposent d'ailleurs aux justes châtiments portés par les lois.

De tous les oiseaux à bec fin dont nous avons parlé, il reste encore à parler des mésanges, qui, voltigeant d'arbre en arbre, sont sans cesse à la recherche des insectes, de leurs larves et des baies à pépins. On rapporte qu'en quelques heures, une mésange avala deux mille pucerons qui infestaient un rosier. La huppe et le coucou sont deux grands destructeurs de larves ; ils se nourrissent de grosses chenilles velues que peu d'autres oiseaux peuvent digérer. Les oiseaux à gros bec, tels que chardonnerets, linottes, pinsons, verdiers, bruants, bouvreuils, becs-croisés, ortolans, vivent presque exclusivement d'insectes, et rendent par là de grands services à l'agriculture. Quant aux moineaux, ils sont incommodes sans doute ; mais ils dédommagent des ravages qu'ils causent par le grand nombre d'insectes qu'ils dévorent. On a compté autour d'un nid de moineaux les débris de sept cents hannetons, dont ils avaient nourri leurs petits. Les alouettes, quoique en partie granivores, sont friandes d'insectes et détruisent une quantité de mouches. Un certain nombre de petits oiseaux nous restent pendant l'hiver, bravent les frimas, butinent frugalement les œufs des insectes déposés sur les plantes, et complètent leur nourriture au moyen de cousins, de vermisseaux et de petites grenailles sauvages. Les étourneaux détruisent les chenilles, les vers et les limaçons ; mais ils sont gourmands de cerises. Admirable économie de la Providence qui a pourvu à la conservation des êtres nécessaires à l'homme, par la destruction de ceux qui lui sont nuisibles ! Si un cultivateur, un jardinier, pensait aux services que ces petits oiseaux lui rendent, à la quantité de chenilles qu'ils dévorent, jamais il ne permettrait à ses enfants de les dénicher. Ce ne sont pas seulement les mammifères et les oiseaux qui détruisent les animaux nuisibles, mais même les reptiles. Les lézards explorent sans cesse les espaliers, les vignobles, et sont à la poursuite des insectes malfaisants ; l'orvet fait la même chasse dans les bois, les forêts et les haies ; les couleuvres ont pour nourriture principale les insectes ; les reptiles amphibies, tels que les grenouilles, les rainettes, les crapauds, les salamandres, sont éminemment utiles dans les jardins pour sauvegarder les fruits et les légumes.

121. La providence de Dieu manifestée dans la conservation et l'alimentation des animaux.

La Providence a mis, au Midi, des arbres toujours verts, et leur a donné un large feuillage pour abriter les animaux de la chaleur. Elle y est encore venue au secours des animaux en les couvrant de robes à poil ras, afin de les vêtir à la légère ; et elle a tapissé la terre qu'ils habitent de fougères et de lianes vertes, afin de les tenir fraichement. Elle n'a pas oublié les besoins des animaux du Nord : elle a donné à ceux-ci, pour toits, les sapins toujours verts, dont les pyramides hautes et touffues écartent les neiges de leurs pieds, et dont les branches sont si garnies de longues mousses grises, qu'à peine on en aperçoit le tronc ; pour litières les mousses mêmes de la terre, qui y ont en plusieurs endroits plus d'un pied d'épaisseur, et les feuilles molles et sèches de beaucoup d'arbres, qui tombent précisément à l'entrée de la mauvaise saison ; enfin, pour provisions, les fruits de ces arbres, qui sont alors en pleine maturité. Elle y ajoute çà et là les grappes rouges des sorbiers, qui, brillant au loin sur la blancheur des neiges, invitent les oiseaux à recourir à ces asiles ; en sorte que les perdrix, les coqs de bruyère, les oiseaux de neige, les lièvres, les écureuils, trouvent souvent, à l'abri même du sapin, de quoi se loger, se nourrir et se tenir fort chaudement.

BERNARDIN DE SAINT-PIERRE.

122. La nature vivante dans la zone torride.

Voyez ces terres ardentes de l'Afrique, ces mers d'un sable nu, aride, brûlant, où le voyageur soupire en vain après l'ombrage des forêts et la fraîcheur des fontaines.

Quelques palmiers solitaires balancent dans les airs leurs longues flèches brunes, surmontées d'une touffe de feuillage. Le zèbre, libre dans ces déserts, y établit sa demeure ; il voyage en caravane, et, mesurant des yeux l'étendue de ses domaines, choisit à son gré l'herbe salée de cent collines. Il ne craint ni le frein de l'homme, ni l'esclavage des cités. L'autruche, les ailes relevées, part comme le vent, et se joue du cavalier agile qui la poursuit. Parmi les grands joncs de quelque étang, au milieu d'un bois épais, de vieux rhinocéros couverts de fange, fendent les arbustes à coups de corne et remplissent la solitude de leurs clameurs. On voit d'immenses serpents marbrés sillonner la vase ; cachés sous les herbages au pied de quelque acacia, ils guettent leur proie ; lorsqu'une gazelle au corps svelte, au regard doux et craintif, vient se désaltérer à la source voisine, soudain, le reptile s'élance, l'entoure de ses replis, fait craquer ses os, et, ouvrant sa vaste gueule, avale à loisir l'innocent quadrupède. Souvent un lion, tapi derrière les broussailles, le cou tendu, la crinière hérissée, bat ses flancs de sa queue, et épouvante les rochers des éclats de son rugissement : la terreur pénètre dans le cœur de tous les animaux sauvages. Quelquefois des combats terribles animent pour le voyageur ces solitudes silencieuses. Un tigre est venu boire au bord d'un lac ; tout à coup, il est saisi au museau par une paire de mâchoires qui enchaînent et paralysent les siennes : c'est un crocodile, caché parmi les roseaux, qui a voulu faire sa proie du plus féroce de tous les carnassiers ; le tigre, privé du secours de ses redoutables canines, se sert de ses griffes, non pour déchirer la cuirasse impénétrable du reptile, mais pour lui arracher les yeux, et ses ongles rétractiles s'enfoncent dans les orbites de son ennemi.

Jéhan.

123. Agilité des poissons.

On peut dire que les poissons volent dans le fluide des eaux, et que l'oiseau nage dans l'océan de l'air : la natation et le vol ne sont, au fond, que le même art exécuté par des organes analogues, dans deux éléments également pleins d'inconstance. Mais le poisson est plus impétueux, plus infatigable dans ses mouvements que l'habitant des airs ; sous ce rapport, l'aigle doit le céder au requin, l'hirondelle au hareng et au saumon. Tout est calculé, dans la forme ovale et conique du corps des poissons, pour fendre, sans un grand déploiement de forces, un milieu partout également dense et mobile. Souvent les oiseaux, dans leurs longs voyages, sont obligés de s'abattre sur les vaisseaux pour délasser leurs ailes fatiguées ; mais le poisson ne paraît jamais avoir besoin de repos. On a vu des requins s'attacher à des bâtiments, partir d'Amérique pour l'Europe, les accompagner pendant toute la traversée, devancer les plus fins voiliers, se jouer alentour, décrire mille circuits et arriver sur nos côtes avec les navigateurs, après plusieurs semaines de marche, sans paraître plus fatigués que le premier jour. Le thon nage avec la rapidité d'une flèche lancée par un bras vigoureux ; le saumon peut parcourir plus de cinq lieues par heure ou huit mètres par seconde, et peut faire par conséquent le tour du globe en moins de trois mois ; car il trouve partout sur sa route une nourriture abondante.

Jéhan.

124. Combat des fourmis.

Qu'on se représente deux nids de fourmis situés à cent pas de distance l'un de l'autre ; une foule prodigieuse de fourmis remplissait tout l'espace qui séparait les deux fourmilières et occupait une largeur de deux pieds. Les armées se rencontraient à moitié chemin de leurs habitations et c'est là que se donnait la bataille. Des milliers de fourmis, montées sur les saillies naturelles du sol, luttaient deux à deux, en se tenant par leurs mandibules vis-à-vis l'une de l'autre ; un plus grand nombre encore se cherchaient, s'attaquaient, s'entraînaient prisonnières ; celles-ci faisaient de vains efforts pour s'échapper, comme si elles avaient prévu qu'arrivées à la fourmilière ennemie, elles éprouveraient un sort cruel.

Le champ de bataille avait deux ou trois pieds carrés ; une odeur pénétrante s'exhalait de toutes parts ; on voyait nombre de fourmis mortes et couvertes de venin ; d'autres, composant des groupes et des chaînes, étaient accrochées par leurs jambes ou par leurs pinces, et se tiraient tour à tour en sens contraire. Elles se serraient de si près qu'elles tombaient sur le côté et se débattaient longtemps dans la poussière ; elles se relevaient bientôt et se tiraillaient réciproquement, afin d'entraîner leurs antagonistes. Mais, quand leurs forces étaient égales, les athlètes restaient immobiles et se cramponnaient au terrain, jusqu'à ce qu'une troisième fourmi vînt décider l'avantage ; le plus souvent l'une et l'autre recevaient des secours en même temps. Alors toutes les quatre se tenant par une patte ou par une antenne, faisaient de vaines tentatives pour l'emporter ; d'autres se joignaient à celles-ci, et quelquefois ces dernières étaient à leur tour saisies par de nouvelles arrivées. C'est de cette manière qu'il se formait des chaînes de six, huit ou dix fourmis, toutes cramponnées les unes aux autres. L'équilibre n'était rompu que quand plusieurs guerrières de la même république s'avançaient à la fois ; elles forçaient celles qui étaient enchaînées à lâcher prise, et les combats particuliers recommençaient. Chaque parti rentrait graduellement dans la cité à l'approche de la nuit; mais le lendemain, dès l'aurore, les groupes se formaient, et l'on revenait à la charge. L'acharnement des combattants était tel que rien ne pouvait les distraire de leur entreprise : elles n'avaient qu'un seul objet, celui de trouver un ennemi qu'elles pussent attaquer.

Jéhan.

125. Le Ver à soie.

Le ver à soie est originaire de la Chine. En 555, deux religieux en apportèrent des œufs à Constantinople, d'où on les propagea en Grèce. Au douzième siècle, Roger II, roi de Sicile, transporta la culture des vers à soie dans cette île, et y établit plusieurs manufactures de soieries. Deux cents ans plus tard, le pape Grégoire X chargea des ouvriers siciliens de faire de grandes plantations de mûriers dans le Comtat d'Avignon et d'y organiser en même temps des fabriques de tissus de soie, dont les produits ne tardèrent pas à rivaliser avec les plus beaux d'Italie. En 1470, Louis XI introduisit la fabrication de la soie à Tours. Mais ce fut surtout Henri IV qui dota la France de cette précieuse industrie. Depuis le règne de ce prince, elle s'est développée sans interruption et a pris des proportions si considérables qu'aujourd'hui on évalue à 375 millions de francs la valeur des soieries qu'elle produit annuellement, et dont elle envoie pour 190 à 220 millions, soit aux Etats-Unis, soit aux différentes nations de l'Europe.

En Chine et dans l'Inde, on élève les vers à soie sur des mûriers en plein air ; mais, en Europe, on les renferme dans des chambres qui portent, en France, le nom de *magnaneries* (de *magnans*, nom que l'on donne aux vers à soie dans le Midi).

Au printemps, lorsque les premières feuilles du mûrier destinées à la nourriture du ver à soie commencent à pousser, on dispose les œufs ou *graines* dans des boîtes, que l'on maintient à une douce chaleur ; au bout de quelques jours, le ver qui s'est formé dans l'œuf, ronge la coquille et sort. C'est alors une petite chenille noire de deux millimètres de longueur.

Le ver reste à l'état de chenille de 30 à 35 jours et grossit sans cesse jusqu'à ce qu'il soit long de 8 à 10 centimètres. Ce développement rapide nécessite une nourriture abondante, aussi renouvelle-t-on les feuilles de mûrier jusqu'à douze fois en 24 heures. C'est surtout à l'époque des *mues* que l'appétit des vers paraît insatiable ; on dit alors qu'ils ont la *fringale*.

Les vers subissent généralement quatre *mues*. On entend par mue une sorte de crise à la suite de laquelle le ver change de peau. Chacune de ces crises dure environ 24 heures. Lorsqu'elle approche, le ver perd sa vivacité et son appétit : il devient immobile et dort. La crise passée, il reprend son activité, se débarrasse de son ancienne enveloppe et retourne avidement aux feuilles.

Après son quatrième changement de peau, le ver est d'un blanc légèrement grisâtre. C'est surtout à cette époque que s'élabore en lui le suc destiné à fournir la soie. Alors son avidité redouble, les feuilles de mûriers disparaissent avec rapidité sous le travail accéléré de ses petites mâchoires. Le bruit qui en résulte, lorsque plusieurs milliers de vers sont réunis, ressemble à celui d'une forte pluie battante mêlée de grêle.

Lorsque le ver est prêt à faire sa coque ou *cocon*, son corps devient luisant et transparent, son appétit s'arrête. On lui prépare alors de petites branches de genêt ou de bruyère sur lesquelles il monte et choisit sa place. Il pose, en quelques points, des fils d'une soie grossière, appelée *bourre*, et qui sont comme la charpente de la demeure qu'il se construit ; puis, se plaçant au centre, il continue à disposer régulièrement le fil fin et gommeux qui lui sort de la bouche, de manière à former une coque ovale de 20 à 25 millimètres de longueur. Le cocon est fait d'un seul fil, rarement interrompu, quelquefois long de 1250 mètres.

Au bout de sept à huit jours, le cocon est terminé. Le

ver subit une métamorphose : il devient *chrysalide*. C'est la transition de l'état de ver à celui de papillon.

Dans les manufactures, on ne donne point aux chrysalides le temps d'éclore, ou de devenir papillon ; on les étouffe dans l'eau bouillante ou dans un four chauffé à 100°. Après cela, on débarrasse le cocon de la première bourre, grossière enveloppe, puis, une fois qu'on a saisi l'extrémité du fil, on le dévide jusqu'au bout. Chaque cocon fournit, en moyenne, 13 centigrammes d'un fil de soie long de 250 à 350 mètres. Que l'on juge par là de sa ténuité !

Une fois que l'on a obtenu le fil de soie simple, on en tord plusieurs ensemble, comme les cordiers le font pour fabriquer les cordes avec le fil de chanvre.

126. Dieu manifesté par l'extrême petitesse comme par l'infinie grandeur.

Considérons les merveilles qui éclatent également dans les plus grands corps et dans les plus petits. D'un côté, je vois le soleil tant de milliers de fois plus grand que la terre, je le vois qui circule dans les espaces, en comparaison desquels il n'est lui-même qu'un atome brillant. Je vois d'autres astres, peut-être encore plus grands que lui, qui roulent dans d'autres espaces encore plus éloignés de nous. Au delà de tous ces espaces, qui échappent déjà à toute mesure, j'aperçois encore confusément d'autres astres qu'on ne peut plus compter ni distinguer. La terre où je suis n'est qu'un point par proportion à ce tout où l'on ne trouve jamais aucune borne. Ce tout est si bien arrangé, qu'on ne pourrait déplacer un seul atome sans déconcerter toute cette immense machine, et elle se meut avec un si bel ordre, que ce mouvement même en perpétue la variété et la perfection. Il faut qu'une main à qui rien ne coûte, ne se lasse point de conduire cet ouvrage depuis tant de siècles, et que ses doigts se jouent de l'univers, pour parler comme l'Ecriture.

D'un autre côté, l'ouvrage n'est pas moins admirable en

petit qu'en grand. Je ne trouve pas moins en petit une espèce d'infini qui m'étonne et qui me surmonte. Trouver dans un ciron, comme dans un éléphant ou dans une baleine, des membres parfaitement organisés ; y trouver une tête, un corps, des jambes, des pieds formés comme ceux des plus grands animaux ! Il y a dans chaque partie de ces atomes vivants des muscles, des nerfs, des veines, des artères, du sang. FÉNELON.

137. Les bêtes qu'il ne faut pas tuer.

Combien de petits êtres qu'on détruit sans motifs !

Pourquoi tuer les araignées ailleurs que dans les appartements, puisqu'elles détruisent les mouches qui vous importunent ?

Pourquoi mettre le pied sur ce joli scarabée doré qui, dans nos jardins, fait la guerre aux chenilles, aux limaces, aux hannetons ?

Pourquoi tuer la couleuvre non venimeuse, qui vit de mulots et de souris ? Elle n'a jamais mordu personne.

Pourquoi détruire le petit orvet inoffensif, qui croque les sauterelles ?

Pourquoi détruire le coucou, dont la nourriture favorite est la chenille si nuisible et si désagréable ?

Pourquoi tuer le grimpereau et dénicher la fauvette, ennemis des cloportes et des guêpes ?

Pourquoi faire la guerre aux moineaux, qui ne mangent un peu de grain qu'à défaut d'insectes, et qui exterminent par choix les insectes nuisibles aux grains ?

Pourquoi brûler de la poudre contre les étourneaux, qui passent leur vie à manger des larves et à épucer jusqu'à nos bestiaux dans les prés ?

Pourquoi tendre un piège aux mésanges, dont chaque couple prend 120,000 vers et insectes, en moyenne, pour élever ses petits ? Pourquoi tuer le crapaud, qui mange des limaces et des fourmis ?

Pourquoi sauver la vie à des milliers de cousins en détruisant l'engoulevent ou crapaud-volant ?

Pourquoi tuer la chauve-souris qui fait aux papillons de nuit et aux hannetons la guerre que les hirondelles font aux moucherons ?

Pourquoi tuer la musaraigne qui vit de vers de terre comme la souris vit de blé ?

Pourquoi dire que la chouette mange les pigeons et les jeunes poulets, puisque cela n'est pas vrai ? Pourquoi la détruire puisqu'elle fait la besogne de six ou huit chats en mangeant au moins 6,000 souris par an ?

QUATRIÈME PARTIE

RELIGION, CIVILITÉ, HYGIÈNE.

128. Création de l'homme.

Dieu, qui d'une seule parole avait fait sortir l'univers du néant, délibère au moment où il s'agit de créer l'homme, il tient conseil, il semble dessiner à l'avance l'ouvrage nouveau qui va sortir de ses mains. Il s'arrête, se parlant à lui-même : « Faisons, dit-il, l'homme à notre image ; « qu'il commande à tous les animaux, qu'il exerce son « empire sur toute la terre. » Chose remarquable ! le soleil, le firmament avec ses innombrables étoiles, les deux productions jusque-là les plus admirables de ses mains, Dieu les forme sans nul préliminaire. L'écrivain sacré nous apprend seulement qu'ils ont été produits par la féconde parole du Tout-Puissant ; pour l'homme seul, un conseil, un examen réfléchi, un dessein particulier qui exprime quel va être le choix du divin type dont il doit recevoir l'empreinte. Parce qu'il est destiné à l'empire, le Créateur en a exprimé les caractères dans tout son être, tant dans les facultés de son âme que dans la forme de son corps.

D'après St Grégoire de Nysse.

129. Le corps de l'homme.

Si nous considérons le corps de l'homme, pouvons-nous n'y pas reconnaître la main de Dieu qui l'a formé ? Le corps est pétri de boue, il est vrai ; mais le sceau de l'ouvrier est empreint sur son ouvrage ; il semble avoir pris plaisir à faire un chef-d'œuvre avec une matière vile. Tout y annonce que l'homme est le maître de la terre ; tout y marque sa supériorité sur le reste des êtres vivants. Son attitude est celle du commandement ; sa tête regarde le ciel et présente une face auguste, sur laquelle est empreint le caractère de sa dignité ; l'image de l'âme y est peinte par la physionomie ; l'excellence de sa nature perce à travers les organes matériels et anime d'un feu divin les traits de son visage. Son port majestueux, sa démarche ferme et hardie annoncent sa noblesse et son rang ; il ne touche à la terre que par ses extrémités les plus éloignées ; il ne la voit que de loin et semble la dédaigner. Les bras ne lui sont pas donnés pour servir d'appui à la masse de son corps ; sa main ne doit pas fouler la terre et perdre, par des frottements réitérés, la finesse du toucher, dont elle est le principal organe. Réservée à des usages plus nobles, elle exécute les ordres de la volonté, saisit les choses éloignées, écarte les obstacles, prévient les rencontres et le choc qui pourraient nuire, retient ce qui peut plaire et le met à la portée des autres sens.

130. La main de l'homme, preuve de la sagesse et de la bonté de Dieu.

La main, composée de petits os, de muscles et de nerfs, façonnés, arrangés, unis, combinés avec une sagacité merveilleuse, mérite excellemment d'être considérée. Voyez cette paume, ferme, solide et mobile, sur laquelle se courbent à notre gré, d'un côté quatre doigts, forts et souples ; de l'autre un cinquième placé de manière à retenir tous les objets saisis par ceux-là. Remarquez la structure de ces doigts, qu'il nous est si facile de plier, d'écarter, de tourner en tous sens, de tenir en des positions semblables ou diverses, de mouvoir régulièrement ou, suivant les occasions, de roidir ou d'assouplir. Soyez attentifs ; puis dites si la main n'est pas un chef-d'œuvre organique, manifestement destiné à des opérations de tout genre, à des travaux de toute nature, à des actes tant forts que faibles, tant délicats que communs, tant compliqués que simples. Au reste, regardez la terre couverte des œuvres de l'homme : monuments d'architecture, machines puissantes, merveilles de sculpture et de peinture, productions diverses des arts et de l'industrie, c'est la main de l'homme, c'est ce petit et frêle instrument qui a tout fait. Les bras et les mains sont l'instrument et l'insigne de la puissance de l'homme : placé ici-bas pour commander au monde, il impose sa volonté par la main, comme avec un sceptre. Tout ce que l'intelligence et la volonté tendent à réaliser sur la terre, passe par la main et s'accomplit par ses mouvements. JÉHAN.

131. L'âme de l'homme.

L'âme est une intelligence capable de connaître, d'aimer et d'agir librement. Cette trinité de facultés, entendement, cœur et volonté, en une seule substance spirituelle, forme dans l'âme une image bien frappante de l'unité de Dieu en trois personnes. L'âme a des idées ; elle les assemble et les compare ; elle les exprime par la parole, qui communique ses pensées à d'autres intelligences, avec lesquelles elle entre ainsi en rapport. Sans sortir d'elle-même, elle s'élance, par la pensée, vers les plus hautes régions et atteint les objets les plus éloignés ; elle s'élève dans les cieux jusqu'au delà des astres, et elle contemple Dieu sur son trône ; elle descend dans les abîmes et en sonde la profondeur ; elle ramène devant elle les siècles passés, avec leurs faits et leurs héros ; elle embrasse tous les espaces et perce dans l'avenir. L'âme se retrace l'image des objets qu'elle a vus, et en crée de factices ; sa mémoire est un vaste magasin où elle range avec ordre toutes les connaissances acquises, et d'où elle les tire comme d'un réservoir, sans que l'usage en diminue jamais la masse. Elle est sensible, c'est-à-dire qu'elle est capable d'être affectée agréablement ou péniblement par les objets physiques, intellectuels et moraux. La vertu, le vrai, le beau et surtout le religieux, lui plaisent, tandis qu'elle a de la répugnance et de l'horreur pour le vice et le mensonge. Si elle fait le bien, elle en éprouve de la joie et s'en applaudit ; si elle fait le mal, elle se le reproche et s'en estime moins, parce qu'elle sait qu'elle aurait pu faire autrement.

Elle est donc libre : cette liberté se manifeste instinctivement en elle par ses délibérations avant d'agir. C'est parce que l'âme est libre, qu'elle peut mériter et démériter, qu'elle se rend digne de châtiment ou de récompense suivant qu'elle fait le bien ou le mal.

132. Brièveté de la vie.

Les hommes passent comme les fleurs, qui s'épanouissent le matin, et qui le soir sont flétries et foulées aux pieds. Les générations des hommes s'écoulent comme les ondes d'un fleuve rapide : rien ne peut arrêter le temps, qui entraîne après lui tout ce qui paraît le plus immobile. Toi-même, ô mon fils ! mon cher fils ! toi-même, qui jouis maintenant d'une jeunesse si vive et si féconde en plaisirs, souviens-toi que ce bel âge n'est qu'une fleur qui sera presque aussitôt séchée qu'éclose. Tu te verras changer insensiblement : les grâces riantes, les doux plaisirs, la force, la santé, la joie s'évanouiront comme un beau songe ; il ne t'en restera qu'un triste souvenir : la vieillesse languissante viendra rider ton visage, courber ton corps, affaiblir tes membres, faire tarir dans ton cœur la source de la joie, te dégoûter du présent, te faire craindre l'avenir, te rendre insensible à tout, excepté à la douleur. Ce temps te paraît éloigné, hélas ! tu te trompes, mon fils ; il se hâte, le voilà qui arrive : ce qui vient avec tant de rapidité n'est pas loin de toi, et le présent qui s'enfuit est déjà bien loin puisqu'il s'anéantit dans le moment que nous parlons et ne peut plus se rapprocher. Ne compte donc jamais, mon fils, sur le présent ; mais soutiens-toi dans le sentier rude et âpre de la vertu, par la vue de l'avenir. FÉNELON.

133. Providence de Dieu.

On appelle *Providence* le soin que Dieu prend de ses créatures pour les conduire à leur fin. Il gouverne toute chose, et rien n'arrive dans le monde sans son ordre ou sans sa permission. Il commande le bien, il l'approuve et le récompense ; il défend le mal et le punit ; mais il le laisse faire, parce qu'il ne veut pas gêner notre liberté, et que d'ailleurs il est assez puissant et assez sage pour tirer le bien du mal même.

Il suffit de jeter un regard sur l'univers pour y reconnaître l'action d'une Providence qui s'étend à tout, et qui n'exclut de sa sollicitude aucune de ses créatures. C'est par elle que tous les êtres se maintiennent, vivent et se multiplient. Les plantes et les fleurs se flétrissent et tombent avec les saisons et les années ; mais d'autres plantes et d'autres fleurs s'élèvent à leur place du sein de la terre. Des animaux naissent pour remplacer ceux qui meurent. Les hommes eux-mêmes passent et disparaissent, mais d'autres générations leur succèdent. Ainsi, Dieu veille à la conservation des espèces qu'il a créées, et maintient le monde dans une jeunesse qui se renouvelle chaque jour.

Les moyens que la Providence emploie sont variés suivant la nature et les besoins des différents êtres. Elle a soumis les corps célestes, la terre, la mer et toutes les créatures inanimées à un ordre régulier et constant qu'on appelle lois de la nature. Ces lois ne sont autre chose que la volonté persévérante par laquelle Dieu conserve les êtres et leur fait produire les effets qu'il se proposait en les créant. Il a donné aux animaux destitués de raison les organes, la force et la sagacité convenables à leurs différentes destinations ; il les a doués d'un instinct qui les avertit de ce qui pourrait leur être dangereux et nuisible, et les met en état de chercher, de discerner, de préparer les aliments et les demeures qui leur sont propres. Tout cela n'est pas en eux le fruit de pénibles réflexions ; ils y sont portés par le penchant qu'une puissance supérieure leur a donné pour leur conservation ; et il n'est parmi eux aucune espèce qui ne puisse se procurer ce qu'exigent indispensablement sa subsistance et son bien-être.

L'homme, d'une nature plus excellente, naît dans une conduite plus faible, où il demande bien plus de secours que la plupart des animaux. Ses besoins, ses facultés, ses désirs sont plus grands et plus nombreux ; aussi la Providence se distingue-t-elle envers lui par des attentions plus marquées, par des bienfaits plus grands. La terre, l'air et l'eau, toutes les richesses dont il est entouré, contribuent plus abondamment à sa conservation. Dieu distribue ses biens à tous les êtres intelligents avec un amour de préférence. Il a soumis à leur empire les créatures inanimées ; il a voulu que les travaux et la vie des animaux servissent à l'entretien et aux commodités de l'homme. Toutes les contrées du globe fournissent une nourriture suffisante aux créatures qui les peuplent. Admirables effets de la Providence ! Non seulement le sein de la terre, mais les vastes plaines de l'air et les profondeurs des mers abondent en aliments propres à l'entretien de cette multitude innombrable d'animaux qui vivent et se meuvent dans ces éléments. Les trésors de la bonté divine sont inépuisables. Les provisions qu'elle a préparées pour toutes ses créatures suffisent à tous leurs besoins et se renouvellent sans cesse. Le monde ne dépérit pas. Toujours le soleil reparaît avec sa lumière et sa chaleur accoutumées. La fertilité de la terre ne va point en diminuant ; les saisons se succèdent constamment, et jamais la nature ne manque de payer son tribut annuel pour la conservation et le soutien de ses nombreux enfants. Soit que nous considérions la constance, la richesse ou la diversité de ses dons, partout nous apercevons les traces d'une providence universelle. Toutes les choses qui nous environnent et qui servent à nous procurer les nécessités, les douceurs et les agréments de la vie, sont autant de canaux par lesquels le Créateur verse continuellement ses dons sur nous.

Le prophète a donc raison d'admirer cette sollicitude maternelle de la Providence, qui n'oublie aucun des êtres qu'elle a formés, et de s'écrier, dans les transports de sa reconnaissance : Les yeux de toutes les créatures sont fixés sur vous, Seigneur ! Vous leur donnez leur nourriture au temps marqué ; vous ouvrez votre main, et vous rassasiez tout ce qui respire. Vous avez visité la terre, vous l'avez abreuvée d'une pluie féconde, vous avez multiplié ses richesses ; un fleuve a roulé d'abondantes eaux. Vous avez fait croître de riches moissons en préparant ainsi la terre. Vous arrosez ses sillons ; vous pénétrez, vous amollissez son sein ; vous fertilisez ses semences. Vos bénédictions sont la couronne de l'année, et les campagnes sont enrichies de vos dons. Le désert même s'embellit de fécondité ; les collines se revêtent de joie. Les pâturages se couvrent de troupeaux, et les vallées de moissons ; on entend de tous côtés des cris et des chants de joie.

134. La religion.

La religion est une vertu morale qui nous porte à rendre à Dieu les hommages qu'il mérite à cause de ses perfections infinies, de ses bienfaits sans nombre et du souverain domaine qu'il a sur tous les êtres.

Dieu est infiniment bon et la source de toute la bonté que nous pouvons apercevoir dans les créatures ; il a droit, par conséquent, à notre amour. Il est infiniment grand, juste et puissant ; nous devons donc le respecter et le craindre, mais d'une crainte filiale et non servile. C'est lui qui a créé l'univers et tout ce qu'il renferme : il en est le maître absolu et le souverain Seigneur, et mérite, à ce titre, l'hommage de nos adorations. Mais si tout lui appartient, il s'ensuit que nous sommes à lui, qu'il peut disposer de nous comme bon lui semble, et que notre devoir est de le servir et d'accomplir sa volonté. Il est notre Créateur, notre bienfaiteur et notre père : il nous a donné la vie par sa puissance, il nous la conserve par sa bonté ; c'est de lui que nous tenons tout ce que nous avons ; c'est de lui que nous attendons tout ce qui nous est nécessaire pour cette vie et pour l'autre ; car non content de pourvoir à nos besoins ici-bas, il nous prépare encore un bonheur ineffable dans le ciel. Il nous aime jusqu'à vouloir que nous soyons appelés et que nous soyons en effet ses enfants. Pourrions-nous ne pas le remercier de tant de bienfaits, ne pas l'invoquer avec confiance ! Que penserait-on d'un enfant qui n'aurait pour le plus tendre des pères que de la froideur, de l'ingratitude et de la défiance ?

Adoration, amour, respect, crainte, soumission, reconnaissance et prière, tels sont donc les hommages que l'homme doit rendre à son créateur, et c'est ce qu'on appelle le culte. Dieu, sans doute, n'en a pas besoin ; s'il les exige, ce n'est pas parce qu'il en tire quelque avantage, mais parce que c'est un devoir que nous avons à remplir et qui est la conséquence nécessaire de son souverain domaine sur nous.

135. Jésus-Christ.

Jésus-Christ apparaît au milieu des hommes, plein de grâce et de vérité ; l'autorité et la douceur de sa parole entraînent. Il vient pour être le plus malheureux des mortels et tous ses prodiges sont pour les misérables. Ses miracles tiennent plus de la bonté que de la puissance. Pour inculquer ses préceptes, il choisit l'apologue ou la parabole, qui se grave aisément dans l'esprit des peuples. C'est en marchant dans les campagnes qu'il donne ses leçons. En voyant les fleurs d'un champ, il exhorte ses disciples à espérer dans la Providence, qui supporte les faibles plantes et nourrit les petits oiseaux ; en apercevant les fruits de la terre, il instruit à juger l'homme par ses œuvres. On lui apporte un enfant, et il recommande l'innocence ; se trouvant au milieu des bergers, il se donne à lui-même le titre de pasteur des âmes, et parle de la brebis égarée. Au printemps, il s'assied sur une montagne et tire des objets environnants de quoi instruire la foule assise à ses pieds. Le spectacle même de cette foule pauvre et malheureuse semble lui inspirer ses béatitudes : « Bienheureux ceux qui pleurent, parce qu'ils seront consolés. » Quand il demande de l'eau à la femme de Samarie, il lui peint sa doctrine sous la belle image d'une source d'eau vive.

Son caractère est aimable, ouvert et tendre, sa charité sans bornes. L'Apôtre nous en donne une idée en deux mots : « Il allait faisant le bien. » Sa résignation à la vo-

lonté de Dieu éclate dans tous les moments de sa vie. Il aimait, il connaissait l'amitié : l'homme qu'il tira du tombeau, Lazare, était son ami. L'amour de la patrie trouva chez lui un modèle : « Jérusalem! Jérusalem! » s'écriait-il, en pensant au jugement qui menaçait cette cité coupable, « j'ai voulu rassembler tes enfants comme la poule rassemble ses poussins sous ses ailes, mais tu ne l'as pas voulu! »
D'après CHATEAUBRIAND.

136. Doctrine de Jésus-Christ.

Je suis la vérité, a dit Jésus-Christ. C'est donc auprès de lui que nous devons aller la chercher ; il est venu nous l'apporter du Ciel. Ce n'est pas à dire qu'avant Jésus-Christ, Dieu ait laissé ignorer aux hommes ce qu'ils avaient besoin de savoir pour pouvoir arriver au salut ; mais le mensonge et les passions avaient tellement altéré les notions transmises par nos premiers parents à leur postérité, que la vérité était devenue comme méconnaissable. Aussi, les plus grands philosophes de l'antiquité païenne sentaient-ils le besoin que Dieu envoyât quelqu'un pour instruire les hommes de sa part. Ce maître a paru, c'est Jésus-Christ. Pendant les trois dernières années de sa vie mortelle, il parcourut les villes et les bourgades de la Judée, annonçant partout le royaume de Dieu. Les peuples qui l'entendaient étaient dans l'admiration de sa doctrine, et ils disaient : « Jamais homme n'a parlé comme cet homme ! » C'est qu'en effet jusqu'alors le monde n'avait eu que des hommes pour maîtres, et aujourd'hui il recueillait la vérité de la bouche même de Dieu. Il n'est donc pas étonnant que, dans l'enseignement de Notre-Seigneur, tout soit beau, vrai, divin.

C'est lui qui nous a révélé les grands mystères qui sont l'objet de notre foi. « Allez, dit-il à ses apôtres, instruisez tous les peuples, les baptisant au nom du Père et du Fils et du Saint-Esprit. » Par ces dernières paroles, il nous fait connaître bien distinctement les trois personnes divines ou le mystère de la Sainte-Trinité. Il se présente lui-

même tantôt comme Fils de Dieu, tantôt comme Fils de l'homme, et nous montre ainsi la nature divine et la nature humaine intimement unies en lui pour ne former qu'une seule personne : c'est le mystère de l'Incarnation.
— Il nous fait connaître aussi le mystère de la Rédemption quand il dit : « Dieu a tellement aimé le monde, qu'il
« a donné son Fils unique, afin que le monde soit sauvé
« par lui. » Les autres vérités que l'Eglise nous propose à croire, découlent de la même source. C'est à Jésus-Christ encore que nous devons cette morale si belle, si pure et si sainte de l'Évangile. Il nous trace les règles de conduite que nous avons à suivre pour parvenir au ciel, et nous enseigne nos devoirs envers Dieu, envers le prochain et envers nous-mêmes.

I. *Envers Dieu.* — Il nous commande de l'aimer :
« Vous aimerez le Seigneur votre Dieu de tout votre cœur,
« de toute votre âme et de tout votre esprit : c'est là le
« premier et le plus grand commandement ; » de craindre sa justice : « Ne craignez pas ceux qui tuent le corps et
« qui ne peuvent tuer l'âme ; mais craignez celui qui peut
« précipiter l'âme et le corps dans l'enfer. » Il veut que nous ayons une confiance entière en sa providence : « Ne
« vous inquiétez point en disant : Que mangerons-nous ?
« ou : Que boirons-nous ? ou : De quoi nous vêtirons-nous ?
« comme font les païens, qui recherchent toutes ces choses
« avec inquiétude ; car votre Père céleste sait que vous en
« avez besoin. Cherchez premièrement le royaume de
« Dieu et sa justice, et le reste vous sera donné comme
« par surcroît. » Mais aussi, il nous avertit que c'est Dieu seul que nous devons servir, n'ayant que lui en vue dans toutes nos actions : « Personne ne peut servir deux maîtres ;
« car, ou il haïra l'un et aimera l'autre, ou il s'attachera
« à l'un et méprisera l'autre. Vous ne pouvez servir tout
« ensemble Dieu et l'argent. Prenez garde de ne pas faire
« vos bonnes œuvres devant les hommes pour être considérés ; autrement vous n'en recevrez pas de récompense
« de votre Père qui est dans le ciel. »

II. *Envers le prochain.* — La grande loi que pose ici

Jésus Christ, c'est d'aimer le prochain, mais d'un amour sincère qui ne soit pas stérile : « Le commandement que « je vous donne, c'est que vous vous aimiez les uns les « autres, comme je vous ai aimés. » Le second commandement est semblable au premier : « Vous aimerez votre « prochain, comme vous-même. » De là résulte l'obligation de se rendre mutuellement service dans l'occasion : « Faites aux hommes tout ce que vous désirez qu'ils vous « fassent. » Par le *prochain*, Jésus-Christ entend tous les hommes, même nos ennemis : « Aimez vos ennemis, « faites du bien à ceux qui vous haïssent, et priez pour « ceux qui vous persécutent et qui vous calomnient, afin « que vous soyez les enfants de votre Père qui est dans le « ciel, qui fait lever son soleil sur les bons et sur les mé« chants. » Il nous ordonne de pardonner au prochain les offenses qu'il aura commises contre nous : « Pardonnez, et « l'on vous pardonnera. » Il nous défend de nous mettre en colère contre le prochain, et il menace du feu de l'enfer ceux qui lui disent des injures. Il ne veut pas que nous jugions ni que nous condamnions sur de simples apparences : « Ne jugez pas, et vous ne serez pas jugés ; ne « condamnez pas et vous ne serez pas condamnés; car vous « serez jugés selon ce que vous aurez jugé les autres, et « l'on se servira envers vous de la même mesure dont « vous vous serez servis envers eux. »

III. *Envers nous-mêmes*. — Jésus-Christ nous rappelle l'importance, pour chacun, de sauver son âme : « Car, que « servirait à un homme de gagner tout le monde s'il vient « à perdre son âme? Par quel échange pourra-t-il la ra« cheter ? » Mais il nous avertit, en même temps, que, pour obtenir ce salut, il faut savoir faire des efforts pour se vaincre soi-même et surmonter les obstacles : « Le « royaume du Ciel se prend comme d'assaut, et ceux qui « emploient une sainte violence, le ravissent. » Ce n'est pas, en effet, sans de grands efforts qu'on peut corriger ses penchants mauvais et sortir victorieux des assauts que nous livre le démon. Mais Jésus-Christ encourage notre faiblesse à ne pas se rebuter des difficultés, par l'assurance qu'il nous donne que nous trouverons le repos et le bonheur dans notre fidélité à porter le joug qu'il nous impose : « Prenez mon joug sur vous, et apprenez de moi « que je suis doux et humble de cœur, et vous trouverez « le repos de vos âmes ; car mon joug est doux et mon « fardeau est léger. » Il est vrai que, pour réussir dans ce travail de la vertu, nous avons besoin de son assistance : « Sans moi, dit-il, vous ne pouvez rien faire ; » mais nous avons dans la prière, un moyen infaillible d'attirer la grâce à nous : « Demandez et vous recevrez ; cherchez et vous « trouverez ; frappez et l'on vous ouvrira. » Le but de nos efforts et des grâces que nous recevons, c'est d'éviter le péché non seulement dans nos paroles et dans nos actions, mais aussi dans nos pensées et dans nos sentiments ; c'est encore d'accomplir les commandements et de pratiquer les vertus dont Jésus-Christ nous a laissé le précepte et l'exemple. Le ciel sera ensuite notre éternelle récompense : « C'est bien, bon et fidèle serviteur ; parce que vous avez « été fidèle dans de petites choses, je vous établirai sur de « beaucoup plus grandes ; entrez dans la joie de votre Sei-« gneur. »

137. Vertus de Jésus-Christ.

Jésus-Christ a pratiqué lui-même, dans le plus haut degré de perfection, la loi qu'il nous a enseignée, et toute sa vie n'a été qu'une fidèle expression de sa doctrine. Plus on médite ses actions, plus on est forcé d'admirer la sainteté qui éclate dans toute sa conduite.

Il a voulu passer par l'enfance pour donner l'exemple des vertus qui conviennent à cet âge, et se présenter comme modèle aux enfants. Il croissait en sagesse et en grâce à mesure qu'il avançait en âge, c'est-à-dire qu'il manifestait par degrés, aux yeux des hommes, la sagesse dont il possédait la plénitude, dès le premier moment de son incarnation. L'Evangile rapporte qu'il était soumis à la sainte Vierge et à saint Joseph. Cette docilité renferme toutes les vertus d'un enfant : quand il est docile et soumis, il écoute et suit en tout les avis de ceux qui ont autorité sur lui ; et, par cette conduite, quels progrès ne fait-il pas dans la vertu et dans la science ! Si Notre-Seigneur s'est laissé guider ainsi par ses parents, ce n'est pas qu'il en eût besoin, puisqu'il est la sagesse même ; mais il voulait nous apprendre l'obéissance et nous en faire sentir l'importance et le mérite.

Jésus-Christ est resté dans l'exercice de ces vertus paisibles et obscures jusqu'à l'âge de trente ans, où il commença son ministère public ; alors on vit briller en lui les vertus les plus sublimes. Sa douceur était admirable : jamais il ne rebuta personne ; les plus grands pécheurs mêmes, il les recevait avec bonté ; il ne faisait pas difficulté de manger avec eux, et quand on lui reprochait cette condescendance, il répondait : « Je ne suis pas venu cher-« cher les justes, mais les pécheurs ; ce ne sont pas ceux « qui se portent bien qui ont besoin du médecin, mais les « malades. » Il s'est peint lui-même, dans la parabole de l'enfant prodigue, sous l'image d'un bon père qui court au-devant d'un fils ingrat, se jette à son cou, l'arrose de ses larmes, et se livre aux transports de la joie que lui inspire son retour. Jésus embrassait avec bonté les petits enfants, les bénissait en leur imposant les mains, et il disait à ses disciples : « Laissez-les venir à moi, c'est à eux et à ceux « qui leur ressemblent que le royaume des cieux appar-« tient... » Partout c'est un caractère de bonté qui charme et qui inspire la confiance ; mais cette douceur ne l'empêchait pas de reprendre avec force les pécheurs endurcis, et principalement les pharisiens, à qui il reprochait hautement leur orgueil et leur hypocrisie.

Jésus-Christ a montré une patience invincible dans toute sorte de maux. Suivons-le depuis l'étable, où il est né, jusqu'au Calvaire, où il est mort ; partout nous le trouvons dans les travaux, les douleurs et les souffrances. Il a enduré la faim, la soif, la fatigue des voyages, les privations de la pauvreté. Il n'a rien voulu posséder sur la terre, et il n'avait pas même où reposer la tête ; il subsistait de ce que lui fournissaient volontairement ceux à qui il annonçait la parole divine. Il supportait sans se plaindre les embarras de la foule qui le pressait, les importunités des malades dont il était continuellement accablé. On lui disait des injures, on l'outrageait, et jamais il ne s'est vengé. C'est surtout dans les différentes circonstances de sa Passion qu'il a fait voir une patience vraiment divine. Au milieu des plus grandes douleurs et des supplices cruels qu'il a soufferts, il n'a laissé sortir de sa bouche aucune plainte, aucune menace, aucun reproche ; attaché à la croix, il priait pour ses bourreaux.

Remarquons qu'il pouvait se garantir de tous ces tourments, comme il l'a prouvé en renversant d'une seule parole ceux qui étaient venus pour se saisir de lui. S'il a tant souffert, c'est parce qu'il l'a voulu, et il l'a voulu parce qu'il nous aimait.

Toute la vie du divin Sauveur a été un exercice continuel d'humilité : il a voulu naître d'une mère pauvre, il a passé trente ans dans l'obscurité, et quand il s'est fait connaître, ç'a été d'une manière si éloignée de la grandeur et de la pompe du monde, qu'elle ne pouvait en inspirer le désir ni l'amour à personne. Jamais il n'a cherché sa propre gloire : il défendait de publier ses miracles. Le peuple qu'il avait miraculeusement guéri ayant voulu l'enlever pour le faire roi, il s'enfuit seul sur une montagne pour se dérober à ce pieux empressement. Après avoir passé la journée dans les travaux, il employait la nuit à la prière. Enfin, sa vie a été sans reproche ; aussi disait-il aux Juifs : « Qui de vous me convaincra de péché ? » et selon l'expression de l'Evangile, « il a passé en faisant le bien. »

Jésus-Christ s'est dépouillé de la gloire qui était due à son humanité sainte par suite de son union avec la Divinité, et il s'est revêtu de nos faiblesses et de nos misères ; il a embrassé l'humilité, l'obéissance, la pauvreté, la croix. Toutes ces choses ne lui convenaient pas, car elles sont, ou des remèdes aux infirmités de nos âmes, ou des peines dues à nos péchés, ou des préservatifs nécessaires contre la chute ; or, Jésus-Christ est la sainteté, la perfection même. Mais il connaissait notre faiblesse, il savait la répugnance naturelle que nous avons pour la souffrance. Il a donc voulu lui-même beaucoup souffrir, et pour expier nos péchés, et pour nous apprendre à supporter patiemment les peines légères que la justice de Dieu nous inflige, en échange des peines éternelles que nous avons méritées par nos péchés. Pourrions-nous, après cela, refuser de le suivre et de marcher sur ses traces ?

138. Formation et établissement de l'Eglise.

« Le temps vient, et il est déjà venu, disait Jésus-Christ « à la Samaritaine, où les vrais adorateurs adoreront le « Père en esprit et en vérité. » Il est descendu lui-même sur la terre pour former cette société d'adorateurs parfaits : c'est l'Eglise.

Pendant les jours de sa vie mortelle, ses prédications et ses miracles réunirent autour de lui un certain nombre de disciples. Ils furent d'abord assez peu nombreux, il est vrai ; mais c'était le grain de sénevé qui, quoique petit, allait croître bientôt et devenir un arbre, de sorte que les oiseaux du ciel pourraient venir se reposer sur ses branches.

Parmi ses disciples, il en choisit douze auxquels il donna le nom d'*Apôtres*, et qu'il destinait à gouverner l'Eglise naissante après qu'il serait remonté au ciel. Il les forma et les instruisit avec un soin tout particulier, afin de les rendre capables de remplir dignement l'importante mission qu'il allait leur confier.

Il voulut que l'un d'eux fût placé à la tête non seulement des disciples, mais aussi de tous les autres Apôtres et qu'il se montrât au monde avec les titres augustes de vicaire et de représentant du Christ auprès des peuples. Son choix, pour cette éminente dignité, tomba sur saint Pierre. Il lui en fit d'abord la promesse avant sa Passion, lorsque, pour le récompenser de la foi vive avec laquelle il l'avait reconnu comme Fils de Dieu, il lui dit : « Vous êtes Pierre, « et sur cette pierre je bâtirai mon Eglise et les portes de

« l'enfer ne prévaudront point contre elle. Je vous don-
« nerai les clefs du royaume des Cieux ; tout ce que vous
« lierez sur la terre sera aussi lié dans le ciel ; et tout ce
« que vous délierez sur la terre sera aussi délié dans le
« ciel. » Cette magnifique promesse fut accomplie après la
résurrection. Dans sa troisième apparition à ses disciples,
Jésus-Christ, avant d'investir saint Pierre de la plénitude
de sa puissance sur l'Eglise, voulut qu'il réparât par une
protestation solennelle la faute qu'il avait commise en le
reniant trois fois. Il l'interrogea donc et lui dit : « Simon,
« fils de Jean, m'aimez-vous plus que ne font ceux-ci ? —
« Il lui répondit : Oui, Seigneur, vous savez que je vous
« aime. — Jésus lui dit : Paissez mes agneaux. Il lui de-
« manda de nouveau : Simon, fils de Jean, m'aimez-vous ?
« — Pierre lui répondit : Oui, Seigneur, vous savez que
« je vous aime. — Jésus lui dit : Paissez mes agneaux. Il
« lui demanda pour la troisième fois : Simon, fils de Jean,
« m'aimez-vous ? Pierre fut contristé de ce qu'il lui deman-
« dait pour la troisième fois : M'aimez-vous ? Il lui dit :
« Seigneur, vous connaissez tout, vous savez que je vous
« aime. — Jésus lui dit : Paissez mes brebis. »

Par ces paroles, saint Pierre est donc placé à la tête de
tout le troupeau dont Jésus-Christ est le pasteur suprême.
Agneaux et brebis, tout est est confié à sa garde, c'est-à-
dire que tout lui est soumis dans l'Eglise, les chefs aussi
bien que les simples fidèles.

Quoique placés sous la dépendance de saint Pierre, à qui
ils devront respect et soumission, comme à leur chef, et à
qui est remise la plénitude de la puissance apostolique,
les apôtres, néanmoins, reçurent directement de Jésus-
Christ les pouvoirs nécessaires à l'exercice de leurs fonctions.

Il les envoie donc, en vertu de la toute-puissance qui
lui a été donnée, pour continuer auprès des hommes la
mission qu'il a reçue lui-même de son Père : « Toute puis-
« sance, leur dit-il, m'a été donnée dans le ciel et sur la
« terre ; allez donc. Comme mon Père m'a envoyé, je vous
envoie. » Il leur confère les trois grands pouvoirs néces-

saires pour la formation, l'administration spirituelle et la sanctification de la société chrétienne qu'il veut établir dans le monde : 1° celui d'évangéliser et de baptiser tous les peuples : « Instruisez toutes les nations, les baptisant au « nom du Père et du Fils, et du Saint-Esprit, et leur appre- « nant à observer toutes les choses que je vous ai com- « mandées ; » 2° le pouvoir de gouverner l'Eglise et de faire toutes les lois qu'ils jugeront convenables pour le bien et la sanctification des fidèles : « En vérité, je vous « le dis, tout ce que vous aurez lié sur la terre, sera lié « dans le ciel, et tout ce que vous aurez délié sur la terre « sera délié dans le ciel. Celui qui vous écoute m'écoute « et celui qui vous méprise me méprise ; mais celui qui « me méprise, méprise Celui qui m'a envoyé ; » 3° le pouvoir de pardonner les péchés : « Recevez le Saint- « Esprit ; les péchés seront remis à ceux à qui vous les « remettrez, et ils seront retenus à ceux à qui vous les « retiendrez. »

Afin de rassurer les Apôtres contre la crainte que devaient naturellement leur inspirer la vue de leur faiblesse et la grandeur de l'entreprise dont il les chargeait, Jésus-Christ leur promet une assistance continuelle : « Voilà que « je suis avec vous tous les jours, jusqu'à la consommation « des siècles. » Mais il leur recommande de ne commencer leur mission que lorsqu'ils auront reçu le Saint-Esprit : « Je vais vous envoyer le don que mon Père vous « a promis par ma bouche : cependant, demeurez dans la « ville jusqu'à ce que vous soyez revêtus de la force d'en « haut. »

Dociles aux ordres qu'ils avaient reçus de leur maître, les Apôtres se renfermèrent dans le cénacle, et dix jours après l'Ascension de Jésus-Christ, le Saint-Esprit descendit sur eux en forme de langues de feu. Ils sortirent alors tout changés en des hommes nouveaux, et commencèrent à prêcher. Deux prédications de saint Pierre convertirent huit mille personnes, et bientôt Jérusalem fut remplie des miracles et des conversions que les Apôtres opéraient partout. Les magistrats et le gros de la nation voulurent s'opposer au progrès de l'Evangile, mais ce fut en vain. Les Apôtres, après avoir prêché avec le même succès dans la Judée, la Galilée, la Samarie, passèrent dans la Syrie, dans les provinces de l'Asie mineure, dans la Macédoine et dans la Grèce, annonçant à tous l'Evangile, c'est-à-dire la bonne nouvelle de la rédemption du genre humain par Jésus-Christ. Saint Pierre, le chef du collège apostolique, porta la foi à Rome, alors la capitale du monde. Le Seigneur bénissant les efforts et les travaux de leur zèle, les conversions étaient nombreuses, et en peu de temps le monde se trouva rempli de chrétiens ; il y en avait même dans le palais des empereurs.

139. Moyens de conserver et d'augmenter en nous la vie chrétienne ou surnaturelle.

Le premier de ces moyens, c'est la prière. La prière est la condition de la vie de la grâce, le devoir le plus essentiel de l'homme et du chrétien. La nécessité de la prière découle de nos besoins spirituels, de notre impuissance à y pourvoir, de notre dépendance absolue de Dieu et d'une spéciale disposition de sa providence. « Sans moi vous ne « pouvez rien, nous dit Jésus-Christ. — Demandez et vous « recevrez. — Priez sans cesse et ne vous lassez jamais de « le faire. Tout ce que vous demanderez à mon Père, en « mon nom, je le ferai. »

Ce n'est pas que la prière soit nécessaire pour faire connaître à Dieu nos besoins, ou pour lui manifester des désirs qu'il ignore. Mais c'est à nous que la prière est nécessaire, pour nous apprendre et nous rappeler que Dieu seul est l'auteur de tout bien ; que c'est de lui que nous tenons tout ; que c'est en lui seul que nous devons chercher notre bonheur.

Le second moyen pour conserver et augmenter en nous la vie de la grâce, c'est la fréquentation des sacrements.

Dans le saint baptême, nous avons reçu la vie de la grâce ; nous avons été unis, incorporés à Jésus-Christ, faits enfants de Dieu et héritiers du ciel.

Cette heureuse vie, ces admirables bienfaits, nous pouvons les perdre par le péché mortel.

Dieu, dont la miséricorde est infinie, a établi, dans l'Eglise, un second baptême, le sacrement de pénitence, dans lequel nous pouvons obtenir le pardon de nos péchés et recouvrer tous les avantages qu'ils nous ont fait perdre.

Le sacrement de pénitence n'a pas seulement la vertu de remettre les péchés, mais il confère encore des grâces qui soutiennent et affermissent dans le bien et préservent de la rechute.

Il faut se confesser pour être délivré du péché quand on l'a commis ; il faut se confesser pour ne plus le commettre, du moins pas aussi souvent, ni aussi gravement.

L'Eucharistie est destinée à entretenir, à alimenter en nous la vie surnaturelle.

La nourriture n'est pas la vie, mais elle en est la condition, on ne saurait vivre sans manger. « Je suis le pain de
« vie, dit Jésus-Christ ; celui qui mange de ce pain ne
« mourra point, mais il vivra éternellement, et le pain que
« je donnerai, c'est ma chair, pour la vie du monde. —
« En vérité, en vérité, je vous le dis, si vous ne mangez la
« chair du Fils de l'homme et si vous ne buvez son sang,
« vous n'aurez point la vie en vous. — Qui mange ma
« chair et boit mon sang, a la vie éternelle, et je le res-
« susciterai au dernier jour. Qui mange ma chair et boit
« mon sang demeure en moi, et moi en lui. »

Communier, c'est recevoir le corps, le sang, l'âme et la divinité de Jésus-Christ dans l'Eucharistie.

La prière, l'assistance à la sainte messe, la confession et la sainte communion sont des pratiques indispensables à la vie chrétienne, pour assurer le salut éternel de l'âme.

140. Vertus théologales?

On appelle *théologales* les vertus qui ont Dieu immédiatement pour objet et pour motif ; il y en a trois, qui sont : la *Foi*, l'*Espérance* et la *Charité*. Ces vertus se rapportent immédiatement à Dieu ; car, par la foi, nous croyons en

Dieu ; par l'espérance, nous avons une ferme confiance que nous le posséderons un jour ; et par la charité, nous l'aimons.

I. *La Foi.* — La Foi est le premier devoir que Dieu impose à l'homme. Ce devoir est renfermé dans le premier commandement : « Vous adorerez le Seigneur votre Dieu, et vous ne servirez que lui seul ; » *car pour s'approcher de Dieu*, dit saint Paul, *il faut croire*. La Foi consiste à croire fermement, c'est-à-dire sans hésiter, toutes les vérités que Dieu a révélées à son Eglise et qu'elle nous propose de croire de sa part. Ces vérités sont contenues dans l'Ecriture et dans la Tradition, et c'est à l'Eglise que le dépôt en a été confié ; c'est elle qui en fixe le vrai sens par un jugement infaillible, et qui en propose la croyance aux fidèles avec une souveraine autorité. C'est Dieu lui-même qui lui a donné ce pouvoir : « Allez, enseignez toutes les nations ; » et qui lui a promis de la préserver de toute erreur : « Voilà que je suis avec vous tous les jours, jusqu'à la consommation des siècles. » Nous devons donc croire tout ce que l'Eglise nous enseigne, et il n'y a point de salut à espérer pour celui qui ne le croit pas, c'est-à-dire qui n'a point la Foi. La parole de Notre-Seigneur est formelle : « Celui qui croira et sera baptisé, sera sauvé ; et celui qui ne croira pas, sera condamné. » — « Sans la Foi, dit l'Apôtre, il est impossible de plaire à Dieu. » Le Concile de Trente l'appelle *le commencement du salut, la racine et le fondement de la justification.*

La Foi honore Dieu et l'homme. Par la Foi, nous honorons la souveraine véracité de Dieu ; elle est, comme parle saint Paul, un sacrifice et une offrande que nous lui faisons, en soumettant notre esprit à sa parole infaillible ; car la Foi est fondée sur la parole de Dieu. La Foi honore l'homme ; car, en croyant sur la parole de Dieu, il fait de sa raison l'usage le plus légitime, le plus honorable, puisqu'il l'associe à celle de Dieu même, en entrant en communauté de pensées, de lumière et de science avec lui. Les vérités les plus belles de la Foi sont presque toutes au-dessus de la portée de la raison ; en sorte que celui qui refuserait de les croire, se priverait des connaissances sublimes qu'elles apportent et des consolations qu'elles procurent à l'homme ici-bas. Nous sommes assurés que les vérités de la Foi nous viennent de Dieu, parce qu'il l'a montré par les miracles nombreux qu'il a opérés pour les confirmer. Les miracles sont la voix, le témoignage de Dieu.

II. L'*Espérance*. — Si l'homme doit croire avec certitude toutes les vérités que Dieu a révélées à son Eglise, il ne doit pas moins espérer en lui, c'est-à-dire attendre avec une ferme confiance, de sa bonté infinie, les biens qu'il nous a promis. Ces biens sont le salut éternel et les grâces dont nous avons besoin pour y arriver ; c'est la possession éternelle de Dieu et les moyens de l'obtenir sûrement. Ce bonheur est infiniment au-dessus de nous et de tous nos efforts ; aussi est-ce par pure bonté et tout à fait gratuitement que Dieu nous en a fait la promesse. Nous ne pourrions mériter ce bonheur par nous-mêmes ; mais Dieu, qui nous aime, nous promet tous les secours dont nous avons besoin pour y arriver ; car c'est pour cela qu'il nous a donné son Fils unique, afin que quiconque croit en lui ne périsse point, mais qu'il ait la vie éternelle. La vue de nos misères ne doit pas nous empêcher d'espérer en Dieu ni d'attendre les biens qu'il nous a promis. Sa toute-puissance, à laquelle rien n'est impossible, sa miséricorde infinie, les mérites de la mort et de la passion de Notre-Seigneur, le commandement qu'il nous fait d'espérer en lui : voilà le fondement de l'Espérance chrétienne, et cette espérance n'est jamais confondue quand elle est humble, sincère et persévérante. « Le ciel et la « terre passeront, dit le Seigneur, mais mes paroles ne « passeront point. » Il est vrai pourtant que, dans cette vie, l'Espérance est toujours mêlée de crainte. Dieu le permet ainsi, afin de nous tenir dans l'humilité et dans une salutaire défiance de nous-mêmes. Mais ce qui produit en nous cette crainte, ne vient pas du côté de Dieu, qui ne peut jamais être infidèle à ses promesses, mais du côté de nous-mêmes, parce que nous pouvons mettre des obstacles à la grâce et nous la rendre inutile.

III. *La Charité.* — La Foi et l'Espérance chrétiennes nous sont données en vue de la Charité, et y conduisent. « Vous aimerez le Seigneur votre Dieu de tout votre cœur, « de toute votre âme, de tout votre esprit et de toutes vos « forces, dit Jésus-Christ ; voilà le premier et le plus « grand commandement. » Etait-il donc nécessaire que Dieu nous commandât de l'aimer ? N'est-il pas de lui-même souverainement aimable ? Ses perfections infinies, sa bonté pour nous, les bienfaits dont il nous comble, les avantages que l'on trouve à s'attacher à lui, tout ne nous engage-t-il pas à l'aimer ? Il nous a créés, il nous conserve, il nous nourrit ; le ciel, la terre, toutes les créatures qu'il a formées pour notre usage, tout ne nous crie-t-il pas de l'aimer ? Cependant, Dieu a fait bien plus encore pour nous, dans l'ordre du salut : il nous a donné son propre Fils ; il l'a sacrifié pour nous racheter ; il a bien voulu nous admettre au nombre de ses enfants ; à chaque instant, il nous soutient par sa grâce, et il nous destine, après cette vie, une félicité éternelle dans le séjour de la gloire. N'est-ce donc pas assez pour gagner notre cœur ? Et c'est, en effet, tout ce qu'il nous demande en retour de tant de bienfaits : « Mon fils, nous dit-il, donnez-moi votre cœur. » Comment résister à cette tendre invitation du plus tendre des pères ?

Pourrions-nous bien, d'ailleurs, refuser notre cœur à Dieu ? C'est lui qui l'a créé ; et pourquoi nous a-t-il faits capables d'aimer, si ce n'est pour que nous dirigions sans cesse vers lui la pure flamme de notre amour ?

Si l'amour de Dieu est le plus grand de nos devoirs, c'est aussi le plus pressant de nos besoins ; car il peut seul apporter à notre âme cette joie pure, cette paix délicieuse, qui font son bonheur et que ne sauraient lui donner les richesses, la gloire et les plaisirs. « Seigneur, disait saint « Augustin, vous nous avez faits pour vous, et notre cœur « est dans le trouble, jusqu'à ce qu'il se repose en vous. »

Mais l'amour que Dieu demande de nous, doit être véritable et sincère, et se manifester par les œuvres. « Si « vous m'aimez, dit Jésus-Christ, gardez mes commande-

« ments. » En effet, on cherche à plaire à celui qu'on aime. Nous montrerons donc à Dieu que nous l'aimons en faisant sa volonté et en accomplissant fidèlement sa loi sainte.

141. Vertus cardinales.

Outre les trois vertus théologales, nous devons encore pratiquer les vertus *morales*. Ces vertus sont ainsi appelées parce qu'elles ont pour objet de régler nos mœurs, c'est-à-dire nos habitudes, de nous porter au bien et de nous donner de la facilité pour de bonnes actions.

Le nombre des vertus morales est assez grand ; mais il en est quatre qui tiennent le premier rang, parce qu'elles sont regardées comme la source, le fondement et l'appui de toutes les autres : on leur donne, pour cette raison, le nom de *cardinales*. Ces vertus sont la *Prudence*, la *Justice*, la *Force*, la *Tempérance*.

I. *La Prudence*. — La Prudence est une vertu qui nous fait connaître et pratiquer ce qui convient dans la conduite de la vie. Elle fait choisir le temps, le lieu, les moyens pour arriver sûrement au but; elle règle tout dans l'homme, jusqu'à ses paroles, et elle fait éviter les fausses démarches, les indiscrétions, qui pourraient avoir des suites fâcheuses. La Prudence rend prévoyant, circonspect et défiant de soi-même ; elle fait éviter la légèreté, la précipitation, ainsi que la ruse, la fourberie et la fraude, qu'elle rejette comme des moyens coupables ; car elle ne regarde comme possible que ce que l'on peut exécuter par des moyens légitimes. La Prudence est nécessaire à tous les hommes ; aussi Jésus-Christ nous la recommande-t-il dans l'Evangile en ces termes : *Soyez prudents comme des serpents*.

II. *La Justice*. — La Justice est une vertu qui nous porte à rendre fidèlement à Dieu et au prochain tout ce que nous leur devons. C'est ce que Jésus-Christ nous rappelle par ces belles paroles : « Rendez à César ce qui appartient à César, et à Dieu ce qui appartient à Dieu. »

La Justice comprend donc essentiellement : 1° la vertu de religion, par laquelle nous rendons à Dieu, à la sainte Vierge, aux anges et aux saints, le culte que nous leur devons ; 2° la piété filiale, qui nous fait un devoir de respecter et d'aimer nos parents, de leur obéir en tout ce qui n'est pas contraire à la loi de Dieu, de les assister dans leurs besoins spirituels et temporels, et de prier pour eux. C'est encore à la vertu de Justice que se rapportent : 1° l'obéissance, qui nous rend soumis à l'autorité de nos maîtres, de nos supérieurs et de tous ceux que la Providence a placés au-dessus de nous, soit dans l'ordre spirituel, soit dans l'ordre temporel ; 2° la probité, qui nous fait respecter la personne, les biens et la réputation du prochain.

La Justice produit encore une autre vertu dont l'effet est de nous régler par rapport à nous-mêmes : c'est l'humilité, qui nous apprend à nous connaître, à ne pas nous apprécier au delà de notre valeur et à nous traiter en conséquence. Vertu bien rare, mais cependant bien nécessaire au salut, puisque Jésus-Christ nous dit : « Si vous « ne devenez semblables à de petits enfants, vous n'entre- « rez pas dans le royaume des cieux. »

III. *La Force.* — La Force est une vertu par laquelle nous surmontons les difficultés qui se présentent dans la pratique du bien et supportons avec courage les travaux, les fatigues et les épreuves de la vie. Cette vertu est pour chacun de nous d'une grande nécessité ; sans elle nous ne pouvons espérer le salut, car Jésus-Christ nous dit : « Le « Royaume des cieux se prend comme d'assaut, et c'est « en se faisant violence qu'on l'emporte. » Il faut donc agir avec force et courage dans l'affaire du salut.

Les vertus qui se rattachent à la Force, comme à leur principe, sont : 1° la patience, qui nous soutient au milieu des souffrances et des tribulations, nous les faisant supporter à l'imitation de Jésus-Christ, avec une soumission entière à la volonté de Dieu ; 2° la persévérance, qui nous rend fermes et constants dans la pratique du bien ; 3° la magnanimité, qui élève l'âme, rend généreux, désintéressé, capable des plus grands actes de vertu.

Comme toutes les autres vertus, la Force tient un juste milieu entre deux extrêmes. Ainsi, elle condamne également la témérité, qui pèche par excès en s'exposant au danger sans aucune nécessité, et la lâcheté, qui pèche par défaut, reculant devant l'accomplissement d'un devoir par la crainte des efforts qu'il demande ou des privations qu'il impose.

IV. *La Tempérance*. — La Tempérance est une vertu qui réprime notre inclination déréglée pour les plaisirs des sens, et nous porte à n'user qu'avec modération de ceux qui nous sont permis. Elle comprend : 1° l'abstinence, qui prémunit contre tout excès ; 2° la sobriété, qui modère dans l'usage du boire et du manger ; 3° la pudeur, qui inspire de l'horreur pour tout ce qui est contre la décence et l'honnêteté ; 4° la modestie, qui règle tout l'extérieur de l'homme, son maintien, sa démarche, ses paroles, ses gestes. De la Tempérance, vient encore la douceur, qui conserve l'âme dans le calme et dans la tranquillité, en arrêtant ou en réprimant les mouvements intérieurs qui pourraient la troubler, et qui souvent se manifestent au dehors par la brusquerie et la dureté dans les paroles et les manières. C'est, avec l'humilité, la vertu que Jésus-Christ veut que nous apprenions particulièrement de lui : « Apprenez de moi que je suis doux et humble de « cœur. »

La gourmandise, l'ivresse, la colère, sont des vices opposés à la Tempérance et réprouvés par la loi de Dieu. « Les ivrognes, dit saint Paul, ne seront point héritiers « du royaume de Dieu. » Jésus-Christ condamne, dans l'Evangile, quiconque se met en colère contre son frère.

142. Respect de l'autorité.

L'homme est destiné à vivre en société avec ses semblables. Mais la société serait impossible s'il n'y avait pas un moyen pour établir et maintenir l'ordre dans une multitude composée d'individus qui ont des vues et des goûts différents et souvent opposés ; car autrement personne ne pourrait se promettre de vivre en paix et en assurance : on se verrait sans cesse exposé à être insulté, dépouillé, tué même par ceux qui croiraient trouver leur intérêt à nous maltraiter ainsi ; il vaudrait mieux alors se séparer de la compagnie des autres hommes pour aller chercher une existence tranquille dans quelque coin d'un désert. Or, ce moyen se trouve dans l'autorité qui gouverne la société ; c'est elle qui est chargée de veiller au maintien du bon ordre et de faire en sorte que chacun puisse jouir en paix de sa vie, de sa réputation, de ses biens, sans avoir à craindre d'être troublé par les autres, mais aussi sans les troubler. L'autorité est donc nécessaire non seulement pour le bien, mais encore pour l'existence de la société ; aussi n'a-t-on jamais vu de société sans une autorité quelconque pour la présider et la gouverner. Par conséquent, ceux qui chercheraient à détruire l'autorité, travailleraient, par là même, à la ruine de la société et au malheur de ceux qui la composent.

Il y a deux espèces de société : la société temporelle des citoyens, qui forme l'*Etat*, et la société religieuse des fidèles, qu'on appelle l'*Eglise*. Chacune de ces sociétés est gouvernée par une autorité différente. Dans l'*Eglise*, c'est l'autorité spirituelle ; dans l'*Etat*, c'est l'autorité civile. L'autorité spirituelle est exercée par le Souverain Pontife dans toute l'Eglise, et par les évêques dans leurs diocèses ; elle a pour but de nous guider dans le chemin du ciel et dans l'accomplissement des devoirs de la vie chrétienne. L'autorité civile, dont le but est de faire régner l'ordre et la paix parmi les sujets d'un même Etat, est exercée par les princes ou par ceux qui sont placés à la tête de la société.

Le devoir de l'autorité, dans l'*Etat* comme dans l'*Eglise*, c'est de travailler à notre bonheur, soit temporel, soit éternel ; mais aussi le devoir de chacun de nous est de respecter l'autorité et de lui obéir, à moins qu'elle ne vienne à commander quelque chose qui serait contraire à la loi de Dieu. L'apôtre saint Paul rappelait en ces termes aux premiers chrétiens la conduite à tenir à l'égard de

ceux qui sont revêtus de l'autorité : « Que tout le monde
« soit soumis aux puissances supérieures ; car il n'y a
« point de puissance qui ne vienne de Dieu, et c'est lui
« qui a établi toutes celles qui sont sur la terre. Celui
« donc qui s'oppose aux puissances, résiste à l'ordre de
« Dieu, et ceux qui y résistent, attirent la condamnation
« sur eux-mêmes ; car les princes ne sont pas à craindre
« lorsqu'on ne fait que de bonnes actions, mais lorsqu'on
« en fait de mauvaises. » Ce que l'Apôtre dit ici des
princes, s'applique à tous ceux qui exercent l'autorité en
leur nom, comme les magistrats et les juges, depuis le
premier des ministres jusqu'au plus petit des maires de
campagne.

Quant à l'autorité de l'Eglise, Jésus-Christ nous fait
connaître en termes assez forts le respect et l'obéissance
que nous lui devons, lorsqu'il dit à ses apôtres : « Comme
« mon Père m'a envoyé, je vous envoie. Celui qui vous
« écoute, m'écoute, et celui qui vous méprise, me méprise.
« Si quelqu'un n'écoute pas l'Eglise, qu'il soit pour
« vous comme un païen et un publicain. Je vous dis, en
« vérité, tout ce que vous lierez sur la terre, sera aussi lié
« dans le ciel, et tout ce que vous délierez sur la terre,
« sera aussi délié dans le ciel. »

143. Prendre dès l'enfance l'habitude de la vertu.

Heureux celui qui porte dès son enfance le joug du Seigneur, et qui consacre ses premières années à la vertu !
Comme le jeune arbre cède sans résistance à la main qui
le redresse et conserve en grandissant la forme qu'on a
voulu lui donner ; ainsi son âme se laisse aisément incliner vers le bien ; elle en prend le goût, la pratique lui en
devient facile et se change bientôt en une habitude, qui se
fortifie et se développe de jour en jour. A mesure qu'il
avance en âge, il croît en sagesse et en grâce devant Dieu
et devant les hommes. Sans doute, il aura toujours des
combats à soutenir pour garder sa vertu, parce que tou-

jours elle sera attaquée, au dedans par les penchants mauvais que nous portons en nous-mêmes, au dehors par les tentations et les mauvais exemples ; mais l'habitude du bien, qu'il aura contractée, lui rendra les efforts moins pénibles et la victoire plus facile et plus prompte. Il marchera ainsi dans la vie avec les vertus qui auront embelli son enfance, et qui, grandissant avec lui, deviendront le plus bel ornement de sa jeunesse, et feront ensuite la gloire de ses derniers jours.

Qu'il en est bien autrement de celui qui s'égare dès ses premiers pas dans la carrière ! Quand une fois elle a été durcie par l'air, la cire conserve l'empreinte qu'elle a reçue ; ainsi, l'âme habituée d'abord aux vices et aux passions en conserve le goût, et, la force de l'habitude venant accroître la tendance naturelle que nous avons déjà pour le mal, il se forme des liens d'iniquité qu'on ne rompt plus et dans lesquels on demeure captif. De là cette parole de Sophar à Job, son ami : « Les dérèglements de sa jeu-
« nesse pénétreront jusque dans ses os, et ils reposeront
« avec lui dans la poussière du tombeau. » De là encore cette réflexion que l'Esprit-Saint nous suggère par la bouche du Sage : « Le jeune homme suit la voie de ses
« premiers ans; dans la vieillesse même, il ne la quittera
« pas. »

CIVILITÉ.

144. Objet de la civilité.

La civilité est le savoir-vivre des gens bien élevés ; elle découle de la charité chrétienne, qui, d'après l'admirable portrait qu'en fait le grand apôtre, est *patiente, douce, bienfaisante, supporte tout, souffre tout, ne se pique et ne s'aigrit de rien, et n'a pas de mauvais soupçons.*

C'est en mettant en pratique toutes ces vertus que la civilité prescrit tant de formes honnêtes (1), gracieu-

___
(1) Les manières *honnêtes* sont une marque d'attention. On est honnête par l'observation des bienséances et des usages de la société.

ses(1) et polies (2), dans les rapports que nous avons avec la société ; cette bienséance (3) dans le geste et dans les paroles pour plaire et pour témoigner les égards qu'on a pour les autres ; enfin, cet assemblage de discrétion, de complaisance, de circonspection, qui fait rendre à chacun les devoirs qu'il a droit d'exiger.

L'apôtre saint Pierre, en exhortant les fidèles *à s'inspirer mutuellement l'humilité*, ne semble-t-il pas recommander une pratique continuelle de civilité ? Car la civilité est une humilité extérieure ; elle devient intérieure si nous l'exerçons par des vues spirituelles. Saint Paul la prescrit encore plus expressément lorsqu'il ordonne aux Romains de *se prévenir les uns les autres par des témoignages d'honneur et de déférence.*

Les bienséances sont d'une étendue infinie. L'âge, le caractère, la qualité des personnes imposent des devoirs différents ; si l'on n'observe pas toutes ces différences, on paraît peu honnête, on passe pour impoli.

145. Devoirs envers les parents.

S'il y a des devoirs de bienséance et des règles de politesse à observer dans le monde, un enfant bien élevé les gardera d'une manière parfaite à l'égard de ses parents. HONORE *ton père et ta mère, afin de passer une longue vie sur la terre.*

Telles sont les paroles que Dieu fit entendre à son peuple du haut du Sinaï. Cet honneur, ce profond respect qu'on a pour un père et une mère, est le premier et le plus beau fruit d'une excellente éducation. Quelque tendresse qu'ils aient pour vous, quelque familière que soit

---

(1) On est *gracieux* par l'affabilité, les prévenances qu'on a pour les autres.

(2) La *politesse* consiste dans les façons agréables que nous avons dans la conversation et dans la conduite ; elle ne permet rien de déplaisant.

(3) La *bienséance* ne souffre aucune parole, aucun acte qui ne soit en harmonie avec les bonnes mœurs.

leur bienveillance, ne vous oubliez jamais sur un point si essentiel. Leur présence doit toujours vous imposer le respect. Votre air, vos paroles, vos manières, votre maintien, tout doit leur prouver votre parfaite soumission.

146. Du repos, du lever et du coucher.

N'accordez à votre corps que le repos nécessaire. Prolonger ce repos au delà du besoin, c'est donner une prime au démon de la paresse.

Qu'à votre réveil, votre première pensée soit pour Dieu. Offrez-lui votre cœur avec empressement.

Que la modestie, la décence président à votre lever.

N'oubliez jamais la prière à genoux aux pieds du Sauveur crucifié ; elle attirera sur votre journée les bénédictions du ciel. Le soir, elle est une action de grâces des bienfaits reçus.

Si quelque faute avait échappé à votre vigilance, c'est le moment d'en gémir et d'en demander pardon à Dieu.

En quittant vos habits pour vous coucher, observez toujours la décence. Mettez-vous au lit modestement, après avoir fait le signe de la croix.

147. De la propreté.

La propreté, outre qu'elle est un des meilleurs moyens de conserver la santé, est aussi une vertu et un devoir. Elle excite la vigilance, commande la modestie et inspire l'amour de la chasteté. Elle consiste dans plusieurs soins qui concernent le corps, les vêtements, le lieu qu'on habite, et jusqu'à l'air qu'on respire.

La bienséance veut qu'on ne paraisse en société qu'après avoir ajusté son costume avec soin.

Que vos vêtements soient assortis à votre condition, et toujours d'une propreté irréprochable. Ainsi, qu'on n'y remarque jamais ni tache, ni déchirure, ni boue, ni poussière.

Chaque jour, lavez-vous soigneusement la figure, le cou, les oreilles, les mains, la bouche, les dents. Cette habitude conserve la fraîcheur du teint, la blancheur des dents et préserve l'haleine d'une odeur désagréable qu'on remarque dans beaucoup de personnes qui ne soignent pas leur bouche.

Les ongles exigent un soin particulier. Il est malséant et grossier de les ronger avec les dents ou de les couper devant quelqu'un. C'est encore une incivilité grossière de mettre les doigts dans le nez, de se curer les dents, les oreilles, de se gratter la tête, de manier ses cheveux, étant en compagnie.

En été surtout, lavez-vous souvent les pieds.

L'action de se moucher exige des soins pour n'être point un sujet de dégoût. En vous mouchant, n'imitez pas ceux qui se mouchent en trompette ; mouchez-vous sans bruit et serrez votre mouchoir sans l'examiner.

A moins d'être dans la rue, il faut toujours cracher dans son mouchoir.

Abstenez-vous, autant que possible, d'éternuer, de bâiller. Si vous ne pouvez vous contraindre, détournez-vous du moins, en vous couvrant la bouche avec la main ou le mouchoir.

148. Civilité dans les relations : salut, visites, démarche, église.

Accoutumez-vous de bonne heure à avoir pour toutes sortes de personnes des manières polies, honnêtes, un air gracieux et toujours civil.

Quand vous abordez quelqu'un, ou que vous vous en séparez, saluez toujours. Le salut doit être respectueux et profond à une personne qui est au-dessus de vous, cordial et civil, à un égal.

On doit le salut à toutes les personnes que l'on connaît, sans attendre qu'elles nous préviennent, à moins qu'elles ne nous soient subordonnées.

Ne pas rendre un salut par fierté, c'est être sot et orgueilleux.

On salue même un inconnu, quand on le rencontre dans un lieu isolé ou à la campagne.

Si les personnes avec lesquelles vous êtes, en saluent d'autres, saluez aussi et restez découvert si l'on s'arrête.

Pour saluer convenablement, on ôte son chapeau et on le baisse en développant le bras ; le corps doit se porter en avant, en inclinant d'abord la tête. On s'incline plus profondément, selon la dignité des personnes que l'on salue.

On ne saurait trop recommander l'habitude de tenir le corps droit, mais sans raideur, de porter les pieds en dehors, d'éviter les gestes affectés, souvent ridicules, immodestes ou grossiers.

En entrant chez quelqu'un, la bienséance veut qu'on se découvre, et l'on ne doit se couvrir que sur l'invitation instante de la personne.

Avant d'entrer dans une chambre, frappez doucement à la porte. N'ouvrez jamais, si vous n'avez pas reçu l'invitation d'entrer.

Pour une visite de cérémonie, il convient d'être mis le plus proprement possible.

Les visites de cérémonie sont celles du premier jour de l'an, et celles qu'on fait à un supérieur pour lui témoigner son respect et la confiance qu'il a droit d'attendre.

La reconnaissance d'un bienfait reçu oblige à faire une visite à celui qui en est l'auteur.

On visite ses parents et ses amis avec un vif empressement, quand ils sont malades ou affligés, quand un grand bonheur leur est arrivé, pour leur offrir des félicitations.

Ne soyez pas trop long dans les visites que vous faites aux malades, pour ne pas les fatiguer, et aux personnes très occupées ou dont le temps est précieux, pour n'être pas importun.

Toute visite doit être rendue dans la huitaine.

Quand on n'a pas répondu à une première visite, n'en faites pas une seconde, dans la crainte d'être importun.

En vous présentant dans une réunion, faites, à l'entrée

de la salle, un premier salut général ; puis, empressez-vous d'aborder la maîtresse de la maison, puis le maître, de les saluer et de leur présenter vos devoirs ; ensuite, saluez successivement les autres personnes, en échangeant quelques paroles d'amitié avec vos connaissances. Le tout avec aisance et sans vous presser.

Prenez garde d'avancer la main devant quelqu'un, pour recevoir ou donner un objet ; mais passez-la par derrière la personne.

On ne se permet pas non plus de passer devant une personne sans s'excuser, en lui en demandant la permission. On s'incline en passant.

Ne vous approchez pas plus près que les autres du foyer ou du poêle, et faites volontiers place à ceux qui arrivent.

La politesse veut que vous alliez au-devant des personnes qui viennent vous visiter.

Présentez-leur aussitôt des sièges. Quand elles s'en vont, il convient de les accompagner jusqu'au dehors de la porte de la maison.

N'invitez pas à se couvrir une personne qui vous est supérieure ; ne vous couvrez pas vous-même, à moins qu'elle ne vous y invite, mais toujours après elle.

Entre égaux, après s'être salués et invités l'un l'autre à se couvrir, on se couvre en même temps.

La bienséance veut qu'on donne le pas à toute personne supérieure, même égale, et aux dames surtout. Par exemple, à l'entrée d'une porte, dans un lieu étroit, on se recule, on se range pour les laisser passer ; dans un escalier, on leur cède le côté de la muraille ; dans une promenade, dans une rue, le côté le plus propre, le haut du pavé ; dans une voiture, le fond et la droite ; dans une chambre, le côté opposé à la porte, etc.

Marchez d'un pas égal avec vos égaux.

Avec une personne de haute considération, la bienséance veut qu'on ne marche pas sur la même ligne, mais un peu en arrière.

Quand on est deux, la droite est la place d'honneur ; si l'on est en plus grand nombre, c'est le milieu.

En vous promenant dans la propriété d'autrui, ne touchez ni aux fruits ni aux fleurs, ni à quoi que ce soit.

En marchant dans les rues, ne regardez pas en l'air, comme un étourdi ; ne heurtez, ne coudoyez personne.

C'est une grossièreté d'y montrer du doigt les gens, de leur parler de loin, de les nommer tout haut.

Si vous vous rendez à l'église avec quelqu'un, la bienséance veut que vous lui offriez l'eau bénite en entrant et en sortant. Ce serait s'afficher pour impie, et se rendre un sujet de scandale, que de ne pas faire un salut devant l'autel où repose le Saint-Sacrement, de rire, de causer, de troubler le recueillement des personnes qui prient. Rien n'est plus contraire à la civilité qu'une telle conduite ; l'église est un lieu saint ; un homme bien élevé s'y tient avec modestie, s'agenouille et prie pendant les offices qu'on y célèbre.

149. Dans les entretiens.

Ne craignez pas de vous montrer trop honnête dans la conversation ; un excès de politesse, loin de vous avilir, ne pourrait qu'ajouter à l'estime des gens qui ont de l'éducation.

Sachez prendre un ton convenable ; car il doit changer, selon qu'on parle à des égaux ou à des supérieurs, à des jeunes gens ou à des vieillards. Ces nuances de ton, bien senties, sont une preuve qu'on a une notion exacte des convenances.

Entre amis, la familiarité est une bienséance ; si l'on se connaît peu, elle est une incivilité.

Des manières trop aisées avec des supérieurs dénotent peu d'esprit, beaucoup de suffisance, ou de l'effronterie.

Rien n'est bienséant que ce qui est dans les règles de la modestie.

Les enfants surtout doivent être bien circonspects et se garder d'interrompre ceux qui parlent. Quand on leur demande quelque chose, ils doivent répondre modestement : *Oui, Monsieur*, ou *Oui, Madame*. On ne fait pas de mouvement de tête pour répondre *oui* ou *non*.

Si l'on répond à une personne de qualité, on ajoute le titre de la personne : *Oui, Monseigneur ; oui, Monsieur le Maire ; oui, mon Père.*

Quand vous n'avez pas entendu la question, dites : *Je vous demande pardon,* ou *Pardon, Monsieur, je n'ai pas entendu.*

Si votre réponse doit être négative, il est convenable d'ajouter, après *Non, Monsieur,* quelques mots pour adoucir cette négation, surtout si vous parlez à des personnes de qualité : *Avez-vous aperçu mon fils ? — Non, Madame, je ne l'ai pas aperçu. — Accepterez-vous ces bonbons ? — Oui, Monsieur, si vous avez la bonté de me les donner. — Votre père est-il de retour ? — Non, Monsieur, il n'est pas encore arrivé.*

Il est fort malséant, en société, de parler avec quelqu'un une langue que tout le monde ne comprend pas, ou de lui parler bas à l'oreille.

On a l'air sot de rire pour rien, et l'on est incivil d'éclater ou de prolonger le rire au delà des justes bornes.

N'arrêtez pas trop le regard sur les personnes en leur parlant, et ne vous en approchez pas de trop près ; sans le vouloir, vous pourriez leur envoyer de la salive au visage, ce qui serait une incivilité repoussante.

Il y a des gens familiers qui, en vous parlant, vous frappent sur l'épaule, vous prennent les mains, touchent vos habits, en tirent les boutons comme s'ils voulaient les arracher. Ces gens-là sont rustauds et malappris.

Un ancien proverbe dit : *Ne parlez pas de corde dans la maison d'un pendu.* Ne parlez pas non plus des défauts naturels devant les personnes qui en ont ; ne vantez pas les aisances de la vie devant ceux qui en sont privés.

La modestie veut qu'on parle rarement de soi et de ce qui peut nous attirer des louanges.

Si vous voulez qu'on vous croie sur parole, ne soyez point exagéré. C'est le défaut des orgueilleux, qui veulent toujours étonner quand ils parlent.

N'oubliez pas que le mensonge est un vice odieux et détestable ; que les jurements, les imprécations, les termes grossiers, doivent être bannis d'une conversation honnête.

Il est aussi malséant que peu chrétien de déchirer la réputation des absents, par des paroles de médisance.

Ajoutez aux éloges des autres plutôt que de les affaiblir.

Si on loue vos parents, témoignez seulement votre gratitude et applaudissez modestement.

En parlant à une personne considérable, ne lui dites pas : *comment vous portez-vous ?* Mais, prenant une tournure plus polie, vous direz : *Monsieur, permettez-moi de m'informer de l'état de votre santé.*

Si elle était assez bonne pour s'informer de la vôtre, vous répondriez : *Vous me faites, Monsieur, beaucoup d'honneur ; je suis fort reconnaissant de vos bontés.*

Un jeune homme poli dira, même à ses inférieurs : *Ayez la bonté de faire... de dire... de me donner,* etc. et jamais avec raideur : *Faites cela... donnez-moi...* etc.

Envers les personnes de qualité, on emploie les formules les plus respectueuses : *Monsieur voudrait-il ?... Monsieur aurait-il la bonté de ?... Me permettrait-il de ?...* etc.

On vous prendrait pour un homme sans éducation et fort grossier, si vous alliez contredire quelqu'un en lui disant : *Ce n'est pas vrai. — Vous mentez. — C'est absurde. — Vous ne savez ce que vous dites,* etc.

Mais, vous servant d'expressions plus polies, dites : *Monsieur, permettez-moi de vous dire que vous faites erreur, que vous avez été mal renseigné ; permettez-moi de n'être pas de votre avis, il me semble que cela n'est pas possible,* etc.

150. A table.

Avant de se mettre à table, un jeune homme chrétien ne rougira pas de faire le signe de la croix et de dire le *Bénédicité*, ni après le repas, de dire les *Grâces* (1).

---

(1) Si cependant il était seul à remplir ce devoir dicté par la reconnaissance envers Dieu, il pourrait le faire le moins ostensiblement possible.

La bonne éducation ne paraît jamais mieux qu'à table, et il n'est aucune circonstance où l'on ait plus besoin de politesse.

Que de règles à observer ! Que d'incongruités à éviter ! — Trop d'empressement à s'asseoir, le choix d'une place qui ne convient pas, une ostentation d'appétit, des yeux avides et trop errants sur les mets, des mains toujours en mouvement, des doigts malpropres... tout cela décèle un jeune homme non seulement impoli, mais gourmand, mais grossier.

Il y a mille bienséances à garder à table, sans lesquelles on passe pour un homme mal élevé.

N'y soyez jamais couvert, ou demandez la permission de vous couvrir.

Mangez décemment ; parlez peu et jamais en mangeant le potage ; répondez avec modestie ; ayez toujours un air honnête, respectueux et réservé.

Acceptez gracieusement la place qu'on vous donne, sans la choisir vous-même.

Ne soyez pas le premier à déployer votre serviette.

La serviette étant destinée à préserver les habits des taches, à s'essuyer les doigs et la bouche, on la met sur ses genoux, ou on la passe à une boutonnière de son habit.

Attendez qu'on vous serve, sans marquer d'impatience, et faites en sorte, par politesse, que les autres soient servis avant vous.

Il n'est pas permis de se pencher sur la table en s'appuyant sur les coudes, on ne doit y appuyer que les poignets.

La bienséance défend également les postures molles, comme de s'étendre et de se balancer sur son siège, de se gratter la tête, de jeter ses regards de tous côtés.

Prenez vos mesures pour ne pas être obligé de vous moucher ou de cracher pendant le repas. Si vous ne pouviez vous en abstenir, il conviendrait de vous détourner un peu, pour n'être pas désagréable à vos voisins, et de cracher dans votre mouchoir.

C'est de la main droite qu'il faut tenir le couteau, la cuiller et la fourchette : celle-ci passe dans la main gauche quand on veut couper des viandes.

Gardez-vous de faire du bruit en mangeant et en buvant, de humer, de souffler le potage.

Il est malhonnête de manger avec trop d'avidité. Ne mettez un morceau à la bouche qu'après avoir avalé l'autre, et n'en prenez point de si gros qu'il la remplisse avec excès.

L'usage veut que l'on rompe son pain ; on le coupe, s'il est trop ferme ; mais, d'y mordre, ce serait une grossièreté.

On doit se servir de la pointe du couteau, après l'avoir essuyé, pour prendre du poivre ou du sel.

Le verre se tient de la main droite, entre le pouce et les deux premiers doigts.

On ne doit y verser que ce qu'on peut boire tout d'un trait. Il est grossier de le remplir jusqu'au bord.

Il n'est pas de plus dégoûtante grossièreté que de boire ayant la bouche pleine, de montrer ce qu'on a dans la bouche en mangeant.

En buvant, ne levez pas les yeux. Essuyez-vous la bouche avant de boire et après avoir bu.

C'est le propre d'un homme friand de témoigner une inclination particulière pour les mets délicats, ou de paraître difficile au boire ou au manger. On ne doit donc jamais dire : *Je ne mange pas de ceci, je n'aime pas cela...*

Ne jetez pas indiscrètement les yeux sur l'assiette de votre voisin : on pourrait croire que vous convoitez les morceaux qu'on lui a servis.

C'est une impolitesse grossière de porter au nez les viandes qu'on a sur son assiette, de les toucher avec les doigts, d'y faire remarquer à ses voisins des choses qui répugnent.

La bienséance défend de jeter sous la table les os, les arêtes, les noyaux, les pelures des fruits et les choses qu'on ne peut avaler. On les reçoit de la bouche avec la main close, en se baissant un peu, et on les met sur le bord de son assiette.

Il est aussi malhonnête qu'imprudent de gesticuler avec le couteau ou la fourchette.

On ne doit jamais se servir du couteau pour le porter à la bouche.

C'est une grossièreté de sucer ses doigts quand ils sont gras. Il faut les essuyer avec sa serviette.

Soyez plein de complaisance pour vos voisins ; loin de les gêner, empressez-vous de leur offrir les choses dont ils peuvent avoir besoin : du pain, du sel, du poivre ; de leur servir à boire, de passer un dessert, de faire changer l'assiette, etc.

On ne porte jamais la main aux plats, à moins qu'ils ne passent à la ronde.

Il n'est permis de prendre avec la main que les artichauts, les asperges, les radis, les fruits et la pâtisserie.

La bienséance veut qu'on pèle les pêches, les poires, les pommes, après les avoir coupées par quartiers.

A une table étrangère, on ne plie pas la serviette, on la laisse sur la table.

Nous ne finirions pas, si nous voulions énumérer toutes les circonstances, tous les cas où la civilité impose ses règles de bienséance et de savoir-vivre, et s'il fallait signaler toutes les inconvenances qui se commettent, soit à table, soit dans la conversation, soit partout ailleurs. Ce petit traité ne peut tout dire. N'oubliez jamais qu'autant la politesse sied bien, autant et plus encore l'incivilité rebute. Fâcheux, importun, incommode, un homme impoli est partout à charge aux gens honnêtes et bien élevés. Nulle compagnie ne peut le souffrir, à moins qu'il ne la défraie par ses bêtises.

Les pierres les plus précieuses ne sont estimées qu'autant qu'elles sont polies. Fût-on né prince, eût-on infiniment d'esprit, fût-on puissant et riche, si l'on manque d'éducation, si l'on est incivil, on est méprisé. Rien n'est aujourd'hui plus mal vu dans le monde qu'un homme sans politesse. La vertu même y est mal reçue, si elle est grossière.

PREMIÈRES NOTIONS D'HYGIÈNE.

151. Objet de l'hygiène.

L'hygiène a pour objet la conservation de la santé. Elle enseigne comment il faut user des choses nécessaires à la vie ; comment on peut modifier ou détruire les influences nuisibles ; quelle direction et quelle culture on doit donner à ses organes pour améliorer sa constitution et prévenir les maladies.

Les règles de l'hygiène se rapportent principalement à l'air que nous respirons, aux aliments, aux boissons qui servent à nous nourrir, et aux soins que nous devons à notre corps pour le conserver sain.

152. Influence de l'air.

L'air est indispensable à l'entretien de la vie ; rien ne saurait tenir lieu d'un air pur et salubre. Tel air, tel sang. L'air tel que la nature l'a partout prodigué, est le mieux approprié à la respiration de l'homme. Mais bien des causes peuvent le vicier. Nous signalerons seulement, parmi ces causes, la respiration de l'homme et des animaux, la fermentation des matières végétales, les exhalaisons des plantes et celles des marais, la putréfaction des substances animales, la combustion, etc.

Il faut donc avoir soin d'éviter les trop grandes agglomérations de personnes dans les salles. On exige au moins par personne 15 mètres cubes d'air dans les chambres à coucher et 4 mètres cubes dans celles d'habitation. On peut souvent augurer de la pureté et de la salubrité de l'air par l'éclat de la flamme d'une bougie. Tout air dans lequel la flamme pâlit et menace de s'éteindre deviendrait promptement mortel.

On conserve ou l'on rétablit la pureté de l'air par différents procédés de désinfection, de ventilation et de fumigation. Le moyen le plus actif pour neutraliser les effets pernicieux des émanations végétales et animales, c'est l'emploi du chlore. Dans la ventilation, il faut éviter soigneusement les courants d'air.

Le vent fait l'office d'un ventilateur naturel, quand il s'agit des villes et des contrées. Il emporte les miasmes et les gaz méphitiques qui vicieraient l'air.

153. Influence de la lumière et de la température.

La lumière stimule les organes de la vie, en facilite le jeu. L'action du soleil est toujours très utile à la santé ; cependant il serait dangereux de s'exposer longtemps aux rayons directs d'un soleil ardent, surtout après l'hiver, alors que le corps a été déshabitué de l'excitation qu'il produit.

Une trop grande lumière naturelle ou artificielle peut irriter l'œil et en altérer la sensibilité ; des résultats semblables proviennent d'une lueur trop faible ou des dimensions trop petites des objets sur lesquels s'exerce la vue.

Les bougies, les lampes carcels et à modérateur garnies d'huile végétale sont les moyens d'éclairage les plus hygiéniques. Les becs de gaz absorbent une grande quantité de la partie vitale de l'air ; les huiles de schiste donnent une mauvaise odeur et peuvent facilement causer des accidents par leur inflammation lorsqu'elles ne sont pas pures. Une personne qui travaille à la lumière, doit chercher, autant que possible, à placer le foyer lumineux plus haut que sa tête ; et, au besoin, se servir d'un abat-jour pour que cette lumière ne lui donne pas en plein dans les yeux.

Le corps de l'homme a une température d'environ 37 degrés centigrades dans les conditions les plus favorables à la conservation de la vie. Cette chaleur est entretenue dans le corps par le fonctionnement des organes de la respiration, de la digestion et de la circulation. Plus il fait froid, plus le corps perd de sa chaleur naturelle. Aussi, le besoin de prendre de la nourriture est-il plus impérieux en hiver qu'en été.

Les transitions brusques du chaud au froid et du froid au chaud sont toujours pénibles. C'est ce qui augmente la mortalité dans le passage de l'hiver à l'été ou de l'été à l'hiver. C'est aussi pour cette raison que le dégel est ordinairement dangereux, parce qu'il y a passage brusque du froid au chaud et de la sécheresse à l'humidité.

Le vent froid du nord est souvent nuisible ; il supprime la transpiration normale, refroidit les humeurs et produit des rhumes, des catarrhes, des inflammations intérieures. Le meilleur remède contre les indispositions causées par le refroidissement, c'est de faire diète, de se mettre au lit, de boire une infusion, afin de provoquer une sueur abondante.

Quand on est mouillé par la pluie, il faut changer au plus tôt de vêtements, quels que soient le temps et la saison, ou, si la chose est impossible, se donner du mouvement jusqu'à ce qu'ils soient secs.

Lorsqu'on a les mains et les pieds froids, il vaut beaucoup mieux les réchauffer lentement par un exercice modéré que de les exposer à la chaleur du feu.

Le chauffage des appartements, pendant l'hiver, est indispensable dans nos climats tempérés ; mais il peut devenir aussi la cause de bien des accidents fâcheux. C'est pourquoi il faut veiller à ce que, dans ces appartements, l'air se renouvelle suffisamment, qu'il ne soit pas trop desséché, ce que l'on prévient en plaçant sur le poêle un vase d'eau largement ouvert ; que la chaleur ne soit pas trop intense et que l'on ne passe pas brusquement ni souvent d'une température à une autre.

On ne doit jamais fermer entièrement les tuyaux qui emportent la fumée et les autres produits de la combustion ; sans cette précaution, on s'expose à des maux de tête et même à l'asphyxie.

154. Des aliments.

Tout corps vivant éprouve chaque jour des pertes de substance, principalement par la respiration et la transpiration ; pour réparer ces pertes, il a besoin de s'assimiler des substances nouvelles, prises dans le monde extérieur ; ces substances sont nos divers aliments.

Le besoin d'alimentation se fait sentir par l'appétit, et, quand il n'est pas satisfait, par la faim ; la faim se fait sentir, chez l'homme, au moins deux fois en 24 heures. L'intervalle entre les repas doit être d'autant plus court que l'âge du sujet est moins avancé et sa dépense de forces plus grande. Mais il est impossible de tracer des règles invariables à cet égard. L'appétit et la faim sont les moniteurs naturels que l'on doit consulter ; malheureusement la sensualité sait créer des appétits factices au grand détriment de la santé. Un repas qui finit par une satiété pénible, nuit à l'organisme ; la réfection salutaire est simplement suivie d'un sentiment de bien-être, tant au moral qu'au physique. On a donc raison de dire qu'il ne faut jamais sortir de table complètement rassasié.

La qualité des aliments varie surtout avec les lieux que l'on habite ; chaque région produit, en général, les aliments les plus nécessaires et les plus convenables à ses habitants. Le régime alimentaire diffère aussi, avec raison, suivant que l'on habite les villes ou la campagne, que l'on mène une vie sédentaire ou que l'on exerce une profession qui demande de grands efforts musculaires. Les gens sédentaires et les habitants des villes ont besoin d'une nourriture plus stimulante que les hommes qui travaillent des bras ou qui vivent à la campagne.

La nourriture de l'homme se modifie aussi suivant les saisons. En été, on éprouve un goût prononcé pour les fruits (1) et les aliments végétaux, qui sont très propres à combattre les irritations gastriques et autres affections qu'occasionnent les chaleurs. Pendant l'hiver, on préfère un régime animal, qui développe plus de chaleur, soutient mieux les forces et rend plus capable de supporter les rigueurs et les intempéries de la saison.

(1) Le défaut de maturité des fruits en rend l'usage dangereux pour la santé.

Les personnes d'une constitution faible, les malades, les convalescents ont besoin de s'observer pour la qualité et la quantité des aliments ; l'hygiène fait plus que les drogues pour prévenir les indispositions ou les empêcher de dégénérer en maladies. Parmi les aliments qui conviennent le mieux aux infirmes et aux convalescents, il y a le bouillon, le lait coupé, les potages légers, les œufs à la coque, la viande de poulet, de veau. — La viande rôtie ou grillée est plus nourrissante et plus facile à digérer que la même viande bouillie ou arrangée en sauce.

Pour être sains, les aliments doivent être proprement préparés, bien cuits, convenablement assaisonnés, pris en médiocre quantité et bien mâchés ou triturés. La modération et la régularité dans les repas sont salutaires au corps et à l'âme.

Il ne faut pas oublier que le meilleur assaisonnement c'est l'appétit, et que le moyen sûr d'en avoir toujours, c'est de ne jamais le satisfaire entièrement.

155. Des boissons.

L'eau est la boisson la plus commune ; elle est aussi la plus saine pour quiconque éprouve peu de fatigue et vit sous un ciel tempéré. Toutefois, pour être salubre, elle doit être claire, sans odeur, d'une saveur fraîche ; elle doit dissoudre le savon, renfermer de l'air et cuire les légumes secs. L'eau de pluie et celle de rivière réunissent le plus souvent ces qualités.

L'eau stagnante, celle des lacs, des citernes, des marais, est malsaine ; l'eau distillée est trop privée d'air, l'eau de mer est trop salée, nauséabonde, même quand on la distille.

Si l'eau n'est pas pure, on la filtre ; si elle paraît fade, on l'aromatise ou on la sucre. Il convient de l'aciduler si la soif est vive, de l'aviner par un peu d'alcool si l'on transpire, de la mêler au vin si elle est crue ou que l'on craigne la faiblesse.

Prise avec excès, l'eau ôte l'appétit, produit des coliques, des diarrhées, etc. Il est surtout dangereux de boire de l'eau fraîche lorsqu'on est en sueur ; on peut alors étancher sa soif avec plus de succès et moins de danger, en mâchant quelque plante acide ou en prenant à plusieurs reprises une gorgée d'eau que l'on rejette après l'avoir gardée quelque temps dans la bouche, ou bien en mâchant longtemps une bouchée de pain avec une gorgée d'eau que l'on avale ensuite. En tout cas, celui qui boit pendant qu'il est en sueur, doit continuer à donner de l'exercice au corps s'il ne veut s'exposer à de graves accidents.

L'eau se trouve à l'état de mélange dans les boissons fermentées. Celles-ci renferment de l'alcool et excitent le corps et l'esprit. Le vin est la plus salubre et la plus recherchée de ces boissons. La tempérance est d'accord avec les exigences de la santé pour demander que le vin soit toujours coupé avec de l'eau dans des proportions d'autant plus fortes qu'il contient plus d'alcool.

Les boissons alcooliques proprement dites sont trop souvent funestes ; la vive saveur qu'elles ont peut occasionner des habitudes ignobles ; elles exposent, en outre, ceux qui en boivent avec excès, à des paralysies, à des tremblements, à des attaques d'apoplexie, à une imbécillité irrémédiable et à une mort prématurée.

156. Des vêtements.

On doit considérer, dans les vêtements, la matière dont ils sont faits et la forme qu'ils ont.

Les vêtements de laine conservent bien la chaleur du corps. Ils conviennent aux hommes faibles dont la santé s'altère facilement par les changements de température.

Les vêtements de coton sont moins chauds que ceux de laine. Ceux de lin et de chanvre sont encore plus légers et plus frais que ceux de coton.

Le changement d'étoffe à chaque saison n'est pas sans inconvénients. En portant toujours des habits de laine, on préviendrait les maladies auxquelles on s'expose en prenant trop tôt les habits d'été et en les quittant trop tard.

Les habits trop étroits, les cravates et les jarretières trop serrées gênent la liberté des membres et la circulation du sang.

L'usage des bretelles pour soutenir le pantalon est préférable aux ceintures, qui compriment le corps et empêchent la circulation régulière du sang.

La coiffure doit être légère, aisée, propre à préserver la tête de l'intempérie des saisons et les yeux d'une trop vive lumière.

On doit changer assez souvent de linge pour favoriser la transpiration insensible si nécessaire à la santé. Mais il faut que le linge blanc soit bien sec quand on le met.

Il est dangereux de mettre des habits qui ont servi à des malades, à moins qu'ils n'aient été bien lavés et exposés à l'air assez longtemps.

Les lits mous ou trop chauds affaiblissent le corps et le rendent délicat. L'habitude de rester longtemps au lit et de se lever tard est pernicieuse au corps et à l'âme. L'air du matin fortifie les nerfs, rend l'esprit gai et serein, excite l'appétit et entretien la santé.

La propreté de la chevelure, des dents, des pieds, du corps, des vêtements et des habitations contribue puissamment au bien-être et prévient beaucoup de maladies.

157. Des exercices du corps.

L'exercice du corps favorise la circulation du sang, répartit par conséquent avec plus de régularité les matériaux nutritifs, rend les organes plus forts, plus agiles et plus aptes à remplir leurs différentes fonctions. La privation d'exercice, un repos continuel, l'oisiveté, produisent des effets désastreux sur le corps et sur l'âme.

Mais rien n'est comparable, pour la santé, aux travaux des champs. L'air pur que l'on y respire, l'exercice modéré auquel on se livre, l'agrément que donne l'aspect du ciel et de la campagne, toutes ces circonstances entretiennent les forces physiques, procurent le bien-être du corps, donnent le calme de l'esprit, le contentement du cœur et rendent l'homme heureux. L'agriculture est la carrière qui mène aux jouissances les plus faciles, les plus simples et les plus universelles.

La course est un excellent exercice pour les enfants et les jeunes gens. La gymnastique enseigne une foule d'exercices très-avantageux pour le développement des membres.

A l'observation des règles d'une sage hygiène, joignez la pratique de la vertu et vous aurez une âme ravissante de beauté dans un corps florissant de santé.

CINQUIÈME PARTIE

POÉSIE.

158. Dieu révélé par ses œuvres.

Oui, c'est un Dieu caché que le Dieu qu'il faut croire :
Mais, tout caché qu'il est, pour révéler sa gloire,
Quels témoins éclatants devant moi rassemblés !
Répondez, cieux et mers, et vous, terre, parlez !
Quel bras peut vous suspendre, innombrables étoiles ?
Nuit brillante, dis-nous qui t'a donné tes voiles.
O cieux, que de grandeur, et quelle majesté !
J'y reconnais un maître à qui rien n'a coûté,
Et qui, dans vos déserts, a semé la lumière,
Ainsi que, dans nos champs, il sème la poussière.

Toi qu'annonce l'aurore, admirable flambeau,
Astre toujours le même, astre toujours nouveau,
Par quel ordre, ô soleil ! viens-tu du sein de l'onde
Nous rendre les rayons de ta clarté féconde ?
Tous les jours je t'attends, tu reviens tous les jours :
Est-ce moi qui t'appelle et qui règle ton cours ?

Et toi, dont le courroux veut engloutir la terre,
Mer terrible, en ton lit quelle main te resserre ?
Pour forcer ta prison tu fais de vains efforts ;
La rage de tes flots expire sur tes bords.

. . . .

La voix de l'univers à ce Dieu me rappelle,
La terre le publie. Est-ce moi, me dit-elle,
Est-ce moi qui produis mes riches ornements ?
C'est celui dont la main posa mes fondements.
Si je sers tes besoins, c'est lui qui me l'ordonne ;
Les présents qu'il me fait, c'est à toi qu'il les donne.
Je me pare de fleurs qui tombent de sa main ;
Il ne fait que l'ouvrir et m'en remplit le sein.

L. RACINE.

159. Dieu loué par ses œuvres.

Les cieux instruisent la terre
A révérer leur Auteur :
Tout ce que leur globe enserre
Célèbre un Dieu Créateur.
Oh ! quel sublime cantique,
Que ce concert magnifique
De tous les célestes corps !
Quelle grandeur infinie,
Quelle suave harmonie
Résulte de leurs accords.

De sa puissance immortelle
Tout parle, tout nous instruit.
Le jour au jour la révèle,
La nuit l'annonce à la nuit.
Ce grand et superbe ouvrage
N'est point pour l'homme un langage
Obscur et mystérieux ;
Son admirable structure
Est la voix de la nature
Qui se fait entendre aux yeux.

Oh ! que tes œuvres sont belles,
Grand Dieu ! Quels sont tes bienfaits !
Que ceux qui te sont fidèles
Sous ton joug trouvent d'attraits !
Ta crainte inspire la joie ;
Elle assure notre voie,
Elle nous rend triomphants,
Elle éclaire la jeunesse,
Et fait briller la sagesse
Dans les plus faibles enfants.

J.-B. Rousseau.

160. Le Soir.

Le roi brillant du jour se couchant dans sa gloire,
Descend avec lenteur de son char de victoire.
Le nuage éclatant qui le cache à nos yeux
Conserve en sillon d'or sa trace dans les cieux

Et d'un reflet de pourpre inonde l'étendue.
Comme une lampe d'or dans l'azur suspendue,
La lune se balance au bord de l'horizon.
Ses rayons affaiblis dorment sur le gazon,
Et le voile des nuits sur les monts se déplie.
C'est l'heure où la nature un moment recueillie,
Entre la nuit qui tombe et le jour qui s'enfuit,
S'élève au créateur du jour et de la nuit,
Et semble offrir à Dieu, dans son brillant langage,
  De la création le magnifique hommage.
LAMARTINE.

161. Le Printemps.

Déjà les nuits d'hiver, moins tristes et moins sombres,
Par degrés, de la terre ont éloigné leurs ombres ;
Et l'astre des saisons, marchant d'un pas égal,
Rend au jour moins tardif son éclat matinal.
Avril a réveillé l'aurore paresseuse,
Et les enfants du nord, dans leur fuite orageuse,
Sur la cime des monts ont porté les frimas.
Le beau soleil de mai, levé sur nos climats,
Féconde les sillons, rajeunit les bocages,
Et de l'hiver oisif, affranchit ces rivages.
La sève, emprisonnée en ses étroits canaux,
S'élève, se déploie, et s'allonge en rameaux ;
La colline a repris sa robe de verdure,
 'y cherche le ruisseau dont j'entends le murmure.
Dans ces buissons épais, sous ces arbres touffus,
J'écoute les oiseaux, mais je ne les vois plus.
Des pâles peupliers la famille nombreuse,
Le saule ami de l'onde, et la ronce épineuse,
Croissent au bord du fleuve, en longs groupes rangés.
Dans leur feuillage épais les zéphyrs engagés
Soulèvent les rameaux, et leur troupe captive
D'un doux frémissement fait retentir la rive.
Le serpolet fleurit sur les monts odorants ;
Le jardin voit blanchir le lis, roi du printemps ;
L'or brillant du genêt couvre l'humble bruyère ;
Le pavot dans les champs lève sa tête altière ;
L'épi cher à Cérès, sur sa tige élancée,
Cache l'or des moissons dans son sein hérissé ;

Et l'aimable espérance, à la terre rendue,
Sur un trône de fleurs du ciel est descendue.

MICHAUD.

162. L'Eté.

L'été brûlant arrive et vient jaunir nos plaines.
Je chanterai sa gloire à l'ombre des forêts,
Sur les bords arrosés par les eaux des fontaines,
Tandis que dans l'espace il fait voler ses traits.
L'alouette en chantant monte vers la lumière ;
Le lièvre, ami des blés, s'abandonne à ses jeux ;
Le cerf léger bondit le long d'une clairière,
Et regarde souvent le berger matineux
Qui sort, avec la paix, de son humble chaumière.
O tranquilles vallons ! solitaires berceaux !
Campagnes dont l'éclat réjouit ma pensée !
Qui peut dormir encor, quand la fraîche rosée,
Quand l'aube radieuse anime vos tableaux ?

. . . .

Quelle magnificence ! elle étonne mes yeux
Trop faibles pour saisir cette immense étendue.
Peindrai-je de ces monts les groupes lumineux,
Que le soleil enflamme au travers de la nue ;
Ces vallons ombragés de bois majestueux ;
Ce fleuve qui se roule en replis sinueux,
Et renvoie aux rochers des clartés ondoyantes ;
Ce vent doux qui frémit sur les vagues brillantes ;
Ce long tapis de fleurs déployé sur les prés ;
Ces collines, ces tours, ces villages dorés,
Ces épis balançant leurs têtes jaunissantes,
Et toutes les couleurs qui, fuyant par degrés,
Semblent au loin se perdre en vapeurs transparentes ?

LÉONARD.

163. Bonté de Dieu.

Que le Seigneur est bon, que son joug est aimable !
Heureux qui dès l'enfance en connaît la douceur !
Jeune peuple, courez à ce maître adorable :
Les biens les plus charmants n'ont rien de comparable
Aux torrents de plaisirs qu'il répand dans un cœur.

Que le seigneur est bon, que son joug est aimable !
Heureux qui dès l'enfance en connaît la douceur !
    Il s'apaise, il pardonne ;
    Du cœur ingrat qui l'abandonne
    Il attend le retour ;
    Il excuse notre faiblesse ;
    A nous chercher même il s'empresse.
    Pour l'enfant qu'elle a mis au jour
    Une mère a moins de tendresse.
    Ah ! qui peut avec lui partager notre amour ?
                              J. RACINE.

164. Puissance de Dieu.

Que peuvent contre lui tous les rois de la terre ?
En vain ils s'uniraient pour lui faire la guerre.
Pour dissiper leur ligue, il n'a qu'à se montrer ;
Il parle : et dans la poudre il les fait tous rentrer.
Au seul son de sa voix, la mer fuit, le ciel tremble.
Il voit comme un néant tout l'univers ensemble ;
Et les faibles mortels, vains jouets du trépas,
Sont tous devant ses yeux comme s'ils n'étaient pas.
                              RACINE.

165. Justice de Dieu.

Ce Dieu, maître absolu de la terre et des cieux,
N'est point tel que l'erreur le figure à nos yeux.
L'Eternel est son nom, le monde est son ouvrage.
Il entend les soupirs de l'humble qu'on outrage,
Juge tous les mortels avec d'égales lois,
Et du haut de son trône, interroge les rois.
Des plus fermes États la chute épouvantable,
Quand il veut, n'est qu'un jeu de sa main redoutable.
                              RACINE.

166. Confiance en Dieu.

Le Dieu que nous servons est le Dieu des combats :
    Non, non, il ne souffrira pas
    Qu'on égorge ainsi l'innocence.
    Hé quoi ! dirait l'impiété,

Où donc est-il ce Dieu si redouté
Dont Israël vantait la puissance ?
Ce Dieu jaloux, ce Dieu victorieux,
Frémissez, peuples de la terre,
Ce Dieu jaloux, ce Dieu victorieux
Est le seul qui commande aux cieux.
RACINE.

167. Aimer Jésus.

Oh ! qu'heureux est celui qui de cœur et d'esprit
Sait goûter ce que c'est que d'aimer Jésus-Christ,
Et joindre à cet amour le mépris de soi-même ;
Oh ! qu'heureux est celui qui se laisse charmer
Aux célestes attraits de la beauté suprême,
Jusqu'à quitter tout ce qu'il aime
Pour un Dieu qu'il faut seul aimer !...
Qui de la créature embrasse les appas
Trébuchera comme elle et suivra pas à pas
D'un si fragile appui le débris infaillible.
L'amour de Jésus-Christ a tout un autre effet :
Qui le sait embrasser en devient invincible,
Et sa défaite est impossible
Au temps par qui tout est défait.
Pierre CORNEILLE.

168. Prière d'un enfant le premier jour de l'année.

Du jour à peine on voyait la lumière :
Un jeune enfant prononçait sa prière ;
Son front naïf exprimait la candeur
  Et le bonheur.
Il dit : Seigneur, d'une nouvelle année
Je vois enfin la première journée ;
Avant l'aurore, éclairé par la foi,
  Je pense à toi.
Ta loi déjà me parle et m'intéresse,
Dans son amour fais-moi grandir sans cesse ;
Je saurai tout si, la connaissant bien,
  Je suis chrétien.

Veille, ô Seigneur, sur mon père et ma mère ;
Tu sais combien leur tendresse m'est chère :
Je leur dois tant ! daigne t'en souvenir,
    Pour les bénir.
Pour les bénir, souviens-toi de mes frères,
A tes enfants donne des jours prospères,
Toi dont l'amour au monde consolé
    S'est révélé.
Le temps s'enfuit, je touche à la jeunesse ;
Sois mon bonheur, ma force et ma sagesse :
Faible, ignorant, je compterai toujours
    Sur ton secours.
Un jour des cieux tu m'ouvriras l'entrée ;
Et recueilli dans ta gloire sacrée,
Je prendrai part au concert des élus
    Près de Jésus.

                    (Ami de la jeunesse).

169. Le retour dans la patrie.

Qu'il va lentement le navire
A qui j'ai confié mon sort !
Au rivage où mon cœur aspire
Qu'il est lent à trouver un port !
    France adorée !
    Douce contrée !
Mes yeux cent fois ont cru te découvrir.
    Qu'un vent rapide
    Soudain nous guide
Aux bords sacrés où je reviens mourir.
    Mais enfin le matelot crie :
    Terre ! terre ! là-bas, voyez !
Ah ! tous mes maux sont oubliés.
    Salut à ma patrie !

Oui, voilà les rives de France,
Oui, voilà le port vaste et sûr,
Voisin des champs où mon enfance
S'écoula sous un chaume obscur.
    France adorée !
    Douce contrée !
Je viens revoir ton sol aimé des cieux.

Terre chérie !
Rive fleurie !
Où dorment, sous la croix, mes vieux aïeux.
Elle est là-bas, ma bonne mère,
Ma mère au sourire gracieux,
Mon étoile sous d'autres cieux
Sur la rive étrangère !

Il est fini mon long voyage !
Seigneur ! sous le toit paternel
Loin des flots et loin de l'orage,
J'attendrai le jour éternel.
France adorée !
Douce contrée !
Où sont morts mes pères, je viens mourir.
Douce patrie !
France chérie !
Le jour où tout meurt, jusqu'au souvenir,
Reçois ma dépouille mortelle !
A toi je demande un tombeau ;
Mais, au ciel, un soleil plus beau
Pour mon âme immortelle.

170. Le Matin.

L'ombre commence à replier ses voiles,
L'air est frais et le ciel est pur ;
On voit encore briller quelques étoiles
Qui vont s'effacer dans l'azur
Tandis que par degrés l'orient se colore.
Tout se réveille sous les cieux ;
Et les petits oiseaux ont, par leurs chants joyeux,
Salué la nouvelle aurore.

Que j'aime sa douce clarté !
Que j'aime à voir le jour renaître,
Et le soleil se lever et paraître
Dans sa gloire et sa majesté !
Salut, ô féconde lumière,
Astre éclatant, noble flambeau !
Combien le Dieu qui traça ta carrière
Doit être grand, majestueux et beau !

Car tu n'es que sa créature.
Tu sembles, ô soleil, te promener en roi,
Et commander à la nature ;
Mais celui qui t'a fait est plus brillant que toi.
Gloire, amour et reconnaissance
A ce Dieu de bonté qui, dans les cœurs pieux,
Mit un flambeau divin pour éclairer l'enfance
Comme il fit un soleil pour éclairer les cieux.
DE JUSSIEU.

171. Le Colin-Maillard.

Des écoliers, un jour de fête,
S'exerçaient à colin-maillard :
A ce beau jeu-là, tôt ou tard,
Colin-maillard se rompt la tête.
La place est pourtant de faveur ;
Il est aussi plus d'un honneur
Que l'on recherche dans la vie.
Je n'y porte, moi, nulle envie,
Je suis volontiers spectateur.

Parmi notre belle jeunesse,
Un enfant briguait le mouchoir ;
Il le prend avec allégresse,
Toutefois sous bonne promesse
D'être averti du pot-au-noir.
Dans les mains de la Providence,
Au milieu du cercle tracé,
Voici notre jeune insensé,
Le colin-maillard, qui s'avance.

Il va, court, revient sur ses pas ;
En folâtrant, on l'environne ;
Il ouvre et ferme de grands bras,
Croit tout tenir, ne tient personne,
Parcourt le cercle et ne prend pas.
Cependant, à peu de distance,
Il entend un enfant qui rit ;
Il veut le saisir, il s'élance,
Frappe un mur, tombe et se meurtrit.

C'est notre image assez fidèle,
Qu'offre l'enfant qui vient de choir ;

Nous courons, séduits par l'espoir,
Où la passion nous appelle,
Et nous trouvons... le pot-au-noir.

DUTREMBLAY.

172. Le Cheval.

Voyez ce fier coursier, noble ami de son maître,
Son compagnon guerrier, son serviteur champêtre,
Le traînant dans un char, ou s'élançant sous lui.
Dès qu'a sonné l'airain, dès que le fer a lui,
Il s'éveille, il s'anime, et, redressant la tête,
Provoque la mêlée, insulte à la tempête.
De ses nasaux brûlants, il souffle la terreur ;
Il bondit d'allégresse, il frémit de fureur.
On charge, il dit : Allons ! se courrouce et s'élance ;
Il brave le mousquet, il affronte la lance ;
Parmi le feu, le fer, les morts et les mourants ;
Terrible, échevelé, s'enfonce dans les rangs ;
Du bruit des chars guerriers, fait retentir la terre,
Prête aux foudres de Mars les ailes du tonnerre.
Il prévient l'éperon, il obéit au frein,
Fracasse par son choc les cuirasses d'airain,
S'enivre de valeur, de carnage et de gloire,
Et partage avec nous l'honneur de la victoire ;
Puis revient dans nos champs, oubliant ses exploits,
Reprendre un air plus calme et de plus doux emplois,
Aux rustiques travaux, humblement s'abandonne,
Et console Cérès des fureurs de Bellone.

DELILLE.

173. Le Rocher et le Ruisseau.

Le ruisseau, dans son voyage,
Par un rocher escarpé
Voyant son chemin coupé
Lui dit : Faites-moi passage,
Veuillez un peu vous ranger.
L'insensible personnage
Ne daigne pas se bouger ;
Au contraire, il le repousse :
« Petite source d'eau douce,

« Lui dit-il, c'est bien pour vous
« Que j'irai quitter ma place,
« Moi qui des mers en courroux
« Cent fois bravai la menace ! »
Le ruisseau, sans se fâcher,
Avec constance et courage,
Creuse, mine le rocher,
Et, s'obstinant à l'ouvrage,
Il fait tant qu'il vient à bout
De se frayer un passage.
Persévérance obtient tout.

GRENUS.

174. Le menteur puni.

Guillot criait au loup ! un jour par passe-temps.
Un tel cri mit l'alarme aux champs.
Tous les bergers du voisinage
Coururent au secours. Guillot se moqua d'eux ;
Ils s'en retournèrent honteux,
Pestant contre Guillot et son vain badinage.
Mais rira bien qui rira le dernier.
Deux jours après, un loup avide de carnage,
Un véritable loup-cervier,
Malgré notre berger et son chien, faisait rage
Et se ruait sur le troupeau.
Au loup ! s'écria-t-il, au loup ! Tout le hameau
Rit à son tour. A d'autres, je vous prie,
Répondit-on, l'on ne nous y prend plus.
Guillot le goguenard fit des cris superflus,
On crut que c'était fourberie
Et le loup désola toute la bergerie.
C'est chose très funeste de mentir
Même en riant et pour se divertir.

RICHER.

175. Le Corbeau et le Faucon.

Un corbeau vigoureux, dans la fleur de son âge,
Par monts, par vaux, allait chercher son pain.
  Un vieux corbeau du voisinage,
Tout pelé, tout goutteux (le grand âge est malsain),

Se tenait dans son trou, prêt à mourir de faim.
Le jeune vit un jour un faucon charitable
Qui, chez le centenaire, apportait à manger.
Eh! quoi, dit-il, moi, pauvre diable,
En travaillant beaucoup, à peine ai-je à gruger ;
Tandis que mon vieux frère, assuré de sa table,
    Fait grand'chère sans se bouger.
    Oh! oh! puisque la Providence
    Nous a donné des pourvoyeurs,
    Je m'en remets à ces messieurs ;
Désormais des faucons j'attends ma subsistance.
Le subtil raisonneur agit en conséquence.
    Il se tient chez lui clos et coi,
Jouit de la paresse en attendant de quoi
    Flatter aussi sa gourmandise.
L'appétit vient, le faucon ne vient pas.
    Mon paresseux s'en scandalise ;
Mais, content d'en gronder, il n'en fait pas un pas.
    Après quelques jours de paresse,
    Et se sentant faillir le cœur,
    Il veut sortir ; mais sa faiblesse
L'arrête, et l'insensé meurt enfin de langueur.

Le ciel prétend qu'en son aide on espère,
    Mais il faut distinguer le cas :
Faites toujours ce que vous pouvez faire.
La Providence est la commune mère ;
Fiez-vous-y, mais ne la tentez pas.

                               (Fablier.)

176. La conversion du Loup.

En fouillant dans son cœur et dans sa conscience,
Un vieux loup y trouva tant d'horribles forfaits
Qu'il voulut, par le jeûne et par la pénitence,
    Racheter tous ses vieux méfaits.
Je veux, dit l'animal goutteux et cacochyme,
    Forcer mon naturel glouton
    A ne plus manger de mouton,
    Passer les nuits dans la prière,
    Observer tous les quatre-temps.
Il mena tout d'abord une vie exemplaire.
Mais voilà, par malheur, qu'au bout de quelque temps,

L'animal avisa, jouant dans la prairie,
Une jeune brebis bien gente (1), bien nourrie.
Elle était destinée à la table d'un dieu.
Hum! se dit l'animal, si je n'avais fait vœu
        De pénitence
        Et d'abstinence...
Fi!... chassons ce mauvais désir.
Cependant, à la voir si gente et rondelette,
      Si rebondie et grassouillette,
      Je me figure le plaisir.
Fi!... les délices!... Fi! fi! Plutôt que j'assume
Sur ma tête... Une fois, dit-on, n'est pas coutume.
Oui, cette fois encor, cette fois seulement.
Je jure, à l'avenir, de vivre saintement.

    Cela s'adresse à bien des gens :
    Très souvent voilà comme
Ils jurent de dompter tous leurs mauvais penchants,
    Et de dépouiller le vieil homme.
La moindre occasion leur fait oublier tout.
    C'est la conversion du loup.

177. Le Loup et le Renard.

    Un soir, un renard aperçut
La lune au fond d'un puits : l'orbiculaire image
    Lui parut un ample fromage.
    Deux seaux alternativement
    Puisaient le liquide élément ;
Notre renard, pressé par une faim canine,
S'accommode en celui qu'au haut de la machine
    L'autre seau tenait suspendu.
    Voilà l'animal descendu,
    Tiré d'erreur, mais fort en peine,
    Et voyant sa perte prochaine ;
Car comment remonter, si quelque autre affamé
    De la même image charmé,
    Et succédant à sa misère,
Par le même chemin ne le tirait d'affaire?
Deux jours s'étaient passés sans qu'aucun vînt au puits.
Le temps, qui toujours marche, avait pendant deux nuits

---

(1) *Gente*, mis pour gentille.

Echancré, selon l'ordinaire,
De l'astre au front d'argent la face circulaire.
Sire renard était désespéré.
Compère loup, le gosier altéré,
Passe par là ; l'autre dit : Camarade,
Je vous veux régaler ; voyez-vous cet objet ?
C'est un fromage exquis.....
J'en ai mangé cette échancrure ;
Le reste vous sera suffisante pâture ;
Descendez dans un seau que j'ai là mis exprès.
Bien qu'au moins mal qu'il pût, il ajustât l'histoire,
Le loup fut un sot de le croire ;
Il descend, et son poids, emportant l'autre part,
Reguinde en haut maître renard.

Ne nous en moquons pas : nous nous laissons séduire
Sur aussi peu de fondement ;
Et chacun croit fort aisément
Ce qu'il craint et ce qu'il désire.

La Fontaine.

178. La Fontaine et le Saule.

Au pied d'une colline aride,
Une fontaine jaillissait,
Et de temps en temps remplissait
Un frais bassin creusé par son onde limpide.
Rarement elle suffisait
Pour former un ruisseau qui baignât la vallée ;
Car le soleil la tarissait,
Et nulle ombre, nulle feuillée,
Des feux brûlants du jour ne la garantissait.
Dans le temps qu'elle en gémissait,
Voilà qu'un jeune saule, enfant de la nature,
Non loin d'elle dépérissait,
Abaissant sa pâle verdure
Que nulle eau ne rafraîchissait.
La fontaine compatissante,
Elle-même s'oublie en le voyant souffrir,
Et, pour aller le secourir,
Elle fait un effort et détourne sa pente.
Tout à l'entour du tronc déjà mort à moitié,
Bientôt le doux ruisseau serpente ;

Il baigne la racine, il humecte le pied ;
Il renouvelle enfin la sève nourrissante
Qui monte, qui circule en maint vaisseau caché,
Et reporte la vie à la tige mourante.
  Du pauvre saule desséché.
Il se penche, non plus par défaut de vigueur,
Mais pour couvrir de son ombrage
  La fontaine, sa tendre sœur,
  Sa bienfaitrice, son amie,
  Celle qui lui rendit la vie,
Et dont il peut enfin être le protecteur.
  A son tour, il veille sur elle ;
Son ombre, de la source entretient la fraîcheur ;
S'échappant du bassin, l'onde à grands flots ruisselle,
  Et va courir dans le vallon,
  Parmi les fleurs et le gazon
  Qu'elle embellit et renouvelle.

C'est ainsi qu'il se faut l'un l'autre secourir.
  La bienveillance mutuelle
Est pour nous tout profit, comme elle est tout plaisir.
      DE JUSSIEU.

179. Le Berger et son Troupeau.

« Quoi ! toujours il me manquera
  Quelqu'un de ce peuple imbécile !
  Toujours le loup m'en gobera !
J'aurai beau les compter ! Ils étaient plus de mille,
Et m'ont laissé ravir notre pauvre Robin !
  Robin mouton, qui, par la ville,
  Me suivait pour un peu de pain,
Et qui m'aurait suivi jusques au bout du monde !
Hélas ! de ma musette il entendait le son ;
Il me sentait venir de cent pas à la ronde !
  Ah ! le pauvre Robin mouton ! »
Quand Guillot eut fini cette oraison funèbre,
Et rendu de Robin la mémoire célèbre,
  Il harangua tout le troupeau;
Les chefs, la multitude, et jusqu'au moindre agneau,
  Les conjurant de tenir ferme :
Cela seul suffirait pour écarter les loups.
Foi de peuple d'honneur, ils lui promirent tous

De ne bouger non plus qu'un terme.
« Nous voulons, dirent-ils, étouffer le glouton
　　Qui nous a pris Robin mouton. »
　　Chacun en répond sur sa tête.
　　Guillot les crut et leur fit fête.
　　Cependant, avant qu'il fût nuit,
　　Il arriva nouvel encombre :
Un loup parut, tout le troupeau s'enfuit.
Ce n'était pas un loup, ce n'en était que l'ombre.

Haranguez de méchants soldats,
Ils promettent de faire rage;
Mais, au moindre danger, adieu tout leur courage;
Votre exemple et vos cris ne les retiendront pas.
LA FONTAINE.

180. Le Renard et la Cigogne.

Compère le Renard se mit un jour en frais,
Et retint à dîner commère la Cigogne.
Le régal fut petit et sans beaucoup d'apprêts :
　　Le galant, pour toute besogne,
Avait un brouet clair ; il vivait chichement.
Ce brouet fut par lui servi sur une assiette ;
La Cigogne au long bec n'en put attraper miette ;
Et le drôle eut lapé le tout en un moment.
　　Pour se venger de cette tromperie,
A quelque temps de là, la Cigogne le prie.
« Volontiers, lui dit-il, car, avec mes amis
　　Je ne fais point cérémonie. »
　　A l'heure dite, il courut au logis
　　De la cigogne son hôtesse,
　　Loua très fort sa politesse,
　　Trouva le dîner cuit à point.
Bon appétit surtout, renards n'en manquent point.
Il se réjouissait à l'odeur de la viande
Mise en menus morceaux, et qu'il croyait friande.
　　On servit, pour l'embarrasser,
En un vase à long col et d'étroite embouchure.
Le bec de la Cigogne y pouvait bien passer ;
Mais le museau du sire était d'autre mesure.
Il lui fallut à jeun retourner au logis,

Honteux comme un renard qu'une poule aurait pris,
Serrant la queue et portant bas l'oreille.

Trompeurs, c'est pour vous que j'écris :
Attendez-vous à la pareille.
La Fontaine.

181. Le Lion et le Rat.

Il faut, autant qu'on peut, obliger tout le monde,
On a souvent besoin d'un plus petit que soi.
De cette vérité deux fables feront foi,
    Tant la chose en preuves abonde.
    Entre les pattes d'un Lion,
Un rat sortit de terre assez à l'étourdie.
Le roi des animaux, en cette occasion,
Montra ce qu'il était, et lui donna la vie.
    Ce bienfait ne fut pas perdu.
    Quelqu'un aurait-il jamais cru
    Qu'un Lion d'un Rat eût affaire?
Cependant il advint qu'au sortir des forêts,
    Ce lion fut pris dans des rets
Dont ses rugissements ne le purent défaire.
Sire Rat accourut, et fit tant par ses dents
Qu'une maille rongée emporta tout l'ouvrage.

Patience et longueur de temps
Font plus que force ni que rage.
La Fontaine.

182. Le Héron.

Un jour, sur ses longs pieds allait je ne sais où,
Le Héron au long bec emmanché d'un long cou :
    Il côtoyait une rivière.
L'onde était transparente, ainsi qu'aux plus beaux jours;
Ma commère la carpe y faisait mille tours
    Avec le brochet son compère.
Le Héron en eût fait aisément son profit :
Tous approchaient du bord, l'oiseau n'avait qu'à prendre,
    Mais il crut mieux faire d'attendre
    Qu'il eût un peu plus d'appétit :
Il vivait de régime et mangeait à ses heures.

Après quelques moments, l'appétit vint : l'oiseau,
S'approchant du bord, vit sur l'eau
Des tanches qui sortaient du fond de ces demeures.
Le mets ne lui plut pas ; il s'attendait à mieux
Et montrait un goût dédaigneux,
Comme le rat du bon Horace :
Moi, des tanches ! dit-il ; moi Héron, que je fasse
Une si pauvre chère ! Et pour qui me prend-on ?
La tanche rebutée, il trouva du goujon.
Du goujon ! c'est bien là le dîner d'un héron !
J'ouvrirais pour si peu le bec ! Aux dieux ne plaise !
Il l'ouvrit pour bien moins : tout alla de façon
Qu'il ne vit plus aucun poisson.
La faim le prit : il fut tout heureux et tout aise
De rencontrer un limaçon.

Ne soyons pas si difficiles :
Les plus accommodants, ce sont les plus habiles.
On hasarde de perdre en voulant tout gagner.
La Fontaine.

183. Le Coche et la Mouche.

Dans un chemin montant, sablonneux, malaisé,
Et de tous les côtés au soleil exposé,
Six forts chevaux tiraient un coche.
Femmes, moines, vieillards, tout était descendu :
L'attelage suait, soufflait, était rendu.
Une mouche survient, et des chevaux s'approche,
Prétend les animer par son bourdonnement ;
Pique l'un, pique l'autre, et pense à tout moment
Qu'elle fait aller la machine ;
S'assied sur le timon, sur le nez du cocher.
Aussitôt que le char chemine,
Et qu'elle voit les gens marcher,
Elle s'en attribue uniquement la gloire,
Va, vient, fait l'empressée : il semble que ce soit
Un sergent de bataille allant en chaque endroit
Faire avancer ses gens et hâter la victoire.
La Mouche, en ce commun besoin,
Se plaint qu'elle agit seule, et qu'elle a tout le soin ;
Qu'aucun n'aide aux chevaux à se tirer d'affaire.
Le moine disait son bréviaire :

Il prenait bien son temps ! une femme chantait ;
C'était bien de chansons qu'alors il s'agissait !
Dame Mouche s'en va chanter à leurs oreilles,
    Et fait cent sottises pareilles.
Après bien du travail, le coche arrive au haut.
Respirons maintenant, dit la Mouche aussitôt :
J'ai tant fait que nos gens sont enfin dans la plaine.
Çà, messieurs les chevaux, payez-moi de ma peine.

Ainsi certaines gens, faisant les empressés,
    S'introduisent dans les affaires :
    Ils font partout les nécessaires,
Et, partout importuns, devraient être chassés.
                  LA FONTAINE.

184. Le Chat, la Belette et le petit Lapin.

    Du palais d'un jeune Lapin
    Dame Belette un beau matin,
    S'empara : c'est une rusée.
Le maître étant absent, ce lui fut chose aisée.
Elle porta chez lui ses pénates, un jour
Qu'il était allé faire à l'Aurore sa cour
    Parmi le thym et la rosée.
Après qu'il eut brouté, trotté, fait tous ses tours,
Jeannot Lapin retourne aux souterrains séjours.
La Belette avait mis le nez à la fenêtre.
O dieux hospitaliers ! que vois-je ici paraître !
Dit l'animal chassé du paternel logis.
    Holà ! madame la Belette,
    Que l'on déloge sans trompette,
Ou je vais avertir tous les rats du pays.
La dame au nez pointu répondit que la terre,
    Etait au premier occupant.
    C'était un beau sujet de guerre
Qu'un logis où lui-même il n'entrait qu'en rampant !
    Et quand ce serait un royaume,
Je voudrais bien savoir, dit-elle, quelle loi
    En a pour toujours fait l'octroi
A Jean, fils ou neveu de Pierre ou de Guillaume,
    Plutôt qu'à Paul, plutôt qu'à moi.
Jean Lapin allégua la coutume et l'usage.
Ce sont, dit-il, leurs lois qui m'ont de ce logis

Rendu maître et seigneur, et qui, de père en fils,
L'ont de Pierre à Simon, puis à moi Jean, transmis.
Le premier occupant, est-ce une loi plus sage ? —
    Or bien, sans crier davantage,
Rapportons-nous, dit-elle, à Raminagrobis.
C'était un Chat vivant comme un dévot ermite,
    Un chat faisant la chattemite,
Un saint homme de chat, bien fourré, gros et gras,
    Arbitre expert sur tous les cas.
    Jean Lapin pour juge l'agrée.
    Les voilà tous deux arrivés
    Devant sa majesté fourrée.
Grippeminaud leur dit : Mes enfants, approchez,
Approchez, je suis sourd, les ans en sont la cause.
L'un et l'autre approcha, ne craignant nulle chose.
Aussitôt qu'à portée il vit les contestants,
    Grippeminaud le bon apôtre,
Jetant des deux côtés la griffe en même temps,
Mit les plaideurs d'accord en croquant l'un et l'autre.

Ceci ressemble fort aux débats qu'ont parfois
Les petits souverains s'en rapportant aux rois.
                              LA FONTAINE.

185. Le Singe et le Chat.

Bertrand avec Raton, l'un Singe et l'autre Chat,
Commensaux d'un logis, avaient un commun maître.
D'animaux malfaisants c'était un très bon plat ;
Ils n'y craignaient tous deux aucun, quel qu'il pût être.
Trouvait-on quelque chose au logis de gâté,
L'on ne s'en prenait point aux gens du voisinage :
Bertrand dérobait tout ; Raton, de son côté,
Etait moins attentif aux souris qu'au fromage.
Un jour, au coin du feu, nos deux maîtres fripons
    Regardaient rôtir des marrons.
Les escroquer était une très bonne affaire :
Nos galants y voyaient double profit à faire,
Leur bien premièrement, et puis le mal d'autrui.
Bertrand dit à Raton : Frère, il faut aujourd'hui
    Que tu fasses un coup de maître ;
Tire-moi ces marrons. Si Dieu m'avait fait naître

>   Propre à tirer marrons du feu,
>   Certes, marrons verraient beau jeu.
> Aussitôt fait que dit ; Raton, avec sa patte,
>   D'une manière délicate,
> Ecarte un peu la cendre, et retire les doigts ;
>   Puis les reporte à plusieurs fois ;
> Tire un marron, puis deux, et puis trois en escroque ;
>   Et cependant Bertrand les croque.
> Une servante vient : adieu mes gens. Raton
>   N'était pas content, ce dit-on.
>
> *Ainsi ne le sont pas la plupart de ces princes,*
>   *Qui, flattés d'un pareil emploi,*
>   *Vont s'échauder en des provinces*
>   *Pour le profit de quelque roi.*

186. Le Chat et le vieux Rat.

>   J'ai lu, chez un conteur de fables,
> Qu'un certain Rodilard, l'Alexandre des chats,
>   L'Attila, le fléau des rats
>   Rendait ces derniers misérables ;
>   J'ai lu dis-je, en certain auteur,
>   Que ce chat exterminateur,
> Vrai Cerbère, était craint une lieue à la ronde ;
> Il voulait de souris dépeupler tout le monde.
> Les planches qu'on suspend sur un léger appui,
>   La mort aux rats, les souricières
>   N'étaient que jeux auprès de lui.
>   Comme il vit que dans leurs tanières
>   Les souris étaient prisonnières,
> Qu'elles n'osaient sortir ; qu'il avait beau chercher,
> Le galant fait le mort, et du haut d'un plancher
> Se pend la tête en bas : la bête scélérate
> A de certains cordons, se tenait par la patte.
> Le peuple des souris croit que c'est châtiment,
> Qu'il a fait un larcin de rôt ou de fromage,
> Egratigné quelqu'un, causé quelque dommage ;
> Enfin, qu'on a pendu le mauvais garnement.
>   Toutes, dis-je, unanimement,
> Se promettent de rire à son enterrement,
> Mettent le nez à l'air, montrent un peu la tête,
>   Puis rentrent dans leurs nids à rats,

Puis ressortant font quatre pas,
Puis enfin se mettent en quête.
Mais voici bien une autre fête :
Le pendu ressuscite, et, sur ses pieds tombant,
Attrape les plus paresseuses.
Nous en savons plus d'un, dit-il en les gobant :
C'est tour de vieille guerre ; et vos cavernes creuses
Ne vous sauveront pas, je vous en avertis :
Vous viendrez toutes au logis.
Il prophétisait vrai : notre maître Mitis,
Pour la seconde fois, les trompe et les affine,
Blanchit sa robe, et s'enfarine,
Et, de la sorte déguisé,
Se niche et se blottit dans une huche ouverte.
Ce fut à lui bien avisé :
La gent trotte-menu s'en vient chercher sa perte.
Un rat, sans plus, s'abstient d'aller flairer autour :
C'était un vieux routier, il savait plus d'un tour ;
Même il avait perdu sa queue à la bataille.
Ce bloc enfariné ne me dit rien qui vaille,
S'écria-t-il de loin au général des chats :
Je soupçonne dessous encor quelque machine.
Rien ne te sert d'être farine ;
Car, quand tu serais sac, je n'approcherais pas.

C'était bien dit à lui, j'approuve sa prudence :
Il était expérimenté,
Et savait que la méfiance
Est mère de la sûreté.

187. L'Écureuil et le Rat.

Un petit écureuil, bien vif, bien sémillant
Avait son nid sur un vieux hêtre ;
Vivait heureux, libre et content,
Dans le bois qui l'avait vu naître.
Au milieu de ce bois, une ferme, un verger,
Un magnifique potager
Lui fournissaient, en abondance,
Des fruits à savourer et des noix à ronger.
C'était assez pour lui ; car, dès sa tendre enfance,
Ses parents, par nécessité,
Ou peut-être par prévoyance,

Avaient formé son goût à la sobriété.
  Rien n'était si doux que sa vie :
Liberté tout entière et plaisirs innocents,
  N'est-ce pas de quoi faire envie ?
Il était le premier, au retour du printemps
  A voir la forêt embellie
De jeunes fleurs et de bourgeons naissants.
  Aucun souci dans sa retraite
  Ne venait troubler son sommeil,
  Et le matin, à son réveil,
  Il allait faire sa toilette
  Aux premiers rayons du soleil :
Se peignait, s'arrangeait, se redressait l'oreille ;
De sa queue en panache, il ombrageait son dos,
  Et se réchauffait en repos,
Sans craindre pour demain, sans regrets de la veille.
C'était charmant. Voilà qu'un beau matin,
Le museau propre et les pattes bien nettes,
Notre écureuil allant à la chasse aux noisettes,
  Trouve un gros rat sur son chemin.
  Il salue avec politesse ;
Le rat l'accoste et veut nouer un entretien :
Mon cher enfant, dit-il, sans que cela paraisse,
  D'être utile j'ai le moyen ;
  Votre figure m'intéresse,
Et je serais charmé de vous faire du bien.
Que cherchez-vous ici ? parlez avec franchise ;
  Je suis tout prêt à vous servir.
  Voulez-vous que je vous conduise
  Où vous trouverez à choisir
Sucre, biscuits, gâteau, fromage de Hollande,
  Pour vous régaler à loisir ?
— Monsieur, dit l'écureuil, une petite amande
Est tout ce qu'il me faut pour mon simple repas ;
Je vous suis obligé, mais je ne connais pas
Les mets dont vous parlez. — Vous plaisantez, je pense,
  Le sucre vous est inconnu ?
— Vraiment oui. — Se peut-il ! Vous n'avez pas vécu ;
Mon cher, vous ignorez ce que la Providence
  A voulu faire pour vous
   De plus doux.
  Et les biscuits et le fromage ?

— Moi, je ne les connais, Monsieur, pas davantage.
— Ah! pauvre enfant, que je vous plains!
Suivez-moi dans cette chaumière.
C'est là que vous verrez... —Oh! non Monsieur, je crains
De désobéir à mon père,
Il m'a bien souvent défendu
D'entrer dans les maisons des hommes;
Ils sont nos ennemis, de tous, tant que nous sommes.
Fuis-les bien, m'a-t-il dit, ou tu serais perdu.
— Votre père a voulu vous effrayer, sans doute,
Reprit le rat ; mais, voyez, moi,
J'y vais sans cesse, et, par ma foi,
Je n'y vois rien que je redoute.
—Vous croyez? — Je vous jure. — Eh bien donc, je vous suis.
L'écureuil en tremblant trotte jusqu'à l'office ;
Le sucre lui parut exquis.
Le rat riait avec malice :
A présent, dit-il, mon cher fils,
Goûte à ce morceau de fromage.
L'écureuil mord... Soudain, avec un grand tapage,
Un trébuchet tombe... il est pris.
Le rat se sauve. On vient, on met dans une cage
Le pauvre écureuil confondu ;
Il pleure, il se désole et dit en son langage :
Adieu, nid paternel, liberté, frais ombrage!
Un mauvais conseil m'a perdu.

DE JUSSIEU.

SIXIÈME PARTIE

MORCEAUX LATINS.

I. **Psaumes.**

PSAUME 4.

1. Cum invocarem, exaudivit me Deus justitiæ meæ : in tribulatione dilatasti mihi.
2. Miserere mei, et exaudi orationem meam.
3. Filii hominum, usquequo gravi corde? Ut quid diligitis vanitatem, et quæritis mendacium?
4. Et scitote quoniam mirificavit Dominus sanctum suum : Dominus exaudiet me, cum clamavero ad eum.
5. Irascimini, et nolite peccare : quæ dicitis in cordibus vestris, in cubilibus vestris compungimini.
6. Sacrificate sacrificium justitiæ, et sperate in Domino. Multi dicunt : Quis ostendit nobis bona?
7. Signatum est super nos lumen vultus tui, Domine : dedisti lætitiam in corde meo.
8. A fructu frumenti, vini et olei sui, multiplicati sunt.
9. In pace in idipsum dormiam, et requiescam.
10. Quoniam tu, Domine, singulariter in spe constituisti me.

PSAUME 6.

1. Domine, ne in furore tuo arguas me, neque in ira tua corripias me.
2. Miserere mei, Domine, quoniam infirmus sum : sana me, Domine, quoniam conturbata sunt ossa mea.
3. Et anima mea turbata est valde : sed tu, Domine, usquequo?
4. Convertere, Domine, et eripe animam meam : salvum me fac propter misericordiam tuam.
5. Quoniam non est in morte qui memor sit tui : in inferno autem quis confitebitur tibi?
6. Laboravi in gemitu meo : lavabo per singulas noctes lectum meum : lacrymis meis stratum meum rigabo.
7. Turbatus est a furore oculus meus : inveteravi inter omnes inimicos meos.
8. Discedite a me, omnes qui operamini iniquitatem : quoniam exaudivit Dominus vocem fletus mei.
9. Exaudivit Dominus deprecationem meam : Dominus orationem meam suscepit.

10. Erubescant et conturbentur vehementer omnes inimici mei : convertantur et erubescant valde velociter.

PSAUME 8.

1. Domine, Dominus noster, quam admirabile est nomen tuum in universa terra!

2. Quoniam elevata est magnificentia tua super cœlos.

3. Ex ore infantium et lactentium perfecisti laudem propter inimicos tuos, ut destruas inimicum et ultorem.

4. Quoniam videbo cœlos tuos, opera digitorum tuorum, lunam et stellas, quæ tu fundasti.

5. Quid est homo, quod memor es ejus, aut filius hominis, quoniam visitas eum?

6. Minuisti eum paulo minus ab Angelis : gloria et honore coronasti eum, et constituisti eum super opera manuum tuarum.

7. Omnia subjecisti sub pedibus ejus, oves et boves universas, insuper et pecora campi.

8. Volucres cœli, et pisces maris, qui perambulant semitas maris.

9. Domine, Dominus noster, quam admirabile est nomen tuum in universa terra!

PSAUME 13.

1. Dixit insipiens in corde suo : Non est Deus.

2. Corrupti sunt, et abominabiles facti sunt in studiis suis : non est qui faciat bonum, non est usque ad unum.

3. Dominus de cœlo prospexit super filios hominum ut videat si est intelligens, aut requirens Deum.

4. Omnes declinaverunt, simul inutiles facti sunt : non est qui faciat bonum, non est usque ad unum.

5. Sepulchrum patens est guttur eorum, linguis suis dolose agebant : venenum aspidum sub labiis eorum.

6. Quoniam os maledictione et amaritudine plenum est : veloces pedes eorum ad effundendum sanguinem.

7. Contritio et infelicitas in viis eorum, et viam pacis non cognoverunt : non est timor Dei ante oculos eorum.

8. Nonne cognoscent omnes, qui operantur iniquitatem : qui devorant plebem meam sicut escam panis ?

9. Dominum non invocaverunt : illic trepidaverunt timore, ubi non erat timor.

10. Quoniam Dominus in generatione justa est, consilium inopis confudistis : quoniam Dominus spes ejus est.

11. Quis dabit ex Sion salutare Israel ? cum averterit Dominus captivitatem plebis suæ, exsultabit Jacob, et lætabitur Israel.

PSAUME 15.

1. Conserva me, Domine,

quoniam speravi in te. Dixi Domino : Deus meus es tu, quoniam bonorum meorum non eges.

2. Sanctis qui sunt in terra ejus, mirificavit omnes voluntates meas in eis.

3. Multiplicatæ sunt infirmitates eorum ; postea acceleraverunt.

4. Non congregabo conventicula eorum de sanguinibus, nec memor ero nominum eorum per labia mea.

5. Dominus pars hæreditatis meæ et calicis mei : tu es qui restitues hæreditatem meam mihi.

6. Funes ceciderunt mihi in præclaris : etenim hæreditas mea præclara est mihi.

7. Benedicam Dominum qui tribuit mihi intellectum : insuper et usque ad noctem increpuerunt me renes mei.

8. Providebam Dominum in conspectu meo semper, quoniam a dextris est mihi, ne commovear.

9. Propter hoc lætatum est cor meum, et exsultavit lingua mea : insuper et caro mea requiescet in spe.

10. Quoniam non derelinques animam meam in inferno, nec dabis sanctum tuum videre corruptionem.

11. Notas mihi fecisti vias vitæ ; adimplebis me lætitia cum vultu tuo : delectationes in dextera tua usque in finem.

PSAUME 16.

1. Exaudi, Domine, justitiam meam : intende deprecationem meam.

2. Auribus percipe orationem meam, non in labiis dolosis.

3. De vultu tuo judicium meum prodeat : oculi tui videant æquitates.

4. Probasti cor meum, et visitasti nocte : igne me examinasti, et non est inventa in me iniquitas.

5. Ut non loquatur os meum opera hominum : propter verba labiorum tuorum ego custodivi vias duras.

6. Perfice gressus meos in semitis tuis : ut non moveantur vestigia mea.

7. Ego clamavi, quoniam exaudisti me, Deus : inclina aurem tuam mihi, et exaudi verba mea.

8. Mirifica misericordias tuas, qui salvos facis sperantes in te.

9. A resistentibus dexteræ tuæ cutosdi me ut pupillam oculi.

10. Sub umbra alarum tuarum protege me a facie impiorum qui me afflixerunt.

11. Inimici mei animam meam circumdederunt : adipem suum concluserunt : os eorum locutum est superbiam.

12. Projicientes me nunc circumdederunt me : oculos

suos statuerunt declinare in terram.

13. Susceperunt me sicut leo paratus ad prædam : et sicut catulus leonis habitans in abditis.

14. Exsurge, Domine, præveni eum, et supplanta eum : eripe animam meam ab impio, frameam tuam ab inimicis manus tuæ.

15. Domine, a paucis de terra divide eos in vita eorum : de absconditis tuis adimpletus est venter eorum.

16. Saturati sunt filiis : et dimiserunt reliquias suas parvulis suis.

17. Ego autem in justitia apparebo conspectui tuo : satiabor cum apparuerit gloria tua.

PSAUME 17.

1. Diligam te, Domine, fortitudo mea : Dominus firmamentum meum, et refugium meum, et liberator meus.

2. Deus meus adjutor meus, et sperabo in eum.

3. Protector meus, et cornu salutis meæ, et susceptor meus.

4. Laudans invocabo Dominum, et ab inimicis meis salvus ero.

5. Circumdederunt me dolores mortis, et torrentes iniquitatis conturbaverunt me.

6. Dolores inferni circumdederunt me : præoccupaverunt me laquei mortis.

7. In tribulatione mea invocavi Dominum, et ad Deum meum clamavi :

8. Et exaudivit de templo sancto suo vocem meam, et clamor meus in conspectu ejus introivit in aures ejus.

9. Commota est, et contremuit terra : fundamenta montium conturbata sunt et commota sunt, quoniam iratus est eis.

10. Ascendit fumus in ira ejus ; et ignis a facie ejus exarsit : carbones succensi sunt ab eo.

11. Inclinavit cœlos, et descendit, et caligo sub pedibus ejus.

12. Et ascendit super Cherubim, et volavit : volavit super pennas ventorum.

13. Et posuit tenebras latibulum suum, in circuitu ejus tabernaculum ejus, tenebrosa aqua in nubibus aeris.

14. Præ fulgore in conspectu ejus nubes transierunt, grando et carbones ignis.

15. Et intonuit de cœlo Dominus, et Altissimus dedit vocem suam : grando et carbones ignis.

16. Et misit sagittas suas, et dissipavit eos : fulgura multiplicavit, et conturbavit eos.

17. Et apparuerunt fontes aquarum, et revelata sunt fundamenta orbis terrarum.

18. Ab increpatione tua, Domine, ab inspiratione spiritus iræ tuæ.

19. Misit de summo, et accepit me : et assumpsit me de aquis multis.

20. Eripuit me de inimicis meis fortissimis, et ab his qui oderunt me, quoniam confortati sunt super me.

21. Prævenerunt me in die afflictionis meæ, et factus est Dominus protector meus.

22. Et eduxit me in latitudinem : salvum me fecit, quoniam voluit me.

23. Et retribuet mihi Dominus secundum justitiam meam, et secundum puritatem manuum mearum retribuet mihi.

24. Quia custodivi vias Domini, nec impie gessi a Deo meo.

25. Quoniam omnia judicia ejus in conspectu meo, et justitias ejus non repuli a me.

26. Et ero immaculatus cum eo, et observabo me ab iniquitate mea.

27. Et retribuet mihi Dominus secundum justitiam meam, et secundum puritatem manuum mearum in conspectu oculorum ejus.

28. Cum sancto sanctus eris, et cum viro innocente innocens eris.

29. Et cum electo electus eris : et cum perverso perverteris.

30. Quoniam tu populum humilem salvum facies, et oculos superborum humiliabis.

31. Quoniam tu illuminas lucernam meam, Domine : Deus meus, illumina tenebras meas.

32. Quoniam in te eripiar a tentatione, et in Deo meo transgrediar murum.

33. Deus meus, impolluta via ejus, eloquia Domini igne examinata : protector est omnium sperantium in se.

34. Quoniam quis Deus præter Dominum, aut quis Deus præter Deum nostrum?

35. Deus qui præcinxit me virtute : et posuit immaculatam viam meam.

36. Qui perfecit pedes meos tanquam cervorum : et super excelsa statuens me.

37. Qui docet manus meas ad prælium : et posuisti ut arcum æreum brachia mea.

38. Et dedisti mihi protectionem salutis tuæ: et dextera tua suscepit me.

39. Et disciplina tua correxit me in finem : et disciplina tua ipsa me docebit.

40. Dilatasti gressus meos subtus me, et non sunt infirmata vestigia mea.

41. Persequar inimicos meos, et comprehendam illos : et non convertar, donec deficiant.

42. Confringam illos, nec poterunt stare : cadent subtus pedes meos.

43. Et præcinxisti me virtute ad bellum, et supplantasti insurgentes in me subtus me.

44. Et inimicos meos dedisti mihi dorsum, et odientes me disperdidisti.

45. Clamaverunt, nec erat qui salvos faceret; ad Dominum, nec exaudivit eos.

46. Et comminuam eos ut pulverem ante faciem venti : ut lutum platearum delebo eos.

47. Eripies me de contradictionibus populi : constitues me in caput gentium.

48. Populus, quem non cognovi, servivit mihi : in auditu auris obedivit mihi.

49. Filii alieni mentiti sunt mihi : filii alieni inveterati sunt et claudicaverunt a semitis suis.

50. Vivit Dominus, et benedictus Deus meus, et exaltetur Deus salutis meæ.

51. Deus, qui das vindictas mihi, et subdis populos sub me, liberator meus de inimicis meis iracundis.

52. Et ab insurgentibus in me exaltabis me : a viro iniquo eripies me.

53. Propterea confitebor tibi in nationibus, Domine, et nomini tuo psalmum dicam.

54. Magnificans salutes regis ejus, et faciens misericordiam Christo suo David, et semini ejus usque in sæculum.

PSAUME 18.

1. Cœli enarrant gloriam Dei, et opera manuum ejus annuntiat firmamentum.

2. Dies diei eructat verbum, et nox nocti indicat scientiam.

3. Non sunt loquelæ, neque sermones, quorum non audiantur voces eorum.

4. In omnem terram exivit sonus eorum, et in fines orbis terræ verba eorum.

5. In sole posuit tabernaculum suum, et ipse tanquam sponsus procedens de thalamo suo.

6. Exsultavit ut gigas ad currendam viam : a summo cœlo egressio ejus ;

7. Et occursus ejus usque ad summum ejus : nec est qui se abscondat a calore ejus.

8. Lex Domini immaculata, convertens animas : testimonium Domini fidele, sapientiam præstans parvulis.

9. Justitiæ Domini rectæ, lætificantes corda : præceptum Domini lucidum, illuminans oculos.

10. Timor Domini sanctus, permanens in sæculum sæculi : judicia Domini vera, justificata in semetipsa.

11. Desiderabilia super aurum et lapidem pretiosum multum, et dulciora super mel et favum.

12. Etenim servus tuus custodit ea : in custodiendis illis retributio multa.

13. Delicta quis intelligit? Ab occultis meis munda me,

et ab alienis parce servo tuo.

14. Si mei non fuerint dominati, tunc immaculatus ero, et emundabor a delicto maximo.

15. Et erunt ut complaceant eloquia oris mei, et meditatio cordis mei in conspectu tuo semper.

16. Domine, adjutor meus, et redemptor meus.

II. Extraits du Nouveau Testament.

1. *Naissance de Jésus-Christ.*

Exiit edictum a Cæsare Augusto, ut describeretur universus orbis. Hæc descriptio prima facta est a præside Syriæ Cyrino ; et ibant omnes, ut profiterentur singuli in suam civitatem. Ascendit autem et Joseph a Galilæa, de civitate Nazareth, in Judæam, in civitatem David, quæ vocatur Bethlehem, eo quod esset de domo et familia David, ut profiteretur cum Maria desponsata sibi uxore prægnante. Factum est autem, cum essent ibi, impleti sunt dies ut pareret. Et peperit filium suum primogenitum, et pannis eum involvit, et reclinavit eum in præsepio ; quia non erat eis locus in diversorio. Et pastores erant in regione eadem vigilantes, et custodientes vigilias noctis super gregem suum. Et ecce Angelus Domini stetit juxta illos, et claritas Dei circumfulsit illos ; et timuerunt timore magno. Et dixit illis Angelus : Nolite timere : ecce enim evangelizo vobis gaudium magnum, quod erit omni populo ; quia natus est vobis hodie Salvator, qui est Christus Dominus, in civitate David. Et hoc vobis signum : Invenietis infantem pannis involutum, et positum in præsepio. Et subito facta est cum Angelo multitudo militiæ cœlestis, laudantium Deum, et dicentium : Gloria in altissimis Deo, et in terra pax hominibus bonæ voluntatis.

2. *Adoration des Mages.*

Cum natus esset Jesus in Bethlehem Juda, in diebus Herodis regis, ecce Magi ab Oriente venerunt Jerosolymam, dicentes : Ubi est qui natus est Rex Judæorum ? Vidimus enim stellam ejus in Oriente, et venimus adorare eum. Audiens autem Herodes rex, turbatus est, et omnis Jerosolyma cum illo. Et congregans omnes principes sacerdotum et scribas populi, sciscitabatur ab eis ubi Christus nasceretur. At illi dixerunt ei : In Bethlehem Judæ. Sic enim scriptum est per Prophetam : Et tu, Bethlehem, terra Juda, nequaquam minima es in principibus Juda ; ex te enim exiet dux qui regat populum meum Israel. Tunc Herodes, clam vocatis Magis, diligenter didicit ab eis tempus stellæ quæ apparuit eis, et mittens illos in Bethlehem, dixit : Ite, et interrogate diligenter de puero ; et cum inveneritis, renuntiate mihi, ut et ego veniens adorem eum. Qui cum audissent regem, abierunt. Et ecce stella quam viderant in Oriente, antecedebat eos, usque dum veniens staret supra ubi erat puer. Videntes autem stellam, gavisi sunt gaudio magno valde. Et intrantes domum, invenerunt puerum cum Maria matre ejus, et procidentes adoraverunt eum. Et apertis thesauris suis, obtulerunt ei munera, aurum, thus et myrrham. Et responso accepto in somnis ne redirent ad Herodem, per aliam viam reversi sunt in regionem suam.

3. *Parabole de l'enfant prodigue.*

Homo quidam habuit duos filios ; et dixit adolescentior ex illis patri : Pater, da mihi portionem substantiæ quæ me contingit. Et divisit illis substantiam. Et non post multos dies, congregatis omnibus, adolescentior filius peregre profectus est in regionem longinquam, et ibi dissipavit substantiam suam, vivendo luxuriose. Et postquam omnia consummasset, facta est fames valida in regione illa, et ipse cœpit egere. Et abiit, et adhæsit uni civium regionis illius. Et misit illum in villam suam, ut pasceret porcos. Et cupiebat implere ventrem suum de siliquis quas porci manducabant ; et nemo illi dabat. In se autem reversus, dixit : Quanti mercenarii in domo patris mei abundant panibus, ego autem hic fame pereo ! Surgam, et ibo ad patrem meum, et dicam ei : Pater, peccavi in cœlum et coram te ; jam non sum dignus vocari filius tuus ; fac me sicut unum de mercenariis tuis. Et surgens venit ad patrem suum. Cum autem adhuc longe esset, vidit illum pater ipsius, et misericordia motus est, et accurrens cecidit super collum ejus, et osculatus est eum. Dixitque ei filius : Pater, peccavi in cœlum et coram te ; jam non sum dignus vocari filius tuus. Dixit autem pater ad servos suos : Cito proferte stolam primam, et induite illum, et date annulum in manum ejus, et calceamenta in pedes ejus ; et adducite vitulum saginatum, et occidite, et manducemus, et epulemur : quia hic filius meus mortuus erat, et revixit ; perierat, et inventus est. Et cœperunt epulari. Erat autem filius ejus senior in agro : et cum veniret et appropinquaret domui, audivit symphoniam et chorum ; et vocavit unum de servis, ut interrogavit quid hæc essent. Isque dixit illi : Frater tuus venit, et occidit pater tuus vitulum saginatum, quia salvum illum recepit. Indignatus est autem, et nolebat introire. Pater ergo illius egressus, cœpit rogare illum. At ille respondens, dixit patri suo : Ecce tot annis servio tibi, et nunquam mandatum tuum præterivi, et nunquam dedisti mihi hædum, ut cum amicis meis epularer ; sed postquam filius tuus hic, qui devoravit substantiam suam cum meretricibus, venit, occidisti illi vitulum saginatum. At ipse dixit illi : Fili, tu semper mecum es, et omnia mea tua sunt : epulari autem et gaudere oportebat, quia frater tuus hic mortuus erat, et revixit ; perierat, et inventus est.

4. *Résurrection de Lazare.*

Erat quidam languens Lazarus a Bethania, de castello Mariæ, et Marthæ sororis ejus. (Maria autem erat quæ unxit Dominum unguento, et extersit pedes ejus capillis suis, cujus frater Lazarus infirmabatur.) Miserunt ergo sorores ejus ad eum, dicentes : Domine ecce quem amas, infirmatur. Audiens autem Jesus, dixit eis : Infirmitas hæc non est ad mortem, sed pro gloria Dei, ut glorificetur Filius Dei per eam. Diligebat autem Jesus Martham, et sororem ejus Mariam et Lazarum. Ut ergo audivit quia infirmabatur, tunc quidem mansit in eodem loco duobus diebus. Deinde post hæc dixit discipulis suis : Eamus in Judæam iterum. Dicunt ei discipuli : Rabbi, nunc quærebant te Judæi lapidare, et iterum vadis illuc ? Respondit Jesus : Nonne duodecim sunt horæ diei ? Si quis ambulaverit in die, non offendit, quia lucem hujus mundi videt : si autem ambulaverit in nocte, offendit, quia lux non est in eo. Hæc ait, et post hæc dixit eis : Lazarus, amicus noster, dormit ; sed vado, ut a somno excitem eum. Dixerunt ergo discipuli ejus : Domine, si dormit, salvus erit. Dixerat autem Jesus de morte ejus, illi autem putaverunt quia de dormitione somni diceret. Tunc ergo Jesus dixit eis manifeste : Lazarus mortuus est, et gaudeo propter vos, ut credatis, quoniam non eram ibi. Sed eamus ad eum. Dixit ergo Thomas, qui dicitur

Didymus, ad condiscipulos : Eamus et nos, ut moriamur cum eo. Venit itaque Jesus et invenit eum quatuor dies jam in monumento habentem. (Erat autem Bethania juxta Jerosolymam quasi stadiis quindecim.) Multi autem ex Judæis venerant ad Martham et Mariam, ut consolarentur eas de fratre suo. Martha ergo, ut audivit quia Jesus venit, occurrit illi : Maria autem domi sedebat. Dixit ergo Martha ad Jesum : Domine, si fuisses hic, frater meus non fuisset mortuus : sed et nunc scio quia quæcumque poposceris a Deo, dabit tibi Deus. Dicit illi Jesus : Resurget frater tuus. Dicit ei Martha : Scio quia resurget in resurrectione in novissimo die. Dixit ei Jesus : Ego sum resurrectio et vita : qui credit in me, etiamsi mortuus fuerit, vivet : et omnis qui vivit, et credit in me, non morietur in æternum. Credis hoc ? Ait illi : Utique, Domine, ego credidi quia tu es Christus Filius Dei vivi, qui in hunc mundum venisti. Et cum hæc dixisset, abiit, et vocavit Mariam, sororem suam, silentio, dicens : Magister adest, et vocat te. Illa, ut audivit, surgit cito, et venit ad eum ; nondum enim venerat Jesus in castellum, sed erat adhuc in illo loco ubi occurrerat ei Martha. Judæi ergo qui erant cum ea in domo, et consolabantur eam, cum vidissent Mariam, quia cito surrexit et exiit, secuti sunt eam, dicentes : Quia vadit ad monumentum, ut ploret ibi. Maria ergo, cum venisset ubi erat Jesus, videns eum, cecidit ad pedes ejus, et dicit ei : Domine, si fuisses hic, non esset mortuus frater meus. Jesus ergo, ut vidit eam plorantem, et Judæos qui venerant cum ea, plorantes, infremuit spiritu, et turbavit seipsum, et dixit : Ubi posuistis eum ? Dicunt ei : Domine, veni et vide. Et lacrymatus est Jesus. Dixerunt ergo Judæi : Ecce quomodo amabat eum. Quidam autem ex ipsis dixerunt : Non poterat hic, qui aperuit oculos cæci nati, facere ut hic non moreretur ? Jesus ergo rursum fremens in semetipso, venit ad monumentum. Erat autem spelunca, et lapis superpositus erat ei. Ait Jesus : Tollite lapidem. Dicit ei Martha, soror ejus qui mortuus fuerat : Domine, jam fœtet, quatriduanus est enim. Dicit ei Jesus : Nonne dixi tibi quoniam si credideris, videbis gloriam Dei ? Tulerunt ergo lapidem. Jesus autem, elevatis sursum oculis, dixit : Pater, gratias ago tibi quoniam audisti me. Ego autem sciebam quia semper me audis ; sed propter populum qui circumstat, dixi : ut credant quia tu me misisti.

Hæc cum dixisset, voce magna clamavit : Lazare, veni foras. Et statim prodiit qui fuerat mortuus, ligatus pedes et manus institis, et facies illius sudario erat ligata. Dixit eis Jesus : Solvite eum, et sinite abire. Multi ergo ex Judæis qui venerant ad Mariam et Martham, et viderant quæ fecit Jesus, crediderunt in eum.

5. *Crucifiement et mort de Jésus-Christ.*

Jesum tradidit *Pilatus Judæis*, ut crucifigeretur. Susceperunt autem Jesum, et eduxerunt. Et bajulans sibi crucem, exivit in eum qui dicitur Calvariæ locum, hebraice autem Golgotha, ubi crucifixerunt eum, et cum eo alios duos, hinc et hinc, medium autem Jesum. Scripsit autem et titulum Pilatus, et posuit super crucem. Erat autem scriptum : Jesus Nazarenus, Rex Judæorum. Hunc ergo titulum multi Judæorum legerunt, quia prope civitatem erat locus ubi crucifixus est Jesus. Et erat scriptum hebraice, græce et latine. Dicebant ergo Pilato pontifices Judæorum : Noli scribere Rex Judæorum, sed quia ipse dixit : Rex sum Judæorum. Respondit Pilatus : Quod scripsi, scripsi. Milites ergo cum crucifixissent eum, acceperunt vestimenta ejus (et fecerunt quatuor partes, unicuique militi partem) et tunicam. Erat autem tunica inconsutilis, desuper contexta per totum. Dixerunt ergo ad invicem : Non scindamus eam, sed sortiamur de illa cujus sit. Ut scriptura impleretur, dicens : Partiti sunt vestimenta mea sibi, et in vestem meam miserunt sortem. Et milites quidem hæc fecerunt. Stabant autem juxta crucem Jesu mater ejus, et soror matris ejus Maria Cleophæ, et Maria Magdalene. Cum vidisset ergo Jesus matrem, et discipulum stantem quem diligebat, dicit matri suæ : Mulier, ecce filius tuus. Deinde dicit discipulo : Ecce mater tua. Et ex illa hora accepit eam discipulus in sua. Postea sciens Jesus quia omnia consummata sunt, ut consummaretur scriptura, dixit : Sitio. Vas ergo erat positum aceto plenum. Illi autem spongiam plenam aceto hyssopo circumponentes, obtulerunt ori ejus. Cum ergo accepisset Jesus acetum, dixit : Consummatum est. Et inclinato capite, tradidit spiritum.

6. *Résurrection de Jésus-Christ.*

Maria Magdalene, et Maria Jacobi, et Salome, emerunt

aromata, ut venientes ungerent Jesum. Et valde mane una sabbatorum, veniunt ad monumentum, orto jam sole. Et dicebant ad invicem : Quis revolvet nobis lapidem ab ostio monumenti ? Et respicientes viderunt revolutum lapidem. Erat quippe magnus valde. Et introeuntes in monumentum, viderunt juvenem sedentem in dextris, coopertum stola candida, et obstupuerunt. Qui dicit illis : Nolite expavescere : Jesum quæritis Nazarenum, crucifixum : surrexit, non est hic ; ecce locus ubi posuerunt eum. Sed ite, dicite discipulis ejus, et Petro, quia præcedit vos in Galilæam : ibi eum videbitis sicut dixit vobis.

7. *Ascension de Jésus-Christ.*

Recumbentibus undecim discipulis, apparuit illis Jesus : et exprobravit incredulitatem eorum, et duritiam cordis : quia iis qui viderant eum resurrexisse non crediderunt. Et dixit eis : Euntes in mundum universum, prædicate Evangelium omni creaturæ. Qui crediderit et baptizatus fuerit, salvus erit : qui vero non crediderit, condemnabitur. Signa autem eos qui crediderint, hæc sequentur : In nomine meo dæmonia ejicient ; linguis loquentur novis ; serpentes tollent, et si mortiferum quid biberint, non eis nocebit ; super ægros manus imponent, et bene habebunt. Et Dominus quidem Jesus, postquam locutus est eis, assumptus est in cœlum, et sedet a dextris Dei. Illi autem profecti, prædicaverunt ubique, Domino cooperante, et sermonem confirmante sequentibus signis.

FIN.

SEPTIÈME PARTIE.

FAC-SIMILE

1° ACTES CIVILS.

1° Reconnaissance d'une somme due.

Je soussigné reconnais devoir à monsieur Jean-Pierre Perrin, épicier à Bordeaux, la somme de huit cents francs pour pareille somme qu'il m'a prêtée aujourd'hui ; laquelle somme je m'engage à lui rembourser, en son domicile, le premier juin dix-huit cent cinquante trois, avec les intérêts à cinq pour cent.

À Bordeaux, le trente août dix-huit cent cinquante-un.   (Signature)

2° Reconnaissance d'objets reçus.

Je soussigné reconnais que le sieur Nicolas Péguignat, ébéniste à Lyon, a fait pour moi et m'a livré un secrétaire en bois de frêne duquel meuble je suis son débiteur, et promets lui payer, en conséquence, cent cinquante francs, le quinze août de l'année courante.

À Lyon, ce deux mars mil huit cent cinquante-un.

    (Signature)

3° Reconnaissance d'une somme due avec cautionnement.

Je soussigné Édouard Nicolas Paulin, chapelier à Cordes, reconnais devoir au sieur Ignace Mangin, chapelier à Besançon, la somme de sept cents francs pour des marchandises qu'il m'a livrées à plusieurs époques laquelle somme je promets lui payer le dix septembre dix huit cent cinquante-deux, avec les intérêts à cinq pour cent. — Pour sûreté et garantie du paiement, moi, Claude Picard, marchand de drap à Besançon, je m'oblige, comme caution, à acquitter ladite somme de sept cents francs avec les intérêts à cinq pour cent, à l'époque susdite dans le cas où ledit Paulin ne la paiera pas.

À Besançon, le trente-un août dix-huit cent cinquante-un.

(Signatures du principal obligé et de la caution.)

4°. Quittance d'une somme due.

Je soussigné, reconnais avoir reçu du sieur Claude Balbeau, cultivateur à Saint-Michel, la somme de quatre cents francs, qu'il me devait pour valeur d'un cheval que je lui ai vendu et livré, dont quittance.

À Saint-Michel, le neuf octobre dix-huit cent cinquante.

(Signature.)

5°. Quittance de loyer.

Je soussigné propriétaire d'une maison située à Saint-Dié rue Saint-Charles, reconnais avoir reçu du sieur Philippe Marchal, locataire de ma maison, la somme de six cents francs, pour six mois de loyer de ladite maison, qu'il tient de moi en vertu d'un bail sous seing-privé en date du qua-

mars dix-huit cent quarante-huit, dont quittance, sans préjudice des termes courants.

À Saint-Dié, le premier septembre dix-huit cent cinquante.

(Signature)

6° Procuration.

Je soussigné, Jean Simonet, libraire à Dijon, donne pouvoir à Joseph Petit, avoué à Rouen, de recevoir pour moi et en mon nom, du sieur Léon Grisard, marchand de livres à Rouen, la somme de trois cents francs, qu'il me doit pour des ouvrages que je lui ai livrés à diverses époques; en cas de défaut de paiement, de faire toutes les poursuites qu'il jugera nécessaires pour l'obtenir, promettant d'avoir pour agréable et de ratifier à sa première réquisition tout ce qu'il aura fait à cet égard.

À Dijon, ce quinze septembre dix-huit cent cinquante.

(Signature)

7° Bail d'une maison.

Entre nous, soussignés, Jacques Portier, demeurant à Paris, rue Dauphine, N° 8, d'une part, et Jean Antoine Boussy, entrepreneur de menuiserie, demeurant au même lieu, rue du Vieux Colombier, N° 15, ont été faites les conditions suivantes. Moi, Jacques Portier, loue et par le présent bail donne à loyer, pour dix ans à partir de ce jour, au sieur Jean Antoine Boussy, ma maison en entier, située rue Dauphine, N° 20, telle qu'elle se trouve actuellement, et que le sieur Boussy, après l'avoir vue et examinée dans le plus grand détail, déclare accepter pour la somme de deux mille francs payables en six mois, lesquels courront de ce jour, en numéraire métallique et non autrement.

Sera tenu le preneur de garnir les lieux à lui loués des meubles suffisants pour répondre de deux ans de loyer, de les entretenir de réparations locatives pendant toute la durée du bail, et de satisfaire à toutes les obligations dont sont tenus les locataires comme aussi de justifier à la fin du bail et avant sa sortie de l'acquit de ses contributions personnelles, de me payer l'impôt des portes et fenêtres et de me remettre les clefs.

Est autorisé le sieur Boussy, preneur, à faire tous les changements qu'il trouvera bon dans ladite maison à la charge de rétablir les lieux en l'état où ils sont.

Et moi, Jean Antoine Boussy, prends à loyer du sieur Jacques Portier, la maison sus-désignée, pour le temps, pour le prix et sous les conditions énoncées ci-dessus.

Fait double entre nous, sous nos signatures privées, à Paris, le premier mars dix-huit cent cinquante.

(Signatures)

8° Autre Bail

Moi, Pierre Pernand, propriétaire d'une maison à Paris, située rue du Vieux-Colombier n° 10 loue au sieur Edouard Magin, maître cordonnier, toute ladite maison pour quatre ans, et pour la somme annuelle de quinze cents francs, payables par six mois, lesquels courront de ce jour, et sous les obligations dont sont tenus les locataires.

Et moi, Edouard Magin, maître cordonnier demeurant ci-devant à Verdun, prends les lieux ci-dessus à moi loués pour le prix et pour le temps énoncés ci-devant.

Fait double entre nous, sous nos signatures privées.

(Signatures.)

9° Certificat

Je soussigné atteste que le sieur Gaudinet, Jean a été employé dans mes magasins pendant trois ans consécutifs, c'est-à-dire depuis le ..... jusqu'au ..... et que pendant ce temps je n'ai eu qu'à me louer de sa capacité et de sa fidélité à tous ses devoirs.

En foi de quoi.

Lyon le ....

(Signature)

rue .... 16°

10.º Autre Certificat

J'atteste que le nommé Rigot Joseph a été domestique chez moi depuis le premier novembre dernier jusqu'à ce jour et que pendant ce temps sa conduite a été satisfaisante.

En foi de quoi...

Nancy, le... ... (Signature)

rue .... 96.

11.º Formule de testament olographe.

Nota. Le testament olographe doit, sous peine de nullité, être écrit en entier, daté et signé de la main du testateur ; mais il n'est assujetti à aucune autre formalité.

Ceci est mon testament.

Je donne et lègue à Claude Vincent, avocat à Paris, les meubles qui se trouveront à mon décès dans la maison que je possède à Reims.

Je nomme et institue mon légataire universel Paul, Étienne Robert, négociant à Reims, pour recueillir tous mes biens meubles et immeubles, à l'exception des meubles dont je viens de disposer en faveur de Claude Vincent.

Je le charge de mes funérailles,

en m'en rapportant à sa discrétion.

Je le charge aussi de donner mille francs au grand séminaire de Reims, mille francs aux pauvres de cette ville et trois cents francs au curé de ma paroisse pour trois cents messes à mon intention.

Fait à Reims, le dix août mil huit cent cinquante-deux.

(Signature)

12° Autre formule de testament olographe.

Au nom du Père et du Fils et du Saint-Esprit.

Je soussigné, Pierre Antoine Olivier, propriétaire à Bordeaux, déclare que le présent écrit est mon testament, que je veux être fidèlement et ponctuellement exécuté après ma mort. Je charge pour cet effet Nicolas Bertin, demeurant dans ladite ville de Bordeaux, d'y veiller exactement et d'en prendre soin comme pour lui même.

Je donne et lègue tous mes biens, meubles et immeubles, et

généralement tout ce que je laisserai à ma mort à Claude Joseph Ricard, propriétaire à Périgueux.

Je casse et revoque tous les testaments que je pourrais avoir faits précédemment, voulant que celui-ci soit le seul exécuté comme contenant seul ma dernière volonté.

Je veux que mon corps soit enterré à Bordeaux et qu'on fasse célébrer cent messes pour le repos de mon âme.

Fait à Bordeaux, le sept mai de l'an mil huit cent cinquante-deux

(Signature)

11 Lettres.

18 Un fils à ses parents à l'occasion du nouvel an.

Mes chers parents,

Chaque année, la dette de ma reconnaissance envers vous s'accroît, parce que chaque année le nombre de vos bontés pour moi devient plus grand; mais aussi, croyez-le bien, chaque année mon attachement pour vous devient plus tendre et plus fort. Que ne puis-je vous exprimer de bouche ce que je sens si vivement! Puisque cette consolation m'est refusée ma plume au moins sera l'interprète de mon cœur, et cette lettre ira vous dire que votre enfant n'est pas insensible à tout ce que vous avez fait, à tout ce que vous avez souffert pour lui, et qu'après Dieu, il n'est rien au monde qu'il aime autant que vous. Si mes souhaits s'accomplissent, si mes vœux sont exaucés, vos jours couleront dans le bonheur et la paix. Je sais qu'il dépend, en partie, de moi que vous jouissiez de ce bonheur; aussi j'aurai à cœur de vous le procurer par ma bonne conduite,

Ce que je ne peux pas faire moi-même pour vous, je le demanderai à Dieu, qui exaucera, j'espère, la prière de ma piété filiale. Ce sont là, mes chers parents, les sentiments et les vœux dont votre enfant vient vous faire hommage au commencement de cette année.

14ᵉ. À une mère pour le jour de sa fête.

Ma chère Maman,

Je sens plus vivement aujourd'hui qu'en tout autre jour le regret d'être séparé de vous. Mes frères et sœurs, plus heureux, sont en ce moment peut-être réunis autour de vous pour célébrer votre fête, ils se pressent dans vos bras, vous les couvrez de vos baisers, et votre Henri n'est pas là pour vous fêter avec eux, et pour vous exprimer les vœux qu'il forme pour vous.

Mais vous connaissez son cœur, vous savez combien il vous aime et combien il désire votre bonheur. Ma lettre ne peut que reproduire faiblement mes sentiments, mais je les ai exprimés avec ferveur dans la prière à votre glorieuse patronne, la conjurant de prendre sous sa protection puissante une vie qui m'est si chère et de vous rendre la plus heureuse des mères.

15°. **À un ami qui ne donne pas de ses nouvelles.**

À quoi tient-il donc que je ne reçois pas de vos nouvelles ? Tout va-t-il bien ? Ou quelque chose vous contrarie-t-il ? Êtes-vous accablé d'affaires ? Ou jouissez-vous d'un doux loisir ? Les commodités pour écrire sont-elles rares, ou vous manquent-elles ? Tirez-moi de cette inquiétude que je ne puis plus supporter. Pour moi je me porte bien, si c'est se bien porter que de vivre dans une incertitude cruelle, d'attendre de moment à autre des nouvelles qui ne viennent pas, et de craindre pour une personne qui m'est si chère, tous les malheurs attachés à la condition humaine.

---

16. **Souhait de bonne année d'un enfant à un bienfaiteur son parent.**

Mon cher Bienfaiteur,

Je viens de souhaiter la bonne année à mes deux parents, et j'ai hâte de venir vous présenter mes sentiments du plus respectueux et du plus sincère attachement, en même temps que de ma plus vive reconnaissance. C'est à vous particulièrement que je dois l'éducation que je reçois et qui fera mon bonheur si je sais en profiter. Je comprends mieux tous les jours combien votre bonté est grande à mon égard. Je prie Dieu, qui seul peut vous en récompenser dignement, de vous conserver et de rendre vos jours heureux.

Je vous promets, cher Oncle, de faire tous mes efforts pour vous donner de la satisfaction, par ma bonne conduite et par mon application à tous mes devoirs.

C'est dans ces sentiments que j'ai le plaisir de me dire, cher Oncle,

Votre bien reconnaissant et bien affectionné neveu = Jules

17ᵉ Demande de Secours.

Monsieur,

Je n'ai ni l'habitude ni l'envie de chercher à intéresser en ma faveur pour attirer des bienfaits, mais je vois de tout côté tant de malheureux qui se louent de votre empressement à les soulager et je suis dans une telle détresse que j'ai cru pouvoir solliciter votre bienveillance. Depuis deux ans, je suis atteint d'une maladie qui me met à la charge de ma famille. Mes pauvres parents ont peine à subsister du travail de leurs mains et il faut qu'ils retranchent de leur nécessaire pour subvenir aux frais que leur occasionne mon état de souffrance. Quand j'avais la santé, je travaillais avec eux, mais maintenant je suis incapable de rien faire, et quoi qu'il m'en coûte, je viens, Monsieur, solliciter des secours de votre charité. Afin que vous puissiez vous convaincre que ma demande n'est pas celle d'un fainéant qui trouve plus commode de vivre en mendiant qu'en travaillant, j'ai l'honneur de joindre à ma lettre les attestations du Médecin, de M. le Maire et de M. le Curé. J'ose donc espérer, Monsieur, que je n'aurai pas fait appel en vain à votre cœur compatissant, et je vous prie d'agréer d'avance, avec l'expression de ma vive gratitude, l'assurance de mon respect.

18e Demande d'Emploi

Monsieur,

J'ai appris que François, votre jardinier, vous quitte pour aller s'établir ailleurs à son compte; c'est pourquoi je viens vous prier de me donner, dans votre maison, la place que son départ va laisser vacante. Je crois pouvoir dire que je connais assez la culture du jardin; Depuis plus de dix ans, c'est mon occupation de tous les jours. Je suis d'ailleurs fort et robuste, et le travail ne me fait pas peur. Je ne demande pas, Monsieur, que vous me croyiez sur parole.

Je peux produire des certificats qui attestent que j'ai une bonne conduite et que je suis capable de bien remplir l'emploi que je vous prie de me confier. J'aurai l'honneur de vous les présenter dès que je saurai que vous désirez les voir; ce désir sera pour moi la preuve que vous êtes disposé à faire un bon accueil à ma demande.

19ᵉ Lettre d'excuse d'avoir tardé longtemps à répondre à un ami.

Monsieur,

Daignerez-vous bien encore me recevoir en grâce après une aussi indigne négligence que la mienne ? J'en sens toute la faute, et je vous en demande pardon de tout mon cœur. Et le bien prendre cependant quand je vous offense par mes retards déplacés, je vous trouve encore le plus heureux des deux. Vous exercez à mon égard la plus douce de toutes les vertus de l'amitié, l'indulgence; et vous goûtez le plaisir de remplir les devoirs d'un parfait ami, tandis que je n'ai que la honte et des reproches à me faire sur l'inconvenance de mes procédés envers vous. Vous devez du moins comprendre par là que je ne cherche pas de détours pour me disculper. J'aime mieux devoir uniquement mon pardon à votre bonté que de chercher à m'excuser par de mauvais subterfuges. Ordonnez ce que le cœur vous dicter a, vous serez obéi.

Je n'accepte qu'un seul genre de peine, qu'il me serait impossible de supporter, c'est le refroidissement de votre amitié. Conservez-la-moi tout entière, je vous en prie, et souvenez-vous que je serai toujours votre fidèle ami quand même je me rendrais indigne que vous fussiez le mien.

―――

20.e À un fils pour lui apprendre la mort de son père.

Monsieur,

C'est au nom et de la part de Madame votre mère que je vous envoie cette lettre. Elle est trop affligée pour vous écrire elle-même et vous annoncer que vous êtes orphelin. Oui, mon cher Monsieur, votre respectable père n'est plus, il a succombé hier, à sept heures du soir, à une maladie de quelques jours. Ce sont là, je le sais par expérience, de ces grandes douleurs qui brisent l'âme et qu'on essaierait en vain de consoler: la Religion seule peut les adoucir. Elle vous soutiendra, je l'espère, pour vous faire supporter chrétiennement le coup qui vous frappe comme elle a soutenu votre père pour lui faire accepter avec soumission la mort qui allait le séparer de sa famille. Fortifié par les sacrements de l'Église il a rendu paisiblement son âme à Dieu emportant avec lui l'espérance de revoir dans un monde meilleur tous ceux qui lui sont chers.

21.ᵉ Lettre de condoléance.

Quoiqu'il y ait déjà quelques mois, Monsieur, que vous avez perdu votre fils, la perte est si grande, et je sais que votre douleur est encore si vive qu'il est toujours temps qu'on y prenne part. Vous pleurez avec raison ce fils si estimable par sa personne et plus encore par son mérite. Je me souviens quelquefois des soins que vous avez pris de son éducation, dont j'ai été le témoin et des espérances que vous fondiez sur ses vertus et les sciences que vous vouliez lui faire apprendre et que vous étiez occupé à lui enseigner. Je sais, Monsieur, le profit qu'il avait fait des principes que vous lui avez donnés pour la conduite de sa vie et je ne doute pas que ce qui faisait votre satisfaction, ne devienne aujourd'hui le sujet de votre douleur. Il serait inutile, après cela, de vouloir vous consoler, ni votre sagesse, ni votre bon esprit, ne le peuvent faire, Dieu seul, qui a fait le mal, peut le guérir, et c'est uniquement du fonds de votre piété que vous pouvez tirer les véritables consolations. Plus la faiblesse de la nature vous paraît raisonnable, plus il faut faire agir la foi et la religion pour vous soutenir. Vous éprouvez cela, Monsieur, mieux que je ne puis vous le dire, je me contente de vous témoigner que personne ne compatit plus sincèrement que moi à votre affliction et ne conserve plus fidèlement dans une résidence éloignée les sentiments respectueux avec lesquels j'ai été et je dois être, Monsieur, votre très humble &c......

———

22.ᵉ Remerciement pour une lettre de Condoléance.

La bonté que vous avez, Monsieur, de vous intéresser à la perte que je viens de faire et d'entrer dans les raisons qui me la peuvent rendre plus sensible me fait connaître que vous compatissez sincèrement à ma douleur. Cela est digne d'un aussi bon cœur que le vôtre. Vous savez qu'il n'y a de solides et véritables consolations que celles que Dieu donne à ceux qui sont résignés à ses volontés et qui se confient en sa providence. Je me suis dit ce que j'aurais dit à d'autres en de pareilles occasions. Conservez-moi toujours l'honneur de votre amitié et croyez, je vous prie, que personne n'est avec un plus sincère attachement et une plus parfaite reconnaissance que je le suis votre très humble &c......

23ᵉ Lettre d'un enfant à son père pour lui annoncer sa première Communion.

Mon cher papa,

J'ai à vous annoncer une nouvelle qui vous causera bien de la joie, comme elle m'en cause à moi-même. C'est que j'ai eu le bonheur d'être admis définitivement à la première communion. Le 21 Juin prochain, fête de St Louis de Gonzague, sera ce beau jour que je désire avec ardeur, mais auquel cependant je ne saurais penser sans trembler, car l'action à laquelle je me prépare est si grande que je crains de la mal faire. J'espère, cher papa, que vos prières et celles de ma bonne maman contribueront à me préserver de ce malheur. De mon côté, je vais redoubler de ferveur et d'attention dans ma conduite, afin qu'il ne m'échappe rien qui puisse me rendre indigne de la grâce qui m'est offerte.

Recevez, cher papa, les embrassements et les respects d'un fils qui vous aime bien tendrement.

24ᵉ Réponse à la lettre précédente.

Tu avais raison, mon cher enfant, de dire que ta lettre me causerait une grande joie. Pourrais-je être insensible à ton bonheur? J'y prends, au contraire, une part bien vive comme chrétien et comme père. Il y a, mon cher enfant, deux beaux jours dans la vie, celui du baptême et celui de la première communion. Tu ne pouvais pas apprécier la grâce du baptême quand tu l'as reçu, tu seras plus à même, je ne dis pas de comprendre, mais de sentir celle que tu vas recevoir.

Tu désires, me dis-tu, mais tu crains. Je suis loin de désapprouver tes craintes, je les partagerais plutôt, car une première communion mal faite est un triste présage pour l'avenir et pour l'éternité. Cependant ayons confiance que le Dieu qui daignera se donner à toi voudra bien préparer lui-même la demeure qu'il doit habiter. Par cette lettre tu comprends assez que tu peux compter sur les ferventes prières de ta pieuse mère et sur les miennes. Reçois, mon cher enfant, avec nos bien tendres embrassements, notre bénédiction qui sera pour toi, nous l'espérons, le gage de celle de Dieu.

2§. **Pour solliciter le pardon d'un fils coupable.**

Monsieur,

Votre fils, contre qui vous m'avez dit que vous êtes en colère, est venu me trouver; et consterné de sa faute, de votre irritation, il est demeuré longtemps sans pouvoir parler. Il a beaucoup pleuré, beaucoup prié afin que je vous parle. Il m'a persuadé de son repentir. Je le crois véritablement corrigé, parce qu'il reconnaît sa faute.

Je sais que vous êtes irrité et que vous l'êtes avec raison; mais jamais la modération n'est plus louable que quand l'indignation est plus juste. Vous aimez ce fils et j'espère que vous lui rendrez bientôt votre bienveillance; en attendant il me suffit que vous lui accordiez son pardon. Vous pourrez, s'il vous manque encore, reprendre votre colère; après s'être laissé désarmer une fois, elle sera bien plus excusable. Donnez quelque chose à sa jeunesse, à ses larmes, à votre bonté. En joignant mes supplications aux siennes, je crains de paraître moins prier qu'exiger; je les joindrai pourtant avec d'autant plus d'instance que les réprimandes qu'il a reçues de moi ont été plus sévères. Je l'ai menacé très positivement de ne plus jamais m'occuper de lui mais je n'ai dit cela que pour lui, qu'il fallait intimider, et non point pour vous. car peut-être serai-je encore obligé quelque autre jour de vous demander grâce et vous de céder encore à mes prières, si la faute est telle que nous puissions honnêtement, moi intercéder, et vous pardonner

26ᵉ Lettre de nouvelles

Mon cher,

Éprouvez-vous là où vous êtes, la même rigueur, le même dérangement de temps ? On ne voit ici qu'orages, qu'inondations. Le Tibre est sorti de son lit, et s'élevant au dessus de ses rives, il s'est répandu fort loin. Quoique le canal que la sage prévoyance de l'Empereur a fait faire en ait reçu une partie, il remplit les vallées, il coule par les campagnes, partout où il trouve des plaines, il ne laisse rien à découvert. De là il arrive qu'allant au devant des fleuves qu'il a continué de recevoir et d'emmener confondus avec lui, il les force à rebrousser et couvre ainsi d'eaux étrangères les terres qu'il n'inonde pas de ses propres eaux. L'Anio, le plus doux des fleuves, et qui semble comme invité et retenu par les belles maisons bâties sur ses bords, déracine en grande partie et entraîne les arbres qui lui donnaient de l'ombre. Il a renversé des montagnes, et, se trouvant arrêté par leur chute en plusieurs endroits, il cherche le passage qu'il s'est fermé, abat les maisons et s'élève sur leurs ruines. Ceux qui demeurent en des lieux élevés, où le débordement n'a pu parvenir, ont vu flotter sur l'eau ici de riches équipages et des meubles précieux, là des ustensiles de campagne, d'un côté des bœufs, des chevaux et ceux qui les conduisaient, de l'autre des troupeaux enlevés de leurs parcs et abandonnés à eux-mêmes, et au milieu de tout cela des troncs d'arbres, des poutres et des toits. Les lieux où la rivière n'a pas pu monter n'ont pas été exempts de cette désolation. Une pluie continuelle et des tourbillons qui semblaient lancés des nues n'ont fait qu'à moins de ravages que le fleuve n'en aurait pu faire. Les clôtures qui renfermaient les héritages qu'on affectionne le plus, ont été détruites et les tombeaux ébranlés et minés en partie. Plusieurs personnes ont été noyées, estropiées, écrasées, et le deuil dont tout est rempli, multiplie tant de pertes.

Plus ce malheur est grand, plus je crains que vous n'en ayez essuyé quelque semblable, là où vous êtes. S'il n'en est rien, soulagez mon inquiétude au plus tôt, je vous en supplie, et si cela est, mandez-le moi aussi car c'est presque pour moi la même chose, d'avoir à craindre une disgrâce ou de la souffrir, avec cette différence toutefois, que le mal a ses bornes, tandis que la crainte n'en a pas, on ne s'afflige qu'à proportion de ce qui est arrivé, mais on craint tout ce qui peut arriver.

27.e Demande de paiement

Monsieur,

Il y aura demain deux mois que sur votre demande, je vous ai remis mon mémoire de maçonnerie s'élevant à cent trente deux francs. Huit jours après, je me suis présenté chez vous pour toucher cette somme mais vous m'avez demandé un délai d'un mois que je vous ai volontiers accordé. Ce terme étant expiré depuis trois semaines, je viens vous prier de ne pas différer d'avantage le solde du mémoire que je vous ai présenté. J'ai, vous le savez, une famille nombreuse à nourrir, et je n'ai pas d'autres ressources que mon travail, c'est ce qui vous explique pourquoi je suis pressé de recevoir l'argent qui m'est dû.

Veuillez donc, Monsieur, avoir l'obligeance de me faire connaître le jour où je pourrai faire envoyer toucher le montant de mon mémoire et je vous prie de recevoir l'assurance de mon respect

28.ᵉ Demande de Renseignements

Monsieur.

Un jeune homme nommé Nicolas Martin s'est présenté pour entrer chez moi comme domestique, mais, avant de lui donner une réponse, je voudrais le connaître. Comme il m'a dit avoir passé trois ans à votre service, j'ai cru pouvoir m'adresser à vous en toute confiance pour vous prier de me dire ce que vous pensez de la religion, de la moralité et de la probité de ce jeune homme et de son activité pour le travail. Les renseignements que je prends la liberté de vous demander seront tout à fait confidentiels, j'aurai soin de ne rien dire qui puisse faire connaître à quelle source je les ai puisés. J'espère donc que vous ne me tairez rien de ce qu'il m'importerait de connaître, car mon intention, dans la demande que je vous fais, n'est pas de chercher à nuire à Martin, mais seulement de savoir jusqu'à quel point je peux lui accorder ma confiance.

Pardonnez-moi, Monsieur, la peine que je vous donne de me répondre et veuillez agréer d'avance mes remerciements et mes respects.

TABLE DES MATIÈRES

Nos		Pages
	Conseils pratiques pour la lecture.	3

PREMIÈRE PARTIE.
ANECDOTES, TRAITS D'HISTOIRE, FABLES.

Nos		Pages
1.	Dieu révélé par ses œuvres.	6
2.	Piété de Turenne.	7
3.	Saint Loup devant Attila.	7
4.	Jésus-Christ commande au vent et à la mer.	8
5.	Puissance du nom de Jésus.	10
6.	Conversion de saint Paul.	12
7.	Persécution de Néron.	15
8.	Interrogatoire et martyre de sainte Cécile.	17
9.	Martyre de saint Cyrille.	20
10.	Les 40 martyrs de Sébaste.	22
11.	Constance-Chlore.	24
12.	Blasphème puni.	25
13.	Tempérance et dextérité du jeune Cyrus.	27
14.	Le sacrilège puni.	29
15.	Modération de Philippe de Macédoine.	30
16.	Fermeté de saint Louis.	31
17.	Saint Jean de Dieu.	32
18.	Comme vous traitez le prochain, vous serez traité vous-mêmes.	33
19.	Trait d'amour fraternel et de piété filiale.	34
20.	Vengeance chrétienne.	36
21.	Les deux chemins.	38
22.	Effet de l'éducation.	39
23.	Il faut de bonne heure combattre ses défauts et contracter de bonnes habitudes.	40
24.	Bon emploi du temps.	42
25.	Comment on vainc la paresse.	42
26.	Correction des paresseux.	43
27.	Comment on se corrige de ses défauts.	44
28.	Le plan de la journée.	44
29.	Le meilleur est le pire.	45
30.	Empire sur soi-même.	46
31.	Courage et désintéressement.	46
32.	Probité.	47
33.	Amour pour les pauvres.	48
34.	Grandeur d'âme de Fabricius.	49
35.	Habiles leçons.	50
36.	La reconnaissance.	51
37.	Reconnaissance des animaux.	52
38.	Respect de la loi.	53
39.	Fidélité à la religion.	54
40.	L'ivrogne.	55
41.	L'Ourse et l'Ourson.	56
42.	L'Abeille et la Mouche.	56
43.	Les deux Renards.	57
44.	Le Dragon et les Renards.	58
45.	Le Coq et le Renard.	59
46.	Les trois amis.	60
47.	Le Cheval et le Chameau.	60
48.	Le Singe et le Renard.	61
49.	Le Loup à l'agonie.	62
50.	Le Chat et les Lapins.	63
51.	Le cheval de Georges.	63
52.	L'assemblée des animaux pour choisir un roi.	65
53.	Le Lièvre qui fait le brave.	66
54.	Mieux que ça.	67
55.	Rollin.	68
56.	Turenne.	72

Nos		Pages
57.	Desaix.	75
58.	Drouot.	78
59.	Bossuet.	79
60.	La Fontaine.	82

SECONDE PARTIE.
GÉOGRAPHIE ET HISTOIRE.

61.	La géographie.	84
62.	L'histoire.	85
63.	La patrie.	86
64.	Les Gaëls et les Gaulois.	87
65.	Les Francs.	89
66.	La France : son aspect général.	90
67.	La France : son climat.	92
68.	La France : ses côtes.	93
69.	La France : ses productions minérales.	95
70.	La France : ses productions dans le règne animal.	98
71.	La France : son agriculture.	100
72.	La France : son commerce.	104
73.	Léonidas aux Thermopyles.	106
74.	Siège de Jérusalem.	108
75.	Charles-Martel et les Sarrasins.	111
76.	Arrivée des croisés devant Jérusalem.	112
77.	Siège de Vienne.	114
78.	Expédition d'Egypte.	115
79.	Passage du Saint-Bernard. — Marengo.	116
80.	Bataille de Bazeilles.	118

TROISIÈME PARTIE.
NATURE ET INDUSTRIE.

81.	Spectacle général de l'univers.	123
82.	Le soleil.	124
83.	La terre.	125
84.	La nature à l'aurore.	126
85.	L'eau.	127
86.	L'air.	128
87.	Les montagnes du Valais.	129
88.	L'ouragan dans le désert.	129
89.	Un paysage au bord de la mer.	131
90.	Une trombe en mer.	132
91.	Eruption du Vésuve.	134

Nos		Pages
92.	Utilité des minéraux.	135
93.	Le sel.	136
94.	L'électricité.	137
95.	Le paratonnerre.	139
96.	Utilité des végétaux.	139
97.	Utilité des racines des plantes.	140
98.	Utilité des feuilles des plantes.	141
99.	Reproduction des végétaux.	142
100.	La pomme de terre.	142
101.	Le chocolat.	144
102.	Le coton.	145
103.	Le café.	146
104.	L'arbre à pain et l'arbre à lait.	147
105.	Origine de quelques plantes.	147
106.	Utilité des animaux.	148
107.	Variété et convenance dans l'organisation des animaux.	149
108.	Le cheval.	150
109.	Le chien.	151
110.	Le chat.	152
111.	Les brebis.	153
112.	La laine.	153
113.	Le renne.	154
114.	Nids des oiseaux.	155
115.	L'alouette.	156
116.	L'aigle.	156
117.	Le cygne.	157
118.	Le coq.	157
119.	Les bêtes carnassières.	158
120.	Les défenseurs de l'agriculture.	159
121.	La Providence de Dieu manifestée dans la conservation et l'alimentation des animaux.	161
122.	La nature vivante dans la zone torride.	162
123.	Agilité des poissons.	163
124.	Combat des fourmis.	164
125.	Ver à soie.	165
126.	Dieu manifesté par l'extrême petitesse comme par l'infinie grandeur.	167
127.	Les bêtes qu'il ne faut pas tuer.	168

Nos		Page	Nos		Pages
	QUATRIÈME PARTIE.			**CINQUIÈME PARTIE**	
	RELIGION, CIVILITÉ, HYGIÈNE.			POÉSIE.	
128.	Création de l'homme.	170	158.	Dieu révélé par ses œu-	
129.	Le corps de l'homme.	170		vres.	217
130.	La main de l'homme, preuve de la sagesse et de bonté de Dieu.	171	159.	Dieu loué par ses œuvres.	218
			160.	Le soir.	218
			161.	Le printemps.	219
131.	L'âme de l'homme.	172	162.	L'été.	220
132.	Brièveté de la vie.	173	163.	Bonté de Dieu.	220
133.	Providence de Dieu.	173	164.	Puissance de Dieu.	221
134.	La religion.	176	165.	Justice de Dieu.	221
135.	Jésus-Christ.	177	166.	Confiance en Dieu.	221
136.	Doctrine de Jésus-Christ.	178	167.	Aimer Jésus.	222
137.	Vertus de Jésus-Christ.	181	168.	Prière d'un enfant le premier jour de l'année.	222
138.	Formation et établissement de l'Eglise.	184	169.	Le retour dans la patrie.	223
139.	Moyens de conserver et d'augmenter en nous la vie chrétienne ou surnaturelle.	187	170.	Le matin.	224
			171.	Le colin-maillard.	225
			172.	Le Cheval.	226
			173.	Le Rocher et le Ruisseau.	226
140.	Vertus théologales.	188	174.	Le Menteur puni.	227
141.	Vertus cardinales.	192	175.	Le Corbeau et le Faucon.	227
142.	Respect de l'autorité.	194	176.	La conversion du Loup.	228
143.	Prendre dès l'enfance l'habitude de la vertu.	196	177.	Le loup et le renard.	229
			178.	La Fontaine et le Saule.	230
	CIVILITÉ.		179.	Le Berger et son Troupeau.	231
			180.	Le Renard et la Cigogne.	232
144.	Objet de la civilité.	197	181.	Le Lion et le Rat.	233
145.	Devoirs envers les parents	198	182.	Le Héron.	233
146.	Du repos, du lever et du coucher.	199	183.	Le Coche et la Mouche.	234
			184.	Le Chat, la Belette et le petit Lapin.	235
147.	De la propreté.	199	185.	Le Singe et le Chat.	236
148.	Civilité dans les relations: salut, visites, démarche, église.	200	186.	Le Chat et le vieux Rat.	237
			187.	L'Ecureuil et le Rat.	238
149.	Dans les entretiens.	203		**SIXIÈME PARTIE.**	
150.	A table.	205		Morceaux latins.	241
	PREMIÈRES NOTIONS D'HYGIÈNE.			**SEPTIÈME PARTIE.**	
151.	Objet de l'hygiène.	209		*Fac-Simile.*	
152.	Influence de l'air.	209		I. ACTES CIVILS.	
153.	Influence de la lumière et de la température.	210	1.	Reconnaissance d'une somme due.	253
154.	Des aliments.	211			
155.	Des boissons.	213	2.	Reconnaissance d'objets reçus.	253
156.	Des vêtements.	214			
157.	Des exercices du corps.	215	3.	Reconnaissance d'une somme due avec cautionnement.	253
			4.	Quittance d'une somme due	254

Nos		Pages	Nos	
5.	Quittance de loyer.	254	17.	Demande de secours.
6.	Procuration.	255	18.	Demande d'emploi.
7.	Bail d'une maison.	255	19.	Lettre d'excuses d'avoir tardé longtemps à répondre à un ami.
8.	Autre bail.	257		
9.	Certificat.	257		
10.	Autre certificat.	258	20.	A un fils pour lui apprendre la mort de son père.
11.	Formule de testament olographe.	258		
			21.	Lettre de condoléance.
12.	Autre formule de testament olographe.	259	22.	Remerciement pour une lettre de condoléance.
			23.	Lettre d'un enfant à son père pour lui annoncer sa première communion.
II. LETTRES.				
13.	Un fils à ses parents à l'occasion du nouvel an.	261		
			24.	Réponse à la lettre précédente.
14.	A une mère pour le jour de sa fête.	262		
			25.	Pour solliciter le pardon d'un fils coupable.
15.	A un ami qui ne donne pas de ses nouvelles.	263		
			26.	Lettre de nouvelles.
			27.	Demande de paiement.
16.	Souhait de bonne année d'un enfant à un bienfaiteur son parent.	263	28.	Demande de renseignements.

FIN DE LA TABLE.

Lons-le-Saunier, Imp. J. Declume.

Ouvrages du même auteur.

Méthode de lecture, en 10 leçons, in-18 broché.
Collection de tableaux, correspondant à la méthode.
Premier livre de lecture, in-12 cartonné.
Second livre de lecture, id.
Troisième livre de lecture, id.
Premières notions d'histoire sainte, in-18 cartonné.
Abrégé de l'histoire sainte, id.
Notions d'histoire ancienne, id.
Notions de l'histoire de l'Eglise, id.
Premières notions de géographie, id.
Géométrie pratique, in-12 cartonné.
Exercices et problèmes, sur les quatre opérations de l'Arithmétique, in-18 cartonné.
Premières notions d'arithmétique, avec de nombreux exercices de calcul mental et écrit, in-18 cartonné.
Abrégé de l'Arithmétique, avec de nombreux exercices de calcul mental et de calcul écrit, in-12 cart.
Abrégé de grammaire, in-12 cartonné.
Exercices adaptés à l'Abrégé de la grammaire française, in-12 cartonné.
Premières notions de grammaire française, avec de nombreux exercices, in-12 cartonné.
Précis de l'histoire de France, partagée en dix-sept périodes, in-12 cartonné.
Cours gradué de dictées.
Premier cahier d'architecture.
Deuxième id.
Troisième id. avec dix planches de lavis.
Sept cahiers d'écriture de M. Coustou, renfermant chacun un genre d'écriture différent.

Lons-le-Saunier, imprimerie DECLUME.

www.ingramcontent.com/pod-product-compliance
Lightning Source LLC
Chambersburg PA
CBHW050644170426
43200CB00008B/1150